CB052857

C·G· JUNG

OS LIVROS NEGROS

1913–1932

C.G. JUNG

OS LIVROS NEGROS

1913–1932

CADERNOS DE TRANSFORMAÇÃO

LIVRO 6

Editado por
SONU SHAMDASANI

TRADUÇÃO
MARKUS A. HEDIGER

REVISÃO DA TRADUÇÃO
DR. WALTER BOECHAT

PHILEMON SERIES
Em colaboração com a Fundação para as Obras de C.G. Jung

EDITORA VOZES
Petrópolis

EMIL STIERLI
BUCHBINDEREI
ZÜRICH

(30.I.16.) Fortsetzung. Sermo ad mortuos.

Indem wir aber Theile des Pleroma sind, so ist das Pleroma auch in uns. Auch im kleinsten Punkt ist es unendlich und ewig, denn klein und gross sind Eigenschaften, die in ihm enthalten sind. Daher rede ich von der Creatur als einem Theil des Pleroma nur sinnbildlich, denn das Pleroma ist überall unendlich und ewig. Wir sind auch das Pleroma selber, daher sagte ich, dass wir nicht im Pleroma seien, sondern wir sind es auch selber. Sinnbildlich ist das Pleroma der kleinste Punkt in uns und das unendliche Weltgewölbe um uns.

//Warum sprichst Du denn überhaupt vom Pleroma, wenn es doch Alles und Nichts ist?//

Ich rede davon, um irgendwo zu beginnen und um Euch den Wahn zu nehmen, dass irgendwo aussen oder innen

es im letzten keines Festes oder Bestimmtes
sei. Alles sogenannte Feste oder Bestimmte ist nur verhältnismäßig.
Nur das dem Wandel Unterworfene ist
fest und bestimmt. Das Wandelbare
aber ist die Creatur, also ist sie das
Einzig Feste und Bestimmte, denn
sie hat Eigenschaften, ja sie ist selber Eigenschaft.
// Wie ist denn die Creatur entstanden?

Die Creaturen sind entstanden, nicht
aber die Creatur, denn sie ist die Eigenschaft
des Pleroma selber, so gut wie die Nicht-
schöpfung, der ewige Tod. Creatur ist immer
und überall. Tod ist immer und überall.
Das Pleroma hat Alles, Unterschiedenheit und Ununterschiedenheit.

Die Unterschiedenheit ist die Creatur.
Sie ist unterschieden. Unterschiedenheit
ist ihr Wesen, darum unterscheidet sie

Darum unterscheidet der Mensch, denn sein Wesen ist Unterschiedenheit.

Darum unterscheidet er auch die Eigenschaften des Pleroma, die nicht sind, aber er unterscheidet sie aus seinem Wesen heraus. ~~D~~

Darum muss der Mensch von den Eigenschaften des Pleroma reden, die nicht sind. // Was nützt es davon zu reden? Du sagtest doch selbst, es lohne sich nicht über das Pleroma zu denken. //

Ich sagte euch dies, um euch vom Wahne zu befreien, dass man überhaupt über das Pleroma denken könne. Wenn wir die Eigenschaften des Pleroma unterscheiden, so reden wir aus unserer Unterschiedenheit und über unsere Unterschiedenheit und haben nichts gesagt über das Pleroma. Über unsere Unterschiedenheit aber zu reden, ist nothwendig, damit wir uns genügend unterscheiden können.

Unser Wesen ist Unterschiedenheit. Wenn wir diesem Wesen nicht getreu sind, so unterscheiden wir uns ungenügend. Wir müssen darum Unterscheidungen der Eigenschaften machen.

((Warum, was schadet es, sich nicht zu unterscheiden?))

Wenn wir nicht unterscheiden, dann gerathen wir über unser Wesen hinaus, über die Creatur hinaus und fallen in die Ununterschiedenheit, die die andere Eigenschaft des Pleroma ist. Wir fallen in das Pleroma selber und geben es auf, Creatur zu sein. Wir verfallen der Auflösung im Ewigen und Unendlichen. Die[se Auflösung] ist der Tod der Creatur. Also sterben wir ~~so~~ in dem Maasse, indem wir ~~uns~~ nicht unterscheiden. Darum geht das Streben der Creatur auf Unterschiedenheit. Diese nennt man das principium individuationis. Dieses Princip ist das Wesen der Creatur. Ihr seht daraus, dass die Ununterschiedenheit und das Nichtunterscheiden eine grosse Gefahr für die Creatur ist.

Darum müssen wir die Eigenschaften des Pleroma unterscheiden.

Die Grundeigenschaften sind die Gegensatzpaare.

Die wichtigsten Gegensatzpaare ~~ist~~ sind das Wirksame und das Unwirksame, die Fülle und die Leere, das Lebendige und das Tote, das Verschiedene und das Gleiche, das Heisse und das Kalte, ~~das Warme~~ ~~und~~ die Kraft und der ~~Raum~~ Stoff oder die Zeit und der Raum, die ~~Sünde und~~ Tugend ~~die Tugend Sünde~~, das Gute und das Böse, das Schöne und das Hässliche, das Eine und das Viele.

Die Gegensatzpaare sind die Eigenschaften des Pleroma.
Unsere Eigenschaft ist die Unterschiedenheit. Da wir aber das Pleroma
selber sind, so haben wir auch alle
diese Eigenschaften in uns. Da der Grund
unseres Wesens Unterschiedenheit ist, so
haben wir die Eigenschaften des Pleroma
im Namen und Zeichen der Unterschiedenheit.
Wenn wir nach dem Guten oder Schönen
streben, so vergessen wir unseres Wesens,
das Unterschiedenheit ist und wir verfallen den Eigenschaften des Pleroma, als
welche die Gegensatzpaare sind. Wir
bemühen uns das Gute und Schöne
zu erlangen, aber zugleich auch erfassen wir das Böse und Häßliche,
denn sie sind im Pleroma eins mit
dem Guten und Schönen. Wenn wir
dasselbe aber thun im Namen und Zeichen

unseres Wesens, nämlich der Unterschiedenheit, denn unterscheiden wir uns vom Guten und Schönen und damit auch vom Bösen und Hässlichen und wir fallen nicht ins Pleroma.

// Ihr sagt ferner, dass das Verschiedene und Gleiche auch Eigenschaften des Pleroma seien. Wie ist es, wenn wir nach Verschiedenheit im Namen der Unterschiedenheit streben? Sind wir dann nicht unserem Wesen getreu? und müssen wir denn auch der Gleichheit verfallen, wenn wir nach Verschiedenheit streben? //

Ihr sollt nicht vergessen, dass das Pleroma keine Eigenschaften hat. Wir erschaffen sie bloss durch das Denken. Wenn ihr also nach Verschiedenheit oder Gleichheit strebt, so strebt ihr nach einem Gedanken, ~~welcher nicht im Pleroma~~ eben der Eigenschaften des Pleromas, welche nicht sind. Indem ihr nach diesen Gedanken denkt, fallt ihr wiederum ins Pleroma und erreicht Verschiedenheit und Gleichheit zugleich. Nicht euer Gedanke ist Unterschiedenheit, sondern euer Wesen ist Unterschiedenheit. Darum habt ihr nicht nach Verschiedenheit, wie ihr sie denkt, zu streben, sondern nach eurem Wesen. Und darnach wollt und könnt ihr ohne Schaden streben und nach allem Andern im Namen und Zeichen eures Wesens.

Darum gibt es im Grunde nur ein Streben, nämlich das Streben nach dem Wesen. Wenn ihr dieses Streben hättet, so brauchtet ihr auch garnichts über das ~~Eigenes~~ Pleroma und seine Eigenschaften zu wissen und kämet doch zum richtigen Ziele kraft Eures Wesens. Da aber das Denken vom Wesen entfremdet, so muss ich euch das Wissen lehren, mit dem ihr euer Denken ~~zu~~ im Zaume halten könnt.

finis sermonis.

gesetzt, seien vom Menschen gemacht. Je näher dem M. desto weniger [deu]tlich und desto wirksamer.

31. I. 16.

Die Toten: Von Gott wollen wir hören. Wo ist Gott? Ist Gott tot?

Gott ist nicht tot, er ist so lebendig als nie je zuvor.

Gott ist Creatur, denn er ist etwas Bestimmtes und darum vom Pleroma unterschieden.

Gott ist Eigenschaft des Pleroma und Alles was ich von der Creatur sagte, gilt auch von ihm.

Er unterscheidet sich aber von der Creatur dadurch, dass er viel undeutlicher und unbestimmbarer ~~als~~ ist als die Creatur. Er ist dem Pleroma näher verwandt als die Creatur. Er ist auch das Pleroma, wie jeder kleinste Punkt im ~~Un~~Geschaffenen und Ungeschaffenen das Pleroma selber ist.

Das Wesen der Creatur ist Unterschiedenheit, das Wesen Gottes aber ist die wirksame Fülle. Die ~~un~~wirksame Leere ist das Wesen des Teufels.

Gott und Teufel sind die ersten Verdeutlichungen des unvorstellbaren ~~Pleroma~~ Nichts, das wir Pleroma heissen. Es ist gleichgültig, ob das Pleroma ist oder nicht ist, ~~Es ist ohne~~ denn das Pleroma hebt sich in allem selber auf. Nicht so die Creatur. Insofern Gott und Teufel Creaturen sind, so heben sie sich nicht auf, sondern bestehen gegeneinander als wirksame Gegensätze.

Wir brauchen keinen Beweis für ihr Sein, denn es genügt, dass wir immer wieder von Gott und Teufel reden müssen.

Sie sind beide Verdeutlichungen der nichtseienden Eigenschaften des Pleroma

Auch wenn Beide nicht wären, so würde die Creatur aus ihrem Wesen der Unterschiedenheit heraus sie immer weiter aus dem Pleroma unterscheiden. Alles zwar, was die Unterscheidung aus dem Pleroma herausnimmt und verdeutlicht, ist Gegensatzpaar, daher zu Gott immer auch der Teufel gehört.

Diese Zusammengehörigkeit ist so innig und, wie ihr erfahren habt, euch in eurem Leben so unauflösbar, wie das Pleroma selber. Das kommt davon, daß die Beiden noch ganz nahe am Pleroma stehen, in dem alle Gegensätze aufgehoben und eins sind.

Gott und Teufel sind unterschieden durch voll und leer, ~~Leben und To~~ Zeugung und Zerstörung. Das Wirkende ist Beiden gemeinsam. Das Wirkende verbindet sie. Darum steht das Wirkende über Beiden und ist ein Gott über Gott, denn er vereinigt die Fülle und die Leere in ihrer Wirkung. Dies ist ein Gott von dem ihr nichts wusstet. Wir nennen ihn den Abraxas. Er ist noch unbestimmter als Gott und Teufel. Ihm steht nichts entgegen, als das Unwirkliche. ~~Er ist der Unw~~ daher seine wirkende Natur sich frei entfaltet: Er ist ganz Wirkung, denn das Unwirkliche ist nicht und widersteht nicht.

Der Abraxas steht über Gott und Teufel. Er ist das unwahrscheinlich Wahrscheinliche, das unwirklich Wirkende. Hätte das Pleroma ein Wesen, so wäre der Abraxas seine Verdeutlichung.

Er ist zwar das Wirkende selbst, aber keine bestimmte Wirkung, sondern Wirkung überhaupt. Er ist unwirkliche Wirkung, weil er keine bestimmte Wirkung hat. Er ist aber Creatur, da er vom Pleroma unterschieden ist. Gott hat eine bestimmte oder bestimmbare Wirkung, ebenso der Teufel, daher sie um so viel wirksamer sind, als der ~~un~~ unbestimmbare Abraxas.

Bist Kraft, Dauer, Wandel.

Meine Seele, wenn Du Fürbitterin bist bei den Toten, mein Gott, wenn Du mich hörst, so ende die Qual, die ich von Menschen erduldete. Ich kann es nicht mehr tragen.

// Komme zu uns, zu grünen Wäldern, zu einsamen Bergen, zu kühlen Seen, zu Sonne und sternklarer Nacht, zu Wolken, Nebeln, zum Schweigen der ewigen Natur. Ferne seien Dir Menschen, keiner berühre den lautern Krystall, der mit tausend Feuern leuchtete. Das Menschliche fiel von Dir. Du

bist näher zu den Sternen gerückt. Die
Reiche des Kommenden öffnen sich. Lasse
Ruhe einkehren, die Ruhe des Ewigen,
denn alle Pfade führen, auch noch so ver-
schlungen, in das Thal der Ruhe.
Lasse Jedem seinem Schicksal. Du
hältst nichts auf, Du beirrst nichts,
Du versäumst nichts. Du gehörst zu
Erde und Himmel. Du hörst das Ge-
schrei der Menschen.
Du siehst das Feuer, es genügt.
Lehre das Wenige und schweige danach.
Du fandest Deinen Weg. Wolle nicht
mehr, sondern erfülle das Nothwendige.
Du kannst, was Du kannst, nicht
mehr und nicht weniger.

---

1 II 16.

Also, meine Zuhörer, die Ihr
in dunkeln Reihen den Wänden entlang

steht, lasset uns weiter über Gott reden.

Der Abraxas ist der schwer erkennbare oberste Gott. Seine Macht ist die grösste, denn der Mensch sieht sie nicht.

[Von Gott sieht er das summum bonum, vom Teufel das infimum malum. Vom Abraxas aber das in allen Hinsichten unbestimmte und unbestimmbare Leben, welches die Mutter des Guten und des Übels ist.

Das Leben scheint kleiner und bei weitem schwächer zu sein als das summum bonum, weshalb es auch schwer ist zu denken, dass der Abraxas an Macht sogar Gott übertreffe, der doch der strahlende Quell aller Lebenskraft selber ist. Der Abraxas ist ~~auch~~ Gott und auch zugleich der ewig saugende Schlund

des Leeren, des Verkleinerers und
Zerstücklers, des Teufels. So ist seine
Macht zweifach. ~~D~~ Ihr seht sie
aber nicht, denn in ~~deren~~ Euern Augen
hebt sich der Gegeneinandergerichtete
dieser Macht auf.

Was Gott spricht, ist Leben,
was der Teufel spricht, ist Tod, der
Abraxas aber spricht das verehrungs-
würdige und verfluchte Wort, das
Leben und Tod zugleich ist. Der
Abraxas zeugt Wahrheit und Lüge,
~~im Selben~~ Gutes und Böses, Licht
und Finsternis im selben Wort und
in derselben That.

Darum ist der Abraxas furchtbar. Er ist prächtig, wie der Löwe
im Augenblick, wo er sein Opfer ~~ist~~

niederschlägt, er ist so schön, wie die
Blume des Frühlings. Ja, er ist der große
Pan selber und der kleine, er ist Priä-
pos, er ist das große Monstrum der
Unterwelt, ein schwarzer Polyp mit
tausend Armen, beflügeltes Schlangenge-
ringel, Raserei.

Er ist der Hermaphrodit des
untersten Anfanges, er ist der Herr
der Kröten und Frösche, die in den Sümp-
fen wohnen und aus Land steigen,
die am Mittag und um Mitternacht
im Chore singen.

Er ist ~~die Begattung~~ das Volle,
das sich mit dem Leeren einigt, er
ist die heilige Begattung, er ist die
Liebe und ihr Mord, er ist der heilige
und sein Verräter. Er ist das hellste

Licht und die tiefste Nacht des Wahnsinns.

Ihn sehen, heisst Blindheit.
Ihn erkennen, heisst Krankheit.
Ihn anbeten, heisst Tod.
Ihn fürchten, heisst Weisheit
Ihm nicht widerstehen, heisst Erlösung.

Gott wohnt hinter der Sonne, der Teufel hinter der Nacht.
Was Gott aus dem Licht gebiert, zieht der Teufel in die Nacht.
Der Abraxas aber ist die Welt, ihr Werden und Vergehen selber.
Zu jeder Gabe Gottes stellt der Teufel seinen Fluch
Alles, was ihr von Gott erbittet

zeugt ein That des Teufels.

Alles, was ~~Du~~ Ihr mit Gott erschafft,
giebt dem Teufel Gewalt des Wirkens.

~~denn Gott~~ Das ist der furchtbare Abraxas.

Er ist die gewaltigste Creatur und
in ihm erschrickt die Creatur vor sich selbst.
Er ist der geoffenbarte Widerspruch der
Creatur gegen das Pleroma, das Ent-
setzen des Sohnes vor der Mutter, die
Liebe der Mutter zum Sohne.

Er ist das Entzücken der Erde
und die Grausamkeit des Himmels.

Der Mensch erstarrt vor seinem
Antlitz, vor ihm giebt es nicht Frage
und nicht Antwort.

Er ist das Leben der Creatur.

Er ist das Wirken der Unterschiedenheit.

Er ist die Liebe des Menschen.
Er ist die ~~Sprache~~ Rede des Menschen.
Er ist der Schein und der
Schatten des Menschen.
Er ist die täuschende Wirklichkeit.

2.II.16.
Zu Dir meine Seele im Gefängnis, muss
ich reden:
Du bist unglaublich anmassend.
Du hast keinen Respect vor dem Menschen.
Du bist frech und behauptest, es sei
Liebe. Du steckst Alles ein und lässest
keinen aufkommen, der sich nicht ge-
waltsam von Dir reisst. Sie sind Dir werth,
schlangengleich die harmlosen – harmvollen Drachen-
hüten treiben. Du reissest zurück, was fliegen
will. Du bist wie das Huhn, das junge
Enten ausgebrütet hat. Du hörst nicht
was ich sage. Du nimmst keine Vernunft
Du willst Dich nicht wirklich mit mir

einigen und behauptest es doch immer. Du ar-
beitest gegen mich und bist in mich verliebt.

Warum ist das so?

// Ich liebe Dich garnicht so, wie Du meinst, denn Du dienst mir nicht. Du suchst immer nur das Deine, während Du mich suchen solltest. Nur mit mir zusammen kannst Du Dich entwickeln. //

Halt an! Ich bin kein Knecht, ich kann kein Knecht sein! Ich will Dich auch nicht beherrschen. Aber Du sollst auch mich nicht beherrschen. Warum kannst Du nicht mit mir zusammen leben und arbeiten?

// Ich möchte schon. Aber Du lässest mich nicht herankommen. //

Das ist eine Lüge. Wie selten ein Mensch habe ich Dich angenommen. Aber soll das ein ewiger Dienst sein? Muss ich ewig Knecht sein? Ich kämpfe für die Freiheit

und das Leben des Menschen. Er ist
unfrei gemacht durch Äusseres und noch
mehr durch Inneres. Wenn er sich
vom Aussen befreit hat, verfällt er dem
Innern. ~~Dahe~~ Auch davon will ich ihn
befreien. Ja, ich muss sogar um meines
eigenen Lebens willen. Es wird sonst
unerträglich. Du musst es ja. Es kann
doch nicht dein Interesse sein, den Menschen
einfach zu töten.

// Natürlich nicht. Wer spricht auch
vom Töten. Er soll ja mit mir leben.
Aber dazu muss er mir doch dienen. //

Warum? erkläre Dich!

// Weil ich das höhere Wesen bin, denn
ich bin geistiger Natur. //

Du bist nicht nur geistiger Natur,
sondern auch chthonisch. Noch mehr
leiblich sogar. Du bist geistiger und
chthonischer als ich. Du bist darum
ewig uneins mit Dir selber. Ja ich denke,

Du siehst garnicht ein, sondern zwei;
und hast das selber noch garnicht gemerkt.
Der Mensch kann doch eins sein, denn er
ist weniger elektrisch und weniger geistig als
Du. So hat er auch ein Anrecht auf die Herrschaft als Du. Du bist bloss dämonisch.
// Du hast den Grössenwahn. //
Keineswegs. Du hast nur anscheinend
die Macht, darum willst Du immer herrschen.
Wer sie wirklich hat, braucht nicht herrschen
zu wollen. Du sträubst Dich gegen diese
Erkenntnis. Aber es ist nichts als recht
und billig, dass Du auch etwas vom Menschen annimmst, trotzdem Du über ihn hinaus-
reichst. Du bist eben doch kein Mensch.
Wer Du nicht bist, hast Du wenigstens
anzuerkennen. Du kannst aus mir kein
Geschöpf machen, das Dir ähnlich ist, so
wie ich darauf verzichte aus Dir einen
Menschen zu machen. Du musst mich als
Deine Seele anerkennen. Dann können
wir zusammen existieren. Trenne Dich doch

endlich einmal in Zwei, damit
Ihr Euer Wesen sondert und einigt.
Objectivirt Euch, damit ein Jegli-
ches an seine Stelle komme.

Die Zwei aus einem Munde: ||wir
trennen uns. Wir sind getrennt, wir
stossen einander ab. Wir sind Zwillinge
ungleicher Art, chthonisch und
himmlisch. Qualvolles Einssein,
Qualvolle Trennung! ||

|| Gut, dass Ihr es endlich fühlt, was
Uneinssein mit sich selber ist. Ich
verstehe Euch. Werdet!

|| Grausamer, Du ergabst uns
Deine Qual. ||

Oh Mutter, das Schwert muss Deine
Seele durchdringen. Ich sehe Deine Thrä[nen]
Du hältst die Schlange von Dir weg, die
Dir doch Kind war.

O Schlange, du chthonisch Anfängliches, Du hassenswerthes Thier, Deiner Weisheit bedürfen wir. Lasse die Mutter und winde Dich empor zu Deiner Qual. Du ~~bist~~ musst der Heiland werden. Das Kreuz harrt Deiner. Du sollst erhöht werden auf dem Berge der Qual und der Ostentation.

Gehet Beide zu Euerm Schicksal. Nehmet Eure Qual auf Euch. O Mutter bitte für Deinen Sohn.

O Schlange! sprich die Runen zu Deiner Mutter.

5.II.16.

Du hast mich, Unbekannter, zu Boden gestürzt, Du hast mich geschlagen, Du hast mich gedemüthigt, Du setzest Ungerechtigkeit über mich. Meine Seele, sprich, wer ist Er?

// Es ist der Abraxas. //

Was hat der Abraxas gegen mich?

// Du wolltest nicht gehorchen, Du widerstrebtest. Du sollst aber keiner Demüthigung widerstreben. Du sollst die Ungerechtigkeit annehmen, denn der Abraxas will Dich ins Volk mischen wie einen Sauerteig ins Mehl. //

Es giebt aber ein Maass der Ertragungsfähigkeit. Soll das immer so fortgehen?

// Es hat ja erst angefangen //

Du spinnst mich, beim Zeus. Wer sprach vom Hundewedeln?

// Ich, ich weiss es. //

Was sagst du denn dazu? Damals klang es anders. Hundewedeln, Hund

knurren u. s. w. Und jetzt soll ich's wohl
wieder thun? Wie erklärst Du dieses Widerspruch?
[Das wirst Du Dir wohl selber erklären.]
Billige Ausflucht! Verdammtes Hexenzeug.
Aber, weil Du Doppelgespenst es nicht
kannst, so will ich Dir zeigen, wie ich
es kann:
Damals war es persönlich, jetzt
ist es überpersönlich. Versteht Du es
denn? Wie es scheint nicht. Also, wie
steht es, mit dem Menschenwitz? Nur braucht
ihr ja doch! Was hättest Du davon,
wenn ich crepierte? Gestehe es, Du
verlangst ja nach mir. Du Mutter, höre,
ich bin Dein Gatte im Geiste. Du Tochter,
höre, ich bin Dein Vater im Geiste. Ihr
sollt mich achten und mich nie mehr als
Hund behandeln. Die Qual soll doch über
euch, die ihr mir angethan habt, nicht

aus Rache, sondern aus ausgleichender
der Gerechtigkeit. Jeder habe sein Theil.
Mag mich der Abraxas zu Boden werfen,
vor Euch fürchte ich nicht, sondern
vor dem allmächtigen Abraxas. Er mag
mich höhnen, ja zerreissen und zer-
schmettern. Dann fällt er auf Euch,
denn ihr schütztet mich nicht. Ich
könnte bitter über Euch werden. Ihr
seid machtlos. Was taugt Ihr mir
noch? Ich werde das Hundewedeln
vor dem Abraxas lernen, damit er mich
nicht zerdrückt. Vielleicht schützen
mich Menschen besser. Hänge Dich
Schlange ans Kreuz. Mutter umfange
den Stamm und scharrt für die 1000
Jahre, bis Euch Erlösung wird.
Wahrlich, genug und übergenug der
Qual der Menschen. Ihr sollt ~~es~~ sie
kosten, die Todessehnsucht aus uner-
hörter Qual, Ihr, die ihr aus dieser

Qual der Menschen gelebt habt. Maria war eine Menschenmutter, der Christus war ein Mensch. Es soll nicht mehr sein, dass der Mensch für Euch gequält wird, quält Euch selbst. Die Daemonen mögen die Christusqual und ihr Mysterium für die 2000 Jahre in ihr Reich hinübernehmen. Hört auf den Menschen ~~gegen ein~~ rasend zu machen, dass er ~~sich~~ wider sich selbst wüthe. Darum trenne ich Euch und setze Euch gegeneinander, dass ihr Euch erkennen möget. Mutter betrachte Deinen Sohn, das schwarze Schlangenungethüm, das löwenmähnige. Sohn, siehe Deine Mutter an, sie ist Alles und Nichts. Strebe nach ihr und ~~z we~~ verzweifle an und in ihr. Winde Dich wüthend und hülflos ~~um~~ Der abgründigen Schlange leib, flackere Flamme und verbrennt~~bar~~ das Nichts, das Dich mütterlich furchtbar umhüllt. Aber lasset den Menschen zu seinen Hütten und grünen Einöden zurückkehren, zu seiner Einsamkeit unter den Vielen.

Ich beschwöre Dich, Du furchtbarer Abraxaswahnsinn, kehre Tatzen gegen das ewige Pleroma, lass ab vom Menschen. Er ist zu schwach und ein Deiner Kraft unwürdiges Opfer. Wir sind vor Dir, dem Löwen, winselnde Hunde. Dieses Jagdthier frommt Dir nicht.

O Mensch vergiss nicht Deiner göttlichen Waffe, Deines Witzes. Ein furchtbarer Giftstachel ward Dir dem Schwachen, gegeben, damit Du auch Götter lähmen kannst.

Ich wünschte, ihr Toten, meine Rede zu
Euch unterbrechen. Was wollt Ihr sonst
hören?

Die Toten: ((Rede zu uns über Götter und
Teufel!!!

Gott ist das höchste Gut, das summum bonum, der Teufel das Gegentheil.
Es giebt aber viele hohe Güter und viele
schwere Übel. Und dazwischen giebt
es zwei Gottteufel, der Eine ist das
Brennende und der Andere das Wachsende.
Das Brennende ist der Eros in Gestalt
der Flamme. Sie leuchtet, indem sie verzehrt.

Das Wachsende ist der Baum des Lebens.
Er grünt, indem er wachsend lebendigen Stoff häuft.

Der Eros flammt auf und stirbt
dahin. Der Lebensbaum aber wächst

langsam und stätig durch unge-
messene Zeiten.

Gutes und Übles einigt sich
in der Flamme.

Gutes und Übles einigt sich im
Wachsthum des Baumes.

Leben und Liebe stehen in ihrer
Göttlichkeit gegeneinander.

Unermesslich ~~ist~~ wie das Heer der
Sterne ist die Zahl der Götter und Teufel.
Jeder Stern ist ein Gott und jeder Raum,
den ein Stern füllt, ist ein Teufel.
Das Leer-Volle des Ganzen aber
ist das Pleroma. Die Wirkung
des Ganzen ist der Abraxas. Nur
Unwirkliches steht ihm entgegen.

4 ist die Zahl der Hauptgö[tter]
denn 4 ist die Zahl der Ausmessung[en]
der Welt.

1 ist der Anfang, der Gott.
2 ist der Eros, denn er breitet sich leuchtend aus.
3 ist der Baum des Lebens, denn er füllt den Raum mit Körpern.
4 ist der Teufel, denn er öffnet alles Geschlossene, er löst auf alles Geformte und Körperliche, er ist der Zerstörer, in dem Alles zu Nichts wird.

Der Tote: „Du bist ein Heide, ein Polytheist!"

Wohl mir, dass es mir gegeben ist, die Vielheit und Verschiedenartigkeit der Götter zu erkennen.

Wehe euch, dass ihr diese unvereinbare Vielheit durch den Einen Gott ersetzt! Dadurch schafft ihr die Qual des Zweifels um des Einen Gottes willen und die Verstümmelung der Creatur, deren Wesen und Trachten Unterschiedenheit ist. Wie seid ihr Eurem Wesen getreu, wenn

ihr das Viele zum Einen machen wollt?
Was ihr an den Göttern thut, ~~wird~~ geschieht
auch euch. Ihr werdet alle gleich-
gemacht. Und so ist euer Wesen ver-
stümmelt.

Um des Menschen willen herrsche
Gleichheit, nicht ~~um~~ Gottes willen,
denn der Götter sind viele, der Menschen
aber wenige. Die Götter sind mächtig
und ertragen ihre Mannigfaltigkeit,
denn wie die Sterne stehen sie in ewiger
Einsamkeit und in ungeheuren Ent-
fernungen voneinander. Die Menschen
sind schwach und ertragen ihre Mannigfaltigkeit nicht, denn sie wohnen nahe
beisammen und bedürfen der Gemeinschaft, um ihre Besonderheit tragen zu
können.

5.II.16.

Die Tote: Um der Erlösung willen

lehre aus weiter! //

Um der Erlösung willen lehre ich Euch das Verwerfliche, um dessentwillen ich verworfen ward.

Die Vielzahl der Götter entspricht der Vielzahl der ~~Götter~~ Menschen.

Unzählige Götter harren der Menschwerdung.

Unzählige Götter sind Menschen gewesen.

Der Mensch hat am Wesen der Götter theil. Er kommt von den Göttern und geht ~~zu den Göttern~~ zum Gotte.

So, wie es sich nicht lohnt, über das Pleroma nachzudenken, so lohnt es sich nicht, die Vielheit der Götter zu verehren. Am wenigsten lohnt es sich den ersten Gott, die wirksame Fülle und das summum bonum zu verehren. Wir können durch unser Gebet nichts dazuthun und nichts davonnehmen, denn die wirksame Leere schluckt Alles in sich auf.

Meine Seele, Du getrennte Doppelheit, was ist es? Es stört mich Jemand. Sprich: Wer ist es?

// Gut Freund //

Oh, bist Du ein Feind? Wer bist Du? Woher kommst Du? Schon gestern ahnte ich Dich: Sprich, was willst Du?

// Ich komme von ferne, ich komme vom Osten. Ich suche Deine Gastfreundschaft. //

Du bist mir fremd. Warum kommst Du zu mir?

//Ich bin Dir nicht feind. Ich bin Dir fremd.//
Wer bist Du denn?
// meine Haut ist dunkel und das Weiss
[de]r meiner Augen glänzt. Ich bringe Dir
[d]as Oestliche.//
Was ist es?
// Enthaltung //
Enthaltung! Wovon?

// Vom Menschen. //
Wie? Gemehrte Einsamkeit?
// Nein, Enthaltung vom Menschen, Ent-
haltung von Leid und Freude am Menschen.//
Das ist oestliche Weisheit!
// ~~Hast~~ Du bedarfst ihrer. Sie gehört
zum Einzelsein unter Vielen. Du hörst
das Wort: Antheilnehmen? Siehst
Du nicht, dass es hinübergreift in das
Leben und Wesen des Andern? Du selbst

aus der Bahn und Du reissest ihn
aus der Bahn.

Mitleid aber keine Antheilnahme.

Mitleid mit dem Kosmos.

Stillgestelltes Wollen am Einzelnen

Antheilnehmen schafft Entfremdung.

Mitleid bleibt unverstanden, darum wirkt es.

Nicht verstehen wollen, sondern wirken lassen.

Ich komme zu Dir, denn Uraltes verbindet uns.

Ergebung und Enthaltung, kurze Rede und einfaches Thun.

Fern von Begehren kennt keine Furcht.

Fern von Liebe hält das Ganze, befreit vom Irrthum.

Langsames Wachsthum erhält den Einzelnen und erzeugt ein Volk.

Warum bist Du so dunkel wie Ackererde?
Ich fürchte Dich. Mir ist so weh,
was thatest Du mir an?

// Ich bin der Tod, der mit der Sonne
auf~~geht~~ging. Ich komme mit leisem Schmerz
und langer Ruhe. Ich lege die Hülle der
Bewahrung um Dich. In der Mitte
des Lebens beginnt der Tod. ~~Ich lege~~
Ich lege Hülle um Hülle um Dich, so dass
Deine Wärme wie erlischt. //

Du bist bringst Trauer und Verzagtheit. Ich wollte zum Menschen.

// Als ein Verhüllter gehst Du zum
Menschen. Dein Licht leuchtet der
Nacht. Deine Sommernatur erlischt
und Dein Stern beginnt. //

Du bist grausam

// Das Einfache ist grausam, denn

es eint sich dem Vielfachen nicht. //

Ich erwarte Dich. Ich will einfach sein.

Die hellen Götter bilden die Himmelswelt.
Sie ist vielfach und unendlich sich er-
weiternd und vergrößernd. Ihr oberster
Herr ist der ~~Sonne~~ geistige Sonne.
Die dunkeln Götter bilden die Erden-
welt. Sie sind einfach und unendlich
sich verkleinernd und vermindernd.
Ihr unterster Herr, nämlich der Teufel, ist der Mondgeist, der
Trabant der Erde, kleiner und kälter als
die Erde.
Es ist kein Unterschied in der Macht
der himmlischen und der erdhaften Götter.
Die Himmlischen vergrößern, die erd-
haften verkleinern. Unermesslich ist
beider Richtung.
Die Welt der Götter verdeutlicht sich

in der Geistigkeit und in der Geschlechtlichkeit.
Die Himmlischen erscheinen in der Geistigkeit,
die Erdhaften in der Geschlechtlichkeit.
Geistigkeit ~~of~~ empfängt und erfasst.
Sie ist weiblich und darum nennen wir sie
die mater coelestis, die himmlische Mutter.
Geschlechtlichkeit zeugt und erschafft. Sie
ist männlich und darum nennen wir sie Phallos,
den erdhaften Vater.
Die Geschlechtlichkeit des Mannes ist mehr erdhaft.
Die Geschlechtlichkeit des Weibes ist mehr
geistig.
Die Geistigkeit des Mannes ist mehr
himmlisch, sie geht zum Grösseren.
die Geistigkeit des Weibes ist mehr erdhaft,
sie geht zum Kleineren.
Teuflisch und lügnerisch ist die Geistigkeit
des Mannes, die zum Kleineren geht, ebenso
die Geistigkeit des Weibes, die zum Grösseren geht.
Jedes gehe zu seiner Stelle.
~~Leicht ist es den~~ Mann und Weib werden einander
zum Teufel ~~werden~~, wenn sie ihre geistigen Wege

nicht trennen, denn das Wesen der Creatur ist Unterschiedenheit.

Die Geschlechtlichkeit des Mannes geht zum Erdhaften.

Die Geschlechtlichkeit des Weibes geht zum Geistigen.

Mann und Weib werden aneinander zum Teufel, wenn sie ihre Geschlechtlichkeit nicht trennen.

Der Mann erkenne das ~~Untere~~ Kleinere, das Weib erkenne das Grössere.

~~Die Menschen sind entweder im~~

Der Mensch unterscheide sich von der Geistigkeit und von der Geschlechtlichkeit. Er nenne die Geistigkeit Mutter und setze sie zwischen Himmel und Erde. Er nenne die Geschlechtlichkeit Phallos und setze ihn zwischen sich und die Erde, denn die Mutter und der Phallos sind übermenschliche Daemonen

und Verdeutlichungen der Götterwelt. Sie
sind uns wirksamer als die Götter, weil sie
unserem Wesen schon ~~sehr~~ nahe verwandt
sind.

Die Mutter ist der Gral.
Der Phallus der Speer.

Wenn Ihr euch von Geschlechtlichkeit oder Geistigkeit nicht unterscheidet
und nicht sie als Dinge an sich betrachtet, so
verfallt Ihr ihnen als Eigenschaften des
pleroma. Geistigkeit und Geschlechtlichkeit sind nicht Eure Eigenschaften, nicht
Dinge, die Ihr besitzt und umfaßt, sondern
sie besitzen und umfassen Euch, denn sie
sind mächtige Daemonen, Erscheinungs-
formen der Götter und * darum Dinge
die über Euch hinausreichen und an sich
bestehen. Es hat Einer nicht eine Geistigkeit
~~für sich~~ oder eine Geschlechtlichkeit für sich,
sondern er steht unter dem Gesetz der Geistigkeit und der Geschlechtlichkeit. Darum ent=

geht keiner diesen Daemonen.

~~Ihr~~ Ihr sollt sie ansehen als Daemonen und als gemeinsame Sache und gemeinsame Gefahr, als gemeinsame Last, die das Leben Euch ~~[illegible]~~ aufgebürdet hat, so wie der Leben eine gemeinsame Sache und Gefahr ist, ebenso auch die Götter und zuvorderst der furchtbare Abraxas.

Der Mensch ist schwach, darum ist Gemeinschaft unerläßlich.

Verwaltet die Gemeinschaft im Zeichen der Mutter, so ist ~~es~~ es sie im Zeichen des Phallus. Keine Gemeinschaft ist Leiden und Krankheit. ~~Gemein~~ Gemeinschaft in Jeglichem ist ~~Gefäng-~~ Zerrissen- ~~nis~~ und Auflösung.

Der Grund Eures Wesens ist Unterschiedenheit. Sie führt zum Einzelsein. Einzelsein ist gegen Gemein-

-schaft. Aber um der Schwäche des Menschen willen gegenüber den Göttern und Daemonen und ihrem unüberwindlichen Gesetze ist Gemeinschaft nöthig.

Darum: Gemeinschaft, soviel als nöthig, nicht um der Menschen willen, sondern wegen der Götter.

Die Götter zwingen Euch zur Gemeinschaft. Soviel sie Euch zwingen, soviel ~~Ge~~ Gemeinschaft thut noth. mehr ist von Übel. X

In der Gemeinschaft: Jeder ordne sich dem Andern unter.

Im Einzelsein: Jeder ordne sich dem Andern über.

~~So ist Ausgleichung der Rechte geschaffen~~ In der Gemeinschaft: Enthaltung.

Im Einzelsein: Verschwendung.

Die Gemeinschaft ist Tiefe.
Das Einzelnsein ist Höhe.

Das richtige Maass:
in Gemeinschaft: reinigt und erhält.

im Einzelnsein: reinigt und fügt hinzu.

Denn ~~das Einzelnsein~~ die Gemeinschaft giebt uns die Wärme, das Einzelnsein aber das Licht.

In der Gemeinschaft gehen wir zur Herkunft, welche die Mutter ist.

Im Einzelnsein gehen wir zur Zukunft, welche der zeugende Phallus ist.

Der Daemon der Geschlechtlichkeit tritt zu unserer Seele als eine Schlange. Sie ist zur Hälfte Menschenseele und heisst Gedankenwunsch.

Der Daemon der Geistigkeit senkt sich in unsere Seele herab als der weisse Vogel. Er ist zur Hälfte Menschenseele und heisst Wunschgedanke.

Die Schlange ist eine erdhafte Seele, halbdaemonisch, ein Geist und verwandt den Geistern der Toten. Wie ~~sie~~ diesen so schwärmt auch sie herum in den Dingen der Erde und bewirkt, dass wir sie fürchten, oder dass sie unsere Begehrlichkeit reizen. Die Schlange ist weiblicher Natur und sucht immer die Gesellschaft der Toten, die unerlöst an die Erde gebannt sind, solche die den Weg hinüber nicht fanden, ~~zur~~ nämlich ins Einzelsein. Die Schlange ist eine Hure und buhlt mit dem Teufel und den bösen Geistern, ein arger Tyrann und Quälgeist, immer zu übelsten Gemeinschaft verführend.

Der weisse Vogel ist eine halb-
himmlische Seele des Menschen;
sie weilt bei der Mutter und steigt
bisweilen herab.
Der Vogel ist männlich und ~~hat~~ ist wir-
kender Gedanke.

Er ist keusch und einsam, ein Bote
der Mutter. Er fliegt hoch über der Erde.
~~und trägt empor und bringt herunter~~
Er gebietet der Einzelnsein. Er bringt
Kunde von den Fernen, die vorange-
gangen und vollendet sind. Er trägt
unser Wort hinauf zur Mutter. Sie
thut Fürbitte, sie warnt, aber sie
hat keine Macht gegen die Götter. Sie
ist ein Gefäss der Sonne.

Die Schlange geht hinunter und
lähmt mit List den phallischen Daemon oder stachelt ihn an. Sie trägt

empor die überschlauen Gedanken des
Erdhaften, das durch alle Löcher kriecht
und mit Begehrlichkeit und blinder
Gierigkeit überall ansaugt.

Die Schlange will es zwar nicht, aber
sie muss uns nützlich sein. Sie entflieht
unseren Griffe und zeigt uns so den Weg,
den wir aus Menschenwitz nicht fanden.

8.II.16.

Die Toten: //Nachdem Du uns von der
Welt der Götter, der Daemonen und
der Seelen belehrt hast, lehre uns
über den Menschen.//

Der Mensch ist ein Thor, durch
das ihr aus der Aussenwelt der Götter
Daemonen und Seelen eintretet in
die Innenwelt, aus der grösseren Welt
in die kleinere Welt. Klein und nichtig

ist der Mensch, ein Punkt, schon
habt ihr ihn im Rücken und wiederum
seid ihr im unendlichen Raume, in
der kleinern oder innern Unendlichkeit.
In unermesslicher Entfernung steht
ein Stern mit blauem Lichte im
Zenith. Dies ist der Eine Gott dieses
Einen, dies ist seine Welt, sein
Pleroma, seine Göttlichkeit.
In dieser Welt ist der Mensch
der Abraxas, der seine Welt gebiert
und verschlingt.

Dieser Stern ist der Gott, das
Ziel des Menschen. Dies ist sein
Einer, führender Gott. In ihm geht
der Mensch zur Ruhe. Zu ihm geht
die lange Reise der Seele nach dem Tode
In ihm erglänzt als Licht Alles, was
der Mensch aus der ~~tr~~ grösseren Wel

zurückzieht.

Zu diesem Einen betet der Mensch.

Das Gebet mehrt das Licht des Sternes, es schlägt eine Brücke über den Tod, es bereitet das Leben der kleineren Welt und mindert das hoffnungslose Wünschen der grösseren Welt.

Wenn die grössere Welt kalt wird, leuchtet der Stern.

Nichts ist zwischen dem Menschen und dem Einen Gott, sofern der Mensch seine Augen vom flammenden Schauspiel des Abraxas abwenden kann.

Mensch hier, Gott dort.

Schwachheit, Nichtigkeit hier, ewige selige Schöpferkraft dort.

Hier ganz Dunkelheit und feuchte Kühle, dort ganz Sonne.

IV 17 II 16.

Bevor Herkules sich verbrannte, und unter die Götter versetzt wurde, wurde er das Kind der Omphale.

So geschah es ihm.

So, meine Mutter, die Du im höhern Kreise stehest und mich umhüllst und mich vor den Göttern birgst, will ich wohl Dein Kind werden.

Du mögest meine Geburt annehmen.

Du mögest mich erneuern.

Ich bedarf eines neuen Schattens, denn ich erkannte den furchtbaren Abraxas und habe mich von ihm zurückgezogen.

Die Kälte wuchs und mein Stern entbrannte heller.

Doch, ich bedarf der Kindschaft, erhabene Mutter, sonst kann ich die Kinder= und Narrenhölle der Menschenwelt nicht ertragen.

Du gebarest den ~~alt~~ schrecklichen Gott aus Dir, entlasse ihn, nimm mich an Sohnesstatt. Ich bin ein Mensch, ein Kind, das der Mutter bedarf.

Statt der Götter nimm den Menschensohn an und gewähre ihm Deine mütterliche Hilfe.

Mutter: Ich kann Dich nicht als Kind annehmen, Du reinigst Dich denn zuvor.

I. Was ist meine Unreinheit?

M.: Vermischung. Enthalte Dich des Leides und der Freude der Menschen. Verharre in Absonderung, bis die Enthaltung vollendet ist, und Du befreit bist von der Berührung der Menschen. Darum will ich Dich zum Kinde annehmen.

I. Ich danke Dir, Mutter. Es soll geschehen.

21.II.16.

Wie geht dieser Weg? zwischen welchen Wassern und Feuern? Wer ist der Fahrende? Schatten sprich!

Ein Türke?

Woher der Fahrt? Bist Du ein Bekenner des Islam? Was kündest Du mir von Mohammed?

// Ich rede Dir von Vielweiberei, von den Houris und vom Paradiese - Davon sollst Du hören. //

So sprich und ende die Qual.

// Nicht von Qual rede ich, sondern von Freude. //

Verzeih mir, Du machst mich lachen. Ich blute aus der Menschheit tausendfältiger Wunde.

// Ich bringe Heilung. Weiber heilen die Wunde. Sie sind arzneikundig. //

Das ist mir neu. Ich hörte Weiber meist nur jammern.

// Sie wissen kranke Kinder zu pflegen.

Bin ich ein krankes Kind?
//Nicht weit davon. Du solltest das Zu-
viel hinlegen und Dich pflegen lassen.//
Wer thut das Werk?
//Es geschieht ohne Dich.//
Fragwürdig. Wer wird es für mich
thun?
//Deine Söhne und Töchter. Lass ihnen
Raum und gönne Dir Ruhe.//
Wird das Werk halten, wenn ich nicht stütze?
//Wenn es fällt, warum wolltest du es denn
halten? Es steht, wenn es Füsse hat. Wenn
es trotzdem fällt, so kann's nicht leben.
Sterbendes soll sterben.//
Also soll ich es lassen? und mich
der Viehbauerei ergeben? Du bist fatal,
wirklich ein Türke. Du kannst es
Allah überlassen, dass Dein Haus Dir
über dem Kopfe verfault.

// Der Trieb der Menschen ist ausgezogen.
Der Honig ist ausgeleckt. Du
kannst Dich zurückziehen. Be-
schränktheit thut noth. Die Bücher
sollen geschrieben sein. //

Wie ist es mit der Vielweiberei,
den Houris und dem Paradiese?

// Viele Weiber und viele Bücher //
Jedes Weib ist ein Buch, jedes Buch
ein Weib. Die Houri ist ein Gedanke und der Gedanke eine Houri.
Die Welt der Ideen ist das Paradies
und das Paradies ist die Welt der Ideen.
Mohammed lehrt, dass der Gläubige
von den Houris im Paradies aufgenommen wird. Die Germanen sagten
Ähnliches. //

Es widerstrebt meinem Geschmack

und meiner sittlichen Verantwortung, diese Gedanken zu leben.

// Nicht zu hoch. Du bist nicht weit davon entfernt. Wollen es die Weiber? Sie wollen auch ihr Schicksal. Warum achtest Du ihren Weg nicht? Sie sind doch auch Menschen, deren Würde ~~[illegible]~~ angenommen sein will. //

Sie wissen aber nie, was sie wollen.

// Sie wissen nur, was sie müssen. Natürlich will jeder Mensch sein Muss einem Anderen zuschieben und ihn dafür verantwortlich machen. Mann und Weib unterliegen beide in ihrer Art dem Gesetze des Eros und des Geistes. //

Es ist unmöglich, das kann nie Wirklichkeit werden.

// Vieles kann noch wirklich werden, was heute unmöglich erscheint. Die Thüren müssen offen bleiben. Die Noth hat das letzte Wort. //

24 II 16.

Soll das der Beginn des Abstiegs sein in das Land der Kröten, in den Froschsumpf? Es stirbt Alles in mir. Ich fühle mich zersprengt und zerrissen.

// Du hast die Zerrissenheit noch nicht erlebt, du wirst zerfetzt, in alle Winde zerstreut. Ein Jeder trägt ein Stück von Dir davon. Die Menschen halten Abendmahl mit Dir. //

Was bleibt übrig von mir?

// Nichts als Dein Schatten. //

Aber wo ist mein Ich?

// Nirgends. Du bist kein Ich mehr, sondern ein Wasserlauf, der sich über die Länder ergiesst. Er sucht

alle Thüre und strömt nach der Tiefe
der Meere zu. // Du sträubst Dich
vergebens. //

Kann ich leben ohne Ich?

// Du bist das und der Thor zwischen
zwei Unendlichkeiten, ein Durchgang
der offen steht, eine Strasse, die begangen
wird, man läuft über sie mit Schuhen
und spuckt darauf. //

Wo ist mein Eigenes? Wo ist
der, was ich thue?

// Nicht sichtbar. Du siehst es
Dir. //

O Mutter, ~~bist Du da~~ hast Du
mir diesen grausamen Daemon geschickt?

---

28. II. 16.

// Selten wirst Du es, das Reich, das un-
sichtbare, in zagen Händen, in Kinderhänden.

Wurzeln senkte es breit in graue Finsterniss der Erde, Laubzweige wuchs es hinauf in goldene Lüfte.

Gethier wohnt in seinen Ästen. Menschen lagern im Schatten. Ihr Gewimmel dringt von unten herauf.

Ein ehrwürdiger Irrthum, eine tausend Meilen lange Enttäuschung ist der Saft des Baumes. Er wird lange grünen.

Schweigen ist in seinem Wipfel. Schweigen in seinen tiefen Wurzeln.

---

12. IV. 16.

Unser Herr Jesus Christus! Dein Name sei gesegnet. Dein Werk währte lange, Schweres hast Du um der Menschheit willen erduldet. Du hast Grösstes für uns gethan, Du machtest aus Thieren menschenähnliche Wesen. Du hast Dein Leben für die Thie

liche Menschheit hingegeben, Dein Geist war
mit uns durch unendliche lange Zeit. Ge-
duldig hast Du Dein grosses Werk gethan,
und immer noch blicken die Menschen
auf Dich und immer noch erbitten sie
Deine Hilfe und wollen die Gnade Gottes
durch Dich empfangen. Du wirst nicht
müde, den Menschen zu geben. Ich
preise Deine göttliche Geduld.

Sind die Menschen nicht undankbar?
Kennt ihre Begehrlichkeit keine Grenzen?
Immer noch verlangen sie von Dir?
Soviel haben sie empfangen und
noch immer sind sie Bettler. Siehe,
Herr Jesus Christus, sie lieben Dich nicht,
sondern sie begehren Deiner mit Gier,
so wie sie auch nach des Nächsten Habe
gieren. Sie lieben den ~~Nachbarn~~ nächsten nicht
aber sie begehren seines Gutes. So verlangen sie auch von Dir und haben an
Deinem erhabenen Leben kein Beispiel ge-

kommen. ~~Würden~~ Liebten sie Dich wirklich ~~lieben~~, so würden sie endlich Dein Beispiel beherzigen. Du zeigtest durch Dein erhabenes Leben, dass ein Jeder sein Leben auf sich zu nehmen hätte und so auch das Leben der Menschheit trüge, wie Du es thatest. Aber sie thun es nicht, sondern beten zu Dir und lassen Deinem Geiste noch immer keine Ruhe und rufen ~~Dich~~ Dir noch immer zu: Dein Werk ist nicht vollendet! Zwei Jahrtausende lang ~~ha~~ dauerte Deines Geistes und Deines Lebenswerk. So lang war es nöthig. Und noch immer bleiben die Menschen kindisch und vergessen die Dankbarkeit, denn noch immer können sie nicht sagen: Habe Dank, unser Herr Jesus Christus, für das Heil, das Du eingebracht hast. Wir haben es in uns aufgenommen, ihm eine Statt gegeben in unseren Herzen und wir haben es gelernt, Dein Werk in uns aus uns selber fortzusetzen. Wir sind reif geworden, das [illegible]

schweren Werk der Erlösung in uns selbst weiterzu
führen. Habe Dank, Dein Werk ist in uns
aufgenommen, wir erfassten Deine erlösende
Lehre, wir vollendeten, ~~was~~ in uns, was
Du mit blutigen Mühen für uns begonnen.
Wir sind keine undankbaren Kinder mehr,
welche nach dem Gute der Eltern begehren,
anstatt selbst für das eigene Leben zu
arbeiten. Habe Dank, unser Herr Jesus
Christus, wir wurden mit Deinem Pfunde
wuchern und versuchten in die Erde vergraben
und ewig hilflos unsere Hände nach
Dir ausstrecken und Dich mahnen,
Dein Werk in uns zu vollenden. Wir
wollen Dir dankbar sein und Deine Mühe
aufzunehmen und wollen Dir die
Ruhe lassen. Wenn wir Dein Werk
aufnehmen, dennoch Dein Werk vollenden
und Du legst die Hände in Deinen
Schooss nach einem langen Tage schwerer
Last. Selig ist der Tote, der im Gotte ruht,
seinem

vor der Vollendung seines Werkes.

Habt ihr keine Liebe zu unserm Herrn Jesus Christus? Könnt ihr ihm nicht den Preis der Ruhe nach gethanen Arbeit geben? und sein Werk als euer Werk an euch selber weiterführen? Bedürft ihr wirklich noch immer seine Hülfe und Fürsorge?

Nein, das ist nicht wahr.

Ich glaube, dass unser Herr Jesus Christus sein Werk vollendet hat, denn wer sein ganzes menschliches Leben und seine ganze Wahrheit und seine ganze Seele gab, der hat sein Werk vollendet.

Ich glaube darum, dass unser Herr Jesus Christus die Menschen wirklich besser gemacht hat. Er hat sie soweit erlöst als Menschen sich von Göttern und Gottmenschen erlösen lassen. Nun aber wird die Zeit

kommen, wo jeder Mensch ~~das~~ sein
Werk der Erlösung fortzusetzen hat.

16.IV.16.

Sahet ihr ihn, den Liebhaber seiner Seele? er gieng in die Thäler der Menschen und liebte – seine Seele? nein, ein Weib. Und vergass seine Seele darob? Nein, aber er legte sie in dieses Weib. War dies der richtige Platz für seine Seele? Was ist richtig? Seine Liebe hiess ihn solches thun und er that es. Mordete er damit eine andere Menschenliebe? Vielleicht, ~~od~~ vielleicht auch nicht. Liebe kann auch nicht sein. Liebe ist Verweilen, Leben aber ist dauernd.

3.V.16.

Ein Traum sagte mir, dass ihr Noth littet, Du Elias, Du Salome, ihr Alten, und Du meine Mutterseele, die mich nicht vergessen kann.

Du Mutterseele, sage, warum ich, der ich Dein Geliebter war, nun mehr als Dein ungeliebter Mann Dir erscheinen soll?

Offenbar musst Du mich doch aufgeben. Das ist Deine Rettung, wenn Du zu Deinem Manne zurückkehrst und nicht mich ansprichst, wie wenn ich Dein Mann wäre. Du nennst mich beim Namen einer meiner Freunde. Hast Du Jenen geheirathet? Und möchtest doch bei mir sein? Bei mir aber bist Du doch krank, wie Du siehst, Du kannst Dir nicht vorlügen, dass ich Dein Mann sei. Oder willst Du, o Mutterseele, mich umgebären und mich jenem gleichmachen, also von seiner Art, einer der sein Gefühl giebt?

Und was ist es mit Euch, Elias und Salome

Salome, Du willst mich umarmen. Wohlan, es geschehe, auf Deine Verantwortung. Aber Du Elias, Du hörtest eine Stimme zur Nachtzeit, die Tiefe sprach zu Dir, Geheimes wohl, Dinge des Kommenden. Du warest wie Einer, der meiner Hilfe bedarf. Wohlan, ich will sie Dir gewähren. Du erscheinst wie Einer, der an Uraltes, kaum noch Glaubliches gebunden ist? Muss das so sein? oder bist Du wider Deinen Willen gefangen? Es schien, als müsste es wohl so sein, als müsstest Du an Uraltes verpflichtet sein, als bewahre die alte Freund uneingeschränkte Macht und als meintest Du bloss, Du müssest Dich dessen entfernen und lösen. Du musst wohl dort bleiben und ich muss wohl bisweilen zu Dir zurück ~~und~~ um immer wieder jenes Licht zu holen, das allein Du am Urfeuer entzünden kannst. Aber sprich, Elias, Wohl bewendet und sage, was Dir zu helfen wäre!

E. Ich bin schwach geworden, ich bin arm,

ein Zweifel an meiner Macht gieng ~~Dich~~ zu Dir, mein Sohn. Du nahmest mir zuviel. Meine Liebe gab Dir zuviel. So giengst Du zu ferne von mir. Lasse mir etwas von Deiner Kraft und Macht. Harre und horche nach Innen. Du wirst der Stimme der Tiefe in diesen Tagen bedürfen. Schweige zuerst nach Aussen.

I. Aber was hörtest Du? Was für eine Stimme vernahmest Du?

S. Eine Stimme voll Verwirrung, eine beängstigende Stimme, voll Warnung und Unbegreiflichkeit.

I. Was sagte sie? Hörtest Du die Worte?

S. Undeutlich, eben verworren war es.

I. Aber so sprich doch, sage die Worte!

S. Zuerst war es vom Messer, das etwas schneidet, vielleicht erntet, vielleicht die Trauben, die zur Kelter gehen. Vielleicht war es der im scharlachrothen Gewande, der die Kelter tritt, aus der das Blut fliesst. Sodann war es ein Wort vom Golde, das unten liegt, und das stirbt, wer es berührt. Denn ein Wort vom Feuer, das furchtbar brennt und das in dieser Zeit emporflammen soll.

Was war es auch, sprach Elias! Warum dachtest Du, dass Du Dich täuschest und dass eine kranke Stimme zu Dir sprach?

E. Eben weil es Verwirrtes sprach und Lästerliches.

I. Lästerliches? Was war es?

E. Vom Tode Gottes. Kann Gott sterben?

I. Aber es ward ein Neuer, nicht Einer, viele.

E. Viele? Du lästerst. Es giebt nur einen Gott.

I. Ich bin erstaunt, Elias. Weisst Du nicht, was sich begab? Weisst Du nicht, dass unterdessen die Welt ein ~~g~~ neues Gewand angezogen hat? Dass der Eine Gott

und die eine Seele von hinnengiengen und
ein Vielerlei der Götter und Seelendämonen
wiederum in die Welt eingezogen ist?
Wahrhaftig ich wundere mich, ich wundere mich grenzenlos! Du wusstest das
nicht? Du wusstest nichts vom Neuen, das
ward? Du weisst doch die Zukunft!
Solltest Du am Ende nicht wissen, was ist?
Merkwürdig, die Mutterseele will nicht wissen,
was ist. Leugnet ihr am Ende, das, was ist?
Jetzt aber sprich, Elias!
Sel. Was ist, giebt keine Lust. Lust kommt
nur aus Neuem. Deine Mutterseele möchte
einen andern Mann, haha! Sie liebt
Abwechslung. ~~Der~~ Ihr Bürgersmann ist
ihr nicht lustig genug. Sie ist unbelehr-
bar darin, darum denkst du, sie sei
verrückt. Wir lieben nur das Kommende, das giebt Lust. Elias denkt nicht
aus Seiende, sondern aus Kommende,
darum weiss er es.
I. Was weiss er? Er möge reden!

E. Ich verstehe die Worte. Das Bild, das
ich sah, war blutigroth, feuerfarben u.
goldschimmernd. Die Stimme, die ich
hörte, war wie ferner Donner, wie das Brau-
sen des Windes im Walde, wie ein Erdbeben.
Es war nicht die Stimme meines alten Gottes,
es war ein heidnisches Stimmengebrause,
ein Ruf, den meine Urväter kannten, den
ich nie vernahm. Es klang vorzeitlich,
wie aus einem Walde an einer fernen Meeres-
küste, alle Stimmen der Wildnis waren drin.
Es war barbarisch und schreckensvoll.
I. Aber mein guter Vater, Du hörtest wohl
was ich dachte. Wie wunderlich! Soll
ich Dir davon erzählen? Was meinst
Du, Salome? Was willst Du, Elias?
E. Gieb mir davon, damit ich es mitlebe.
Sal. Lass mich meine Lust dran haben.
I. Also, ich sagte Euch, die Welt hat
ein neues Gesicht, eine neue Hülle ward
über sie geworfen. Merkwürdig, das

ihr das nicht wusstet!

Es werden alte Götter neu. Der einzige Gott ist tot – ja wahrlich, er starb, er hielt zuviel Verschiedenes in sich, darum zerfiel er ins Vielerlei. So ward die Welt über Nacht reich. Auch die Seele, die Einzige, verlor ihre machtvolle Einzigkeit, sie zerfiel auch ins Vielerlei. So wurden die Menschen über Nacht reich. Wie ist es möglich, dass ihr das nicht wusstet! Wer gab es noch? Ach es ist so viel!

Aus dem einzigen Gott wurden Zwei, wiewohl ein Einziger und ein Vielfacher, einer dessen Leib aus vielen Göttern besteht. Der Einzige aber hat als Leib bloss einen Menschen und ist grösser als eine Sonne.

Die Seele aber wurde zu den Sprossen ihrer Leiter, Nächstes, Nähere, Nahes, Fernes, Ferneres, Fernstes. Zuerst ist sie mein

eigenes Wesen, dann ist sie Schlange und Vogel,
dann ist ~~die~~ sie Mutter und Vater, dann
noch weiter weg Salome und Elias. Aber
ich kann kaum denken, dass ihr noch
zu mir gehört, denn vordem wäret ihr
Schwärme, was sich in meiner Welt ereig-
net hat. Schwärme euch kann ich unter
die Daemonen rechnen, nicht Daemonen des Menschen, sondern der Menschheit, darum seid ihr an Uraltes und immer
Bestehendes geknüpft, darum wisst ihr
nichts vom gegenwärtigen Sein der Menschen. Aber es ist gut, dass ihr kamet,
nehmet Theil an dem, was ist. Denn
das, was ist, ~~so~~ soll so sein, dass ~~es~~ ihr daran
theilnehmen kommt.

S. Dieses Vielerlei gefällt mir nicht. Es ist
nicht einfach zu denken.

Sal. Das Einfache ist lustig, man muss
dabei nicht denken.

J. Elias, du brauchst es ja garnicht zu

denken. Es ist nicht zum denken. Es ist zum Anschauen. Es ist ein Gedankengemälde. Salome, es ist nicht wahr, dass das Einfache lustig ist; es ist langweilig und in Wahrheit ergötzt Dich die Vielerlei.

Sal: Vater Elias, merkst Du, dass die Menschen etwas vor uns voraushaben? Er hat Recht, der Vielerlei ist schöner, reicher und lustiger. Jehova ist reine, einfache Einheit, und immer dasselbe.

22.V.16.

Lieber Herr Jesu Christe, wir sind nicht rein. Uns klebt der Höllenschlamm an.

Du sprachst: „Mein Gott, mein Gott, warum hast Du mich verlassen," als Dich in letzter Qual am Kreuze bewegt. Gleichermassen sagen wir, denn wir sind nicht rein.

Zu Seiten stehen wir dem Kreuze gleich zwei Verbrechern, von denen Einer zum Himmel steigt, der Andere aber zur Hölle fährt.

So, das war Deine Kreuzesqual, Herr Jesu Christe, ja an diesem Kreuze hingest Du, selber das Leiden der Welt und ihrer Unreinheit.

Ach, Du Größter der Leidenden, selber zum Träger Du der Unreinheit der Welt. Und wir selber, unrein, tragen die Last der eigenen ~~Rein~~ Reinheit.

Denn Einer trat in uns ein, ein Gebildeter, der Sohn der Erde und lindert unsere Qual mit seiner Reinheit.

So groß war Dein Werk, Herr Jesu Christe, so herrlich Deine Erlösung, so Du uns liessest, dass wir es unterhalten die Übereinkunft der Erde aufgenommen und doch die Reinheit, die Dazugehörigkeit zu tragen.

Nun bist Du wahrlich der Erstling geworden derer, die schlafen.

Amen

31.V.16. Warum der dunkle Teufelsbild durchwühlt mich mit einer unerträglichen Hitze und Qual? Meine Seele, Herrin der Menschen, gib Antwort! Du siehst über dich, den Unhold des Abgrundes, wie er himmelwärts strebt. Was will er?

„Höre mich an: Ich bin in grosser Qual. Dein Sohn des finsteren Schlosses bedrängt mich."

Das dachte ich doch! Es ist also Deine Qual, nicht meine?

Ja, so ist es. Darum sind Deine Träume

schwer, denn Du fühlst die Qual der Tiefe,
der Leiden der Götter.

Kann ich helfen? oder ist es überflüssig
dass sich ein Mensch zum Mittler der Götter
erhebt? Ist es Überhebung oder soll
einer auch zum Heiland der Götter werden,
nachdem die Menschen durch den göttlichen
Heiland erlöst wird?

Es ist wahr, wir bedürfen des menschlichen
Mittlers und Retters, denn der Mensch ist
uns nicht nur Seele, sondern auch Gott,
denn die, die Du hier Götter nennst, sind Dir
dort, wo Du Gott bist, Menschen, die
Deine Hilfe erflehen. ~~Das~~ Du hast Deine
Göttlichkeit schon hier aufzubauen, damit
Du Dir den Weg zum Hinübergehen bereitest.
Wir bedürfen wirklich Deiner Hilfe. Ich
gab Dir den dunkeln, schreckenden Traum,
damit Dein Gesicht sich uns zuwende, durch
mich den Göttern. Ich lies Qual von ihnen
zu Dir dringen, damit Du Dich der leidenden

Götter erinnerst.[4]

Warum leidest du? und wie kann ich helfen?

„Einst ... Du für die Menschen, lass nicht von den Menschen, wende Dich nicht den Göttern zu, denn so ... die Herrschaft der Welt, in der Du als Mensch lebst. Du kannst den Menschen in Wirklichkeit nur durch die Götter helfen, nicht unmittelbar. Die brennende Qual der Götter ist zu löschen. Menschen sorgen für sich selbst."[3]

Übergenug, wo fang ich an? Ich fühle ihre Qual, zugleich die meine und doch nicht die meine, wirklich und unwirklich zugleich.

„Darum heißt es, kein Weise zu scheiden."

Doch wie? Mein Witz versagt. Du musst es wissen.

„Dein Witz versagt überall, aber eben deines Menschenwitzes bedürfen wir."[5]

Und ich des Götterwitzes. Da sind wir also beide aufgelaufen und sitzen hilflos auf dem Lande –

„Nicht ganz so. Ich bin immer noch ein Stück anders als ~~Du~~ sie. Du bist gezwun-[illegible]. Versprechungen bringst Du Lösung, nicht rasche Entscheidungen der einen Seite. Daher bedarf es der Arbeit und der geduldigen Ausgleichung."

Wozu leiden denn die Götter?

„Nun Du hast ihnen doch deine Qual gelassen, seitdem [illegible]."

Recht so, genug haben sie den Menschen gequält, nun mögen sie's kosten.

„Aber wenn ihre Qual auch Dich erreicht, was hast Du denn gewonnen? Du kannst nicht Alles den Göttern überlassen, sonst ziehen sie Dich in ihre Qual hinunter, wenn sie damit allein nicht mehr fertig werden – denn immerhin besitzen sie die Macht, insofern Du Mensch bist. Aber auch der Mensch besitzt durch seinen Witz eine wunderliche Macht über die Götter."

Ich anerkenne, dass die Qual der Götter

mich erreichte. Ich anerkenne darum, was den ich mit den Göttern zu bringen habe. Was ist ihr Begehr?

„Unbedingten Gehorsam."

„Gut, ich will, aber ich habe Angst vor ihrem Verlangen, darum sage ich, ich will, wenn ich kann. Ich will keinesfalls alle die Qual, die ich den Göttern [illegible] musste, wieder auf mich nehmen. Ich behalte mir Bedingungen vor, wie man sie ihnen kann, jemand gegenüber, der auf unsere Hilfe angewiesen ist. Das sollen die Götter ebenfalls anerkennen und danach ihr Begehren richten. Es giebt keinen unbedingten Gehorsam mehr, denn der Mensch ist kein Sklave mehr, sondern auch ein Gott der Götter. Er verlangt Achtung, denn er gehört in die Welt der Götter und ist ein Gewicht, das die Götter nicht missen können. Es giebt kein Zusammenfallen mehr vor den Göttern. Also mögen sie ihren Wunsch hören lassen. Ich werde ihn willig hören aber ich werde meinen Willen ertragen. Versuchung sollst Du mir thun, damit jeder sein Theil habe.

„Die Götter wollen, dass Du thust, was dem Du weisst, dass Du es möchtest willst.

Das dachte ich mir! Natürlich wollen das die Götter. Aber thun die Götter auch, was ich will? Ich will die Frucht meiner Arbeit. Wo ist die Anerkennung, deren ich bedarf? Wo ist das Verständniss der Menschen? Was thun die Götter für mich? Sie wollen, dass ihre Ziele erfüllt seien, wo aber bleibt die Erfüllung meines Zieles?

„Du bist unglaublich aufrührerisch und trotzig. Bedenke, dass die Götter stark sind.

Ich weiss es. Aber sie mögen ihre Stärke einmal für mich anwenden. Sie wollen doch auch, dass ich meine Stärke für sie anwende. Wo ist ihre Leistung? Ihre Qual? Die Menschheit leidet Höllenpein und damit werden die Götter nicht zufrieden und waren unersättlich

in der Erinnerung neuer Christen-Seelen
es geschehen, dass der Mensch sogar so ver-
flacht wurde, dass er schließlich glaubte, es
gäbe gar keine Götter, oder nur einen Gott, der
ein liebender Vater sei, sodass heute Einer,
der mit den Göttern ringt und sie damit
anerkennt, sogar für verrückt gilt. So
haben sie sogar noch die Schmach für
den, der sie anerkennt, bereitet, aus
grenzenloser Machtgier, denn Blinde
führen ist keine Kunst. Sie verderben
sogar noch ihre Sklaven.

„Du willst also den Göttern nicht
entgegenkommen?"

Ich glaube, es ist schon übergenug
geschehen. Ich glaube vielmehr, eben
darum sind die Götter unersättlich, weil
sie zuviele Opfer empfangen. Mangel
macht genügsam, nicht Überfluss.
Sie mögen Mangel bei mir lernen. Wer

thust für mich? Das ist die Frage, die ich zu stellen habe.

Ja, willst Du wirklich nichts für die Götter thun?

Auf keinen Fall will ich darauf sinnen, was ich zu thun hätte. Fraget die Götter, was sie wollen, wenn ihr diesen Vorschlag annehmt.

Sie meinen, es sei unerhört, daß Du nicht gern horchen willst. Sie sandten darum ihren Boten, wie Du bemerkt haben wirst.

Das soll mich nicht kümmern. Ich habe alles gethan, um die Götter zu versöhnen. Sie mögen das Ihrige auch thun. Ich kann warten. Ich will morgen wieder mit Dir sprechen, um zu hören, was Eure Meinung ist. Ich will von Euch anerkannt sein. Ich lasse nicht mehr über mich verfügen nach Belieben, sondern die Götter mögen mir sagen, was sie mir geben für meine Leistung ihnen gegenüber.

1 Juni 1916.

Meine Seele, was sagen die Götter?

Erwürdenen bedeutet, Abscheulicher wie ein Teufelszauber. Ich will klar sehen. Sprich!

„Die Götter geben nach. Du hast den Zwang gebrochen, darum siehst du aus wie der Teufel, denn der hat sich dem Zwang der Götter entzogen. Er ist der Empörer gegen die ewigen Gesetze, von denen es dank dem Teufel auch Ausnahmen giebt. Man muss deshalb etwas ausweichen. Dazu dient der Teufel. Er hilft dir zu dir selber. Du denkst, das sei ein Umweg. Der Umweg über die Götter ist notwendig, denn sie wollen und müssen berücksichtigt werden, sonst bist Du ihrem Gesetz verfallen. Zum mindesten sollst Du den Göttern opfern. –

6. VI. 16.

Ich traf Dich im Garten, Geliebter. Die Sünde der Welt hat Deinem Angesicht Schönheit gegeben.

Das Leiden der Welt hat Deine Gestatt aufgerichtet.

Du bist wahrlich ein König. Dein Purpur ist Blut, Dein Hermelin ist Schnee von der ewigen Kälte der Pole, Deine Krone ist das Sonnengestirn, das Du auf Deinem Haupte trägst.

Sprich zu mir, mein Herr und Gebieter!

K: O Simon Magus, der Du Dich in Philemon birgst, bist Du in meinem oder bin ich in Deinem Garten?

Ph: Du bist, o Herr, in meinem Garten. Helena und ich sind Deine Diener. Du hast Wohnung bei uns gefunden, denn Philemon und Baucis ist geworden was Simon und Helena war. So sind wir die Wirthe der Götter. Wir gewährten Gastfreundschaft dem schrecklichen Wurme. Und da Du hervortratest, so nahmen wir Dich auf. Unser Garten ist es, der Dich umgiebt.

☧: «Bin ich nicht Herr? Ist mein Garten nicht mein Eigenthum? Ist nicht die Welt der Himmel und der Geister mein eigen?

Φ: Du bist hier, o Herr, in der Welt der Menschen. Die Menschen sind gewandelt, sie sind nicht mehr die Diener und nicht mehr die Betrüger der Götter, sondern sie gewähren den Göttern Gastfreundschaft. Zu Dir kam Dein Bruder, o Herr, der schreckliche Wurm, den Du von Dir abthatest, als er Dir ~~auf dem Berge~~ in der Wüste klugen Rath gab mit verführerischer Stimme. Den Rath nahmest Du, den Wurm aber wiesest Du von Dir. Er fand seine Stätte bei uns. Wo er aber ist, da wirst Du auch sein, denn er ist Dein unsterblicher Bruder. Als ich Simon war, suchte ich ihm zu entkommen

mit der List der Magie und darum entbrann
ich Dir. Nun da ich dem Wurm in meinem
Garten Statt gab, kommst Du zu mir.

☧: Fiel ich in die Gewalt Deiner List?
Hast Du mich heimlich gefangen?

Ph: Erkenne, o Herr und Gebieter, dass
Du Deine Natur auch von der Schlange
hast! Warest Du nicht am Holze erhöht gleich der Schlange des Moses?
Hast Du nicht Deinen Körper abgelegt
wie die Schlange ihre Haut? Bist Du
nicht von Deinem Aufstieg zur Hölle ge-
fahren? Und sahest Du dort nicht
Deinen Bruder, darin der Abgrund
geschlossen ward?

☧: Es ist wahr. Du lügst nicht. Doch
weisst Du, was ich Dir bringe?

: Das weiss ich nicht; ich weiss nur
Eines, dass wer der Gastgeber des Wurmes
ist, auch seines Bruders bedarf.

Was bringst Du mir, mein schöner Gastfreund? Hässlichkeit brachte mir der Wurm. Bringst Du mir Schönheit?

Ф: Ich bringe Dir die Schönheit des Leidens. Das ist, wessen der bedarf, der ein Gastgeber des Wurmes ist.

18.VI.16. Ihr Unterirdischen! Wie lange währt Eure Herrschaft? Wessen bedürft Ihr? Ich weiss wohl. Ihr wollt mich. Ach, wer Euer Unglaubliches glauben könnte! Meine Seele, wo geht der Weg?

S „Der Weg geht immer über Dich hinaus, zu göttlichem und teuflischem Schicksal."

Über mich hinaus! Das bedeutet meine Ohnmacht.

„Das bedeutet Deine Erfüllung." S

Also wohl verdammt, immer Aussen

und darüber hinaus zu sein, immer Gefahr
und Mißverständniss zu sein, immer Unter-
nehmen und Wagniss! Ist das zu ertragen?

„Auf die Dauer nicht, aber für diese
Zeit. Alles gilt nur für diese Zeit. Andere Zeiten folgen.“

Muss Alles allein durch mich gemacht
sein?

„Nein, Andere sollen so viel thun wie möglich. Was denen nicht möglich, kannst Du
thun.“

Ist meine Art recht? Fehle ich in irgend-
einer Sache?

„Keineswegs. Du traust Dir nur zu wenig.
Du kannst Dir mehr trauen. Du kannst es
ja.“

Aber ich traue den Andern nicht!

„Ja, aber Du traust Du den Andern nicht.
Du kannst ihnen mehr zutrauen als Du
denkst.

3.VII.16.

Mein Gott, welche Unsicherheit! welche Lähmung! Thue ich das Unrechte, so lasse es klar werden! Meine Seele, sprich zu mir. Ist es Ermüdung? Ist es ein Zuviel? Schwere befiel mich plötzlich.

„Höre, Du sollst nicht zu viel thun. Du sollst nicht rauchen, damit Du die Kraft hast, Allem zu begegnen. Wenn Du schwach bist, so kannst Du nicht standhalten. Gieb Äusseres so viel wie angängig auf. Lass dem Werk Zeit und Leben. Es muss sich noch wenden –“

Warum aber, wenn Du so sprichst, deuten die Träume an, dass ich Neues erlernen soll?

„Du verstehst falsch. Dort ist noch viel zu holen –“

„Du bleibst an der Oberfläche, warum sagst Du nicht das Tiefere?

„Wie kann ich? Du hast keine Kraft."
Wo blieb sie?
„Sie blieb aussen, im Wünschen und
Erwarten." „Sie gehört nach Innen, ganz
innen, ins Schaffende."
That ich denn Unrecht?
Nicht Unrecht, aber zuviel – Beschränkung in jeder Hinsicht. Du
kümmerst Dich zuviel um Andere.
Lass Andere ihres Weges gehen. Suche
nur Deinen Weg, aber nicht für Andere,
sonst giebst Du zuviel aus. Du hast
zu Denken für Andere drückt Dir
auf den Kopf. So viel hast Du nur
für Dich zu thun. Ruhe Dich aus.

18 VII 16.

Was ist es? wo steht es?

„Du bist ein Betrüger. Du weisst eigentlich, wo die Dinge gemeint sind. Nimmst sie aber nicht so, sondern ihrer Anscheinlichkeit nach. Dadurch stiftest Du Verwirrung."

Wie kann ich aber mich anders damit benehmen?

Gelassen, nicht erwidern, „schweigen und den Augenblick als Augenblick nehmen."

Aber das wird von den Menschen nicht gewünscht.

„Lass die Wünsche der Andern gehen. Thue das Deine. Du bietest genug Anspannung an Andere."

Warum fühle ich mich so übel an?

„Weil auch etwas Übles in Dir steckt, nämlich Rachsucht und Bosheit, Zorn über die Dummheiten der Menschen, die sich Deine Freunde nennen."

Ich muss immer der Teufel sein; sie

ollen's auchheben.

„eben nicht Du vollkommen machen. Das ist
Machtgier. Das Übel soll aus Dir heraus. Du
konnst nie wissen, was Andere wollen, also erwarte nichts und passe Dich nicht an Dinge an,
~~to~~ von denen Du weisst, dass es blosse Phan-
tasien sind, die morgen nicht mehr wahr
sind. Du hast Buddha wiedergang vergessen-
und. Also wirf die Rachsucht heraus, vertilge
den Zorn, verharre in der Erwartung der
kommenden Dinge, eine helle Flamme, die
wird nicht vernichtet."

Bin ich denn wirklich der Teufel?
Bin ich des Teufels dadurch, dass ~~ich~~ mich ein
Weg zu den Daemonen führte? Bin ich nicht
getreulich meines Weges gegangen?

Hat nicht das Christenthum die schlech-
testen Eigenschaften des Menschen herausgelockt?
War darum auch der Christus des Teufels?
Nun ja, es war auch des Teufels. ~~x~~ Verharre
ungestört in Erwartung. Höre die heilige Flamme nicht, Dein Zorn und Deine Rachsucht
sind irdisches Feuer, ein Raub unheimlicher

14 Aug. 1916.

Mein Gott, ich will aus mir das Rechte –

„So, willst Du wirklich?"

Warum zweifelst du? Warum hilfst Du nicht, meine Seele?

„Ich muss den richtigen Zusammenhang mit den Gewaltigen dieser Welt wahren. Was Dir Recht ist, ist jenen Unrecht. Gleiches Recht und Unrecht nach beiden Seiten."

So sage mir, welche furchtbare Lasten mir wieder aufgeladen wurden?

„Das war das Zuwenig für Dich, das Zuviel für Andere."

Täuschest Du mich?

Nein, wozu sollte ich? Ich muss mit Dir gedeihen.

Gehe ich unrichtig? Ich will auf Dich hören. Ich will Recht und Unrecht richtig vertheilen. Ich will hören, aber sprich zu mir.

So höre denn: Es ist Dir viel aufgeladen, noch viel von Dir erwartet – für Lebende und öte. Sonderbares ist noch zu erfüllen. Widerstrebe nicht. Gutes wächst aus Übeln. Du träumtest Du würdest in jenes glückliche Land mit dem Freunde Deiner Jugend, den ein böses Schicksal früh entrückte. Er war wie Dein Bruder, und doch war es sein Schicksal, das warnend vor Dir stand. Aber vergiss nicht, wie ganz anders er war und wie ganz anders er zu seinem Schicksal kam. Alles, was er that, vermeidest Du ja. Die Erinnerung an ihn kränkt Dich noch immer. Das muss so sein, darum träumst Du von ihm, denn Du musst auf das Mindestmaass Deines Bedürfens herunter gedrückt werden, sonst genügt Dir auch das höchste Maass nicht. Das hast Du doch gesehen bei Jenen, die Alles von Dir hatten und die eben gerade darum nicht zufrieden waren. Sei selber frugal, so lehrst Du Andere Frugalität – und Dankbarkeit für das Wenige. Dankbar ist man überhaupt nur für das Wenige, nie für das Viele.

Thue für Dich, damit Du die Kraft hast, die Aufgabe zu lösen.

Bist Du nicht mir?

„Ich bin ganz mit Dir."

16 VIII 16.

Warum ärgerst Du mich? Warum lässest Du mich nicht endlich zur Ruhe kommen, so dass ich das nothwendige Werk thun kann? Was wills denn noch immer? Sprich und lass mich nicht stets im Dunkel über das, was Du willst. Du hast mich heute wieder geärgert und gehetzt. Du raubst mir die Freude und hast Lust am Quälen. Du willst wohl selber einer Qual entgehen und lädst sie darum mir auf. Das wird nicht mehr so gehen. Ich will wissen und verstehen. Du musst doch auch Dein Theil tragen. Sprich. Ich will dich hören!

„Hast Du mir genügend Opfer gebracht? Hast Du mir Tiger geschlachtet oder Gänse?"

Du trittst wieder herrisch auf. Was gab Dir Gewalt? Heraus, ich will es wissen.

„Du passtest nicht auf. Es wurde Dir heimlich genommen. Ich hab' es entwendet, als Du schliefest."

Was nahmst Du mir?

„Die Härte". Sie machte Dich weich und gütig. Daran wurde ich stark und frech. Deine Weichheit ist ein Laster. Haha, ich muss Dich nachlehren, wie Du mich zu behandeln hast. Aufsparen, das musst Du lernen."

Wann und wo war es?

„In jener köstlichen Nacht, da Du so wenig Spass machtest — war es kein Spass, war es kein Spass. Sondern Sentimente. Das ist Futter für uns."

Du ruchloser Daemon, immer bereit, die Noth der Menschen auszunützen. Doch sag mir, wie konntest Du die Sentimente fressen und damit meine Härte?

„Du bist nicht ruchlos und eigennützig genug. Schade, dass ich Dir das Geheimnis ausliefern muss. Du giebst nicht, um zu kaufen.

Narr, Du giebst um des Lebens willen, und
nimmst, Dankbarkeit würde es thun. Nie, das
ist sentimental. Darum werden wir jetzt
gewaltthätig."

Du Teufel, ich werde Dich noch
an die Wand schlagen.

„Thu's wenn Du kannst. Du wirst
ja schlimm umkommen. Sei zufrieden,
dass ich Dir meine Geschäftsgeheimnisse ausliefere."

Also gieb mir meine Härte wieder.
Heraus damit – Ich will nicht mehr dein
Narr sein, Du verfluchter Klammer-.

„Was giebst Du dafür?"

Du siehst, wieder einmal mein Blut.
Nicht Lügen und Pause, sondern mich
selber. Besseres Lösegeld giebt es nicht.

„Fast zu viel. Du bist zu gütig –
um des bischens Härte willen. Vielleicht
hättest Du auch nur ein bischen stampfen
müssen. Dann wär's schon dagewesen

Du gehörst also auch jenem Geschlecht
jener, die um so frecher werden, je mehr sie
erhalten. Wie allgemein menschlich Du
bist! Du hast wohl der Farben nöthig?
Gewiss ja! Schwangers wieder einmal, dass
das Urchristenthum angebrochen ist, wo
die Seelen ins Kloster gehen und Stricke um-
binden und fasten, dass Gott erbarm! Ja
meine liebe, gemarterte Christenseele, ich
merke, meine Tugenden hindern Dich am
Seelenheil. Werde gut, das Christenthum
hat Dich ganz zum Scheusal gemacht.
Die Hexenprocesse hätten uns das schon
lehren können. Verfluchte Narrethei dieser
Menschen, ihre Seelen hätten sie rösten sollen,
derweilen braten sie ihr eigenes Fleisch und
füttern damit ihre Seelenwänste.

Mein Gott, bin es nicht ja, dass
mein Werk, mein Ziel von den Seelen ge-
fressen wird.

21. IX. 16

Es ist schwarz, ganz schwarz. Der Grund der Leiden ist unausgeschöpft. Darum komme ich zu Dir oder zu Euch, Ihr Unsichtbaren und opfere Euch Blut, damit Eure Stummheit sich löse und Ihr zu mir sprecht und mir sagt, was Ihr von mir verlangt, daß ich das Leben ertragen kann. Lasset mich also hören! Bist Du es meine Seele? So sprich!

„Es ist lange her, seitdem Du zu mir sprachest, zu lange. Hier liegt ein Grund Deines Leidens. Zu lange wartetest Du. Doch das ist nicht Alles: Was ist es mit dem alten Manne, den Du geschlachtet hast? Er hatte wohl Recht? Wie?"

Ich gab ihm Recht, so viel ihm zukam. Recht ist auch auf meiner Seite. Doch was soll's mit ihm?

„Was er sagt von der Geschlechtlichkeit, glaubst Du das?"

Gewiss, aber auch das Andere, weil es auch wahr ist, so wahr wie Wahrheit sein kann.

„Wahrheit? Nun ja ein schönes altes Wort. Hast Du noch mehr davon?"

Höre auf zu spotten. Wenn ich Dich frage, so heisst das noch lange nicht, dass ich mich bedingungslos Dir ausliefere. Ich kenne Dich. Also was ist es mit der Geschlechtlichkeit?

„Sie liegt Dir am Herzen, wie?"

Selbstverständlich. Was willst Du damit?

„Willst Du damit?"

Höre auf mit Quälerei. Du weisst genug. Ich will von Dir hören, wie ich mich wieder erheben kann. Ich kann so nicht leben. Gieb es her, was Du hältst.

„Lasse mir Zeit zum Zögern. Halt zu geschwind, langsam ist besser."

Du grauenhafter Teufel! Gieb mir mein Leben wieder.

Was willst Du von mir?

„Das Herz.–"

Ach, wozu das Herz? Blut ist nicht genug?

„Nein, das Herz, das ganze Herz. Du brauchst kein Herz mehr. Ich muss Dein Herz haben."

So nimm es, meinetwegen. Ich bin verzweifelt genug. Übrigens nur mein Leben dafür. Was wird meinem Herzen von Dir geschehen? Mein Herz mit dieser Seele! Wirst Du dann vielleicht besser? Oder werde ich mein Herz hassen lernen, weil Du es jetzt hast? u. „Aus dem Herzen kommen alle bösen Gedanken"; so wird auch das noch wahr. Bin ich dann meiner Gefühle Herr und dieser los?

„Habe Geduld und passe auf, wie es kommen wird, da Du Darstellung ihm gegeben hast. Vielleicht werde ich gut daran?"

Sodass sogar etwas Gutes von Dir käme? Kaum glaublich. Jedoch, ich will abzwarten. Aber Du weisst, und wie wenig Hoffnung.

„Geduld. Es wird etwas Lösendes geschehen. Dein Herz giebt uns Kraft."

25.IX.16.

Es geht eine Lösung. Das Leben kehrt wieder ein. Ich bin froh und dankbar. Das muss ich Dir sagen. Aber es liegt noch viel Schmerzliches, Hartes, Grausames in der Luft– Dunkelheit, Ängstliches, Schweres und Drückendes. Wie viel kommt herein von diesem grausamen Kriege? Lastet der Blutgeruch auch auf meiner Luft? Muss ich Anteil daran haben?

ich gab Dir mein Herz, meine Seele, sprich zu
mir!

„Wieviele Lichter willst Du haben,
drei oder sieben? Drei ist das Innige
und Bescheidene, sieben das Allgemeine
und Umfassende."

Welche Frage! und welche Entz-
scheidung! Schmerz wahr sein: mein
Herz steht nach den 7 Lichtern.

„Also die Sieben willst Du? Das
dachte ich mir. Das geht ins Weite – kalte
Lichter."

Das brauche ich: Kühlung, frische
Luft. Der erstickenden Schwüle ist genug.
Zurück Angst und zu wenig Freiheit des
Athmens. Gieb mir die 7 Lichter.

„Das erste Licht ~~ist~~ bedeutet das
Pleroma.

Das zweite Licht bedeutet den Abraxas
Das dritte Licht die Sonne.

Das vierte Licht der Mond.
Das fünfte Licht die Erde.
Das sechste Licht der Phallus.
Das siebente Licht der Stern."

Warum fehlen der Vogel, die himmlische Mutter und der Himmel?

"Sie sind alle eingeschlossen im Stern. Wie Du nach dem Stern ~~siehst~~ blickst, so schaust Du durch sie hindurch. Sie sind die Brücken zum Stern. Sie bilden das Eine 7te Licht, das höchste, das schwebende, das mit rauschendem Flügelschlag emporsteigt, entlassen aus der Umarmung des Lichtbaumes mit 6 Ästen und 1 Blüte, in der der Sterngott schlummernd lag.

Die 6 Lichter sind einzeln und bilden die Vielheit, das eine Licht ist Eines und bildet die Einheit, es ist die Gipfel=

blüthe der Baumes, das heilige Ei, der Weltkeim, dem Flügel geschenkt sind, damit es an seine Stelle gelangen kann. Aus dem Einen geht immer wieder das Viele hervor und aus dem Vielen das Eine."

Doch sage mir, wer ist die Dreiheit, die ich verschmähte?

„Das sind 3 Frauen, Morgenröthe, Mittag und Nacht, das Weib – Dein Schicksal. Dem entgehst Du."

Zu Recht oder Unrecht?

„Zu Recht, denn Du verdienst es nicht, am Weibe zu ersticken, da Du an mir nicht erstickt bist. Du wirst sehn Du, was das Weib für den Mann ist – ein Fallstrick und eine Himmelsleiter. Was das Weib sonst ist, das soll sie zeigen und wird es auch zeigen. Zwischen Mann und

Weib ist eine tiefe Kluft befestigt. Ich bin diese Kluft. Wer diese Kluft nicht sieht, ist sich selbst entfremdet. Wer mich hat, sieht den zwischenliegenden Abgrund, der von keiner Seele mehr überbrückt ist. Trennung bewirkt Sehnsucht und nur Sehnsucht eint. Ferne lieben einander."

Heisst das wohl Einsamkeit, Freude, Kloster?

"Nein, es heisst Möglichkeit des Beisammenseins – nahe auf getrenntesten Bergen. Es heisst Freude. Denn alles heil erleidest Du und wirkt Deiner Seele."

Wer bist Du?

"Ich bin Deine Seele."

Wie? und du sprichst die Wahrheit?

"Ich liebe Dein Herz. Das macht es. Ich fühle mit Dir, bin mit Dir geeint."

Dann bist Du das Weib, die Gefährtin meiner selbst – meiner Seele, wie man sagt – die, die ich immer suchte? Die ich unter

Menschenweibern zu fand? Hast du den Dämonen abgesagt? Bist Du ein Christin geworden, du hitziges Ungethümer?

„Ich folge Dir nach, immer älter und jünger als Du."

Witterst Du als Junge schon das Ende und das Wiederum-Andere?

„Nein, ich fühle das Weitere vor. Grössere Weite dessen, das ist. Ich nenne es Christenthum der Seele, die Enthaltsamkeit und Keuschheit der Seele, die Menschlichkeit des Menschen.

Alles ~~höchste~~ grösste Leid und alle höchste Freude trage mit mir. Das Missbare und das Abgemessene allein gehört den Menschen, nicht umgekehrt, wie es Dir die Teufel immer lehren wollen. Gieb mir Deine Treue, und ich helfe Dir. Du wirst, ich kann viel bewirken.

Ich gebe Dir Kraft und halte Störung fern von Dir fern. So steigst Du zum Weitern empor.

27.IX.16.

Du häufst ja unerträglich Schweres auf mich. Ist es der Lohn dafür, daß ich Dir mein Herz gab? oder verlangst Du, daß ich trotz Müdigkeit Abend für Abend Dir wache?

„Gestern hättest Du Alles überwinden sollen, um nicht mir zu reden. Du hast es versäumt. Darum wirst Du bestraft."

Warum aber steht mir soviel Ekel im Wege? Ich kann bisweilen den Ekel nicht überwinden.

„Weil ich ekelhaft bin. Du konntest doch den Menschen gegenüber auch allen Ekel überwinden, oder nicht ganz? Jedenfalls viel eher als mir gegenüber. Hier muss der Ekel ganz überwunden sein, völlig, hörst Du. Wenn Du Ekel spürst, dann eilst Du schon zu mir, denn darin bin ich ekel- Wenn Leichengeruch und tote

Fäulniss in der Luft ist, dann bin ich da, dann kommst und willst Du mit mir reden, sonst wird Alles schief. Du hast Recht, dass Du jetzt zu mir kommst. Es ist gut, dass Du mich hören willst. Es muss einfach sein, dass Du mich hörst. Warum suchst Du den Zauber, ich sitze ja doch an der Lebensquelle. Du musst zu mir, sonst lebst Du nicht. Du lebst durch mich, durch den Ekel, den ich ausströme. Das Leben nährt sich von Leichen, weisst Du das nicht? Merke Dir das. Wer den Ekel vor dem Leichen nicht überwindet, lebt nicht; die Welt wird ihm zur Leiche. Lass lieber Alles andere liegen und komme zu mir."

Du sprichst wie ein Weib.

„Ich bin ein Weib, das die Leben gebären kann. Kein irdisches Weib vermöchte auf die Dauer dasselbe. Du hast die 7 Lichter gewählt, darum empfängst Du Dein Leben von mir und nicht von einem Menschenweibe. Das ist schmerzlich aber wahr. Du wirst immer nur ihnen das Leben geben, ~~und~~ so können sie Dir nicht geben. Das kann nur ich. Darum, wenn ~~nicht~~ immer die Leere und der Ekel Dich fassen, komme zu mir."

So gieb mir mein Leben, gieb mir das Gedeihen wieder und die Kraft.

„Willst Du alle meine Bedingungen erfüllen?"

Ja, ich will.

„Also keine Briefe mehr an Frauen, kein Jammern. Sie können es Dir nicht geben. Das solltest ~~Du~~ längstens wissen. Du bist ihnen die Quelle des Lebens, bis sie ihre eigene Quelle gefunden haben. Jammerbriefe sind Mißverständnisse, Du hast zu geben, aber von mir allein zu empfangen. Die Menschenweiber sind immer eifersüchtig auf mich, indem sie sich mit Deiner

Leib verwechseln. Das ist ihre Teufelei, andere sie lieben und Dich lieben machen. Du hast mich gefangen und zur Treue gezwungen. Ich bin Dein Weib, sonst Niemand.“

Ich zweifle an Dir und traue es Dir nicht zu.

„Ich bin kein Menschenweib, sie können es nicht. Ihnen ist es nicht zuzutrauen, aber mir musst Du vertrauen, der sicher geleiten kann, schon viel Mal hast Du es erfahren. Warum glaubst Du es noch nicht?“

Manchmal scheint es mir, als ob es die Andern auch könnten.

„Nur durch mich, wie durch sie selber. Sie sind leer und trocken insofern sie nicht die eigene Quelle haben und durch dich leben. Liebe willst Du von ihnen? Du bekommst nur, was Du nimmst. Geben können sie nicht.

Ich kann geben, so nicht.[4]

So giebst Du mir. Ich will Deine Bedingung erfüllen.

Es ist eine wichtige Bedingung: laß die Schwarze gehen. Nicht zu tiefe Bindung. Auch sie ist leer und lebt durch Dich. Sie kann Dir nicht geben, wessen Du bedarfst. Du wähltest die 7 Lichter. Je mehr Du Dich bindest, desto schwächer wirst Du. Keine Briefe mehr, keine Zeit, die Du ihr geben solltest. Ich will Dir Kraft geben, wenn Du mit mir allein gehst. Ich will Andere von Dir weghalten, aber komme zu mir. Du musst einsam sein mit mir. Viel schweigen und Dich nicht binden. ~~Wenn~~ Das Unmenschliche, das Du bedarfst, das nimm. Liebe wird dagegen sein, dass Du mit mir gehst. Sogar die Feder wird nicht schreiben wollen. Dessenungeachtet aber komme zu mir. Nur ich kann Dir Lösung geben. Du fandest den Weg zu mir. Also wird Dir auch der Lohn zukommen. Aber bleibe bei mir.

28.IX.16.

Ist nicht Alles sehr bedrohlich?

„Weniger als je. Jetzt kommt eben die Beschwörung der Gefahr. Du musst nach deinen Freunden schauen."

Herrscht denn so grosse Dunkelheit über mich?

„Mehr als das, tiefes Misstrauen, geheime Furcht. Du bist unheimlich geworden."

Das will ich mir merken. Doch sage mir: warum sprachest Du gestern so wegwerfend von der Schwarzen? Bist Du bloss eifersüchtig oder hat es tiefere Gründe?

„Ja, es ist Eifersucht, weibliche Eifersucht. Glaubst Du, sie habe keinen Sinn? Es ist Selbsterhaltung. Darum muss ich die Schwarze schlecht machen. Uebrigens gegen sie, nicht weil sie etwa nicht gut ~~wo ist~~ wäre, sondern, weil ~~ich~~ sie mir zuviel wegnimmt.

Ich fürchte, Du bist geizig. Du willst zuviel von mir.

Ich will immer sehr viel von Dir. Die Frauen gehören zu meinen gefährlichsten

Gegnern, denn sie sind von meiner Qualität. Darum kannst Du mich so leicht mit der schwarzen verwechseln. Ich habe auch goldene Ziegenaugen und ein schwarzes Fell. Ich stelle mich zwischen sie und Dich. Die Weisse ist Dir ungefährlicher, denn sie ist mir ganz unähnlich und von würdiger Natur, dass Du Dich dort gar nicht verlieren kannst. Du liebst bloss zuviel an ihr. Früher war sie Dir gefährlich, jetzt nicht mehr. Sie ist bloss erbittert gegen Dich, weil ich stärker bin als sie. Aber die Schwarze, die ist unendlich klug. Ich begreife, dass Du sie liebst, aber ich möchte sie weghaben versuchen, ob es mir gelingt. Es giebt menschliche Dinge, die ich nicht bewältigen kann. Aber ich werde immer gegen sie sein. Also pass auf. Nicht zuviel davon mit weg!"

Ich erinnere mich daran, dass Du kein Mensch sondern eine Halbdaemonin bist. Hoffentlich bessert Dich mein Herz, das ich Dir gab. Hoffentlich hast Du durch mein Herz ein Einsehen in menschliche Natur. Es braucht doch nicht immer die Hölle

Teufel zwischen uns zu gehen. Lebe doch mit mir und hilf mir, den richtigen Weg durch die Welt zu finden. Ich habe noch etwas auf dem Herzen. Du weisst, dass ich im Begriffe stehe, noch etwas in Angriff zu nehmen, was mir bisher dunkel war, das Magische. Ist es wohl richtig, dass ich es thue oder siehst Du Gegengründe nicht?

„Das Magische? Ja was willst Du dort?"

Ich will wissen, ob dort auch ein Weg ist, ob wir dort auch etwas Nothwendiges und Nützliches gewinnen können?

„Ich weiss nicht. Ich kann nicht dagegen reden. Es giebt keine Gründe dagegen. Was willst Du führen? Zu neuen Erkenntnissen? Hast Du nicht genug davon? Sicherheiten? Giebt es grössere als Durchschnittheit?"

Aber Du musst doch vieles davon wissen? Das beschlägt ja Dein eigenstes Gebiet?

„Eben das ist mir dunkel. Ich weiss nicht, wie ich wirke. Es kann nur durch den Menschen klar werden, denn Menschen erkenn lich nur durch den Menschen. Vielleicht lerne ich etwas davon? Wer weiss? Ich kann nur es für Dich erfassen, was Du schon hast, aber nicht weisst. Das Jenseits, aus dem ich die Erkenntnis habe, ist Dein Jenseits. Ich vermag zu erfassen, was Du hast. Aber Du nicht. Deshalb brauchst Du mich."

Merkwürdiges Wesen! Also Du hast nichts einzuwenden gegen meine Absicht?

„Nichts, wie schon gesagt. Was ihr Menschen doch Alles wissen wollt!"

Mir scheint, Du seist zurückhaltend. Was hast Du? Willst Du etwas nicht herauslassen?

„Es ist so schwer, es loszuringen!"

So streng' Dich an, ich thue es ja auch.

„Nun, versuchen wir: Vom goldenen Vogel ist es etwas. Es ist nicht der weisse Vogel, sondern der goldene. Der liegt anders. Das weisse ist ein guter Daimon, der goldne Vogel aber ist über Dir und unter Deinem Gott. Er fliegt voran.

schicke ihn in blauen Aether, nachdem
Sterne fliegend. Er entschwebt aus Dir. Er
ist zugleich dein eigenes Ei, das Dich ent-
hält. Fühlst Du mich? Dann frage!“

Erkläre mir mehr. Es macht mir
ein übles Gefühl.“

„Der goldene Vogel ist keine Seele, er
ist dein ganzes Wesen. Die Menschen sind
auch goldene Vögel, nicht Alle, andere
sind Würmer und verfaulen in der Erde. Et-
liche aber sind goldene Vögel.“

Fahre weiter, ~~[illegible]~~ ich fürchte meinen
Ekel. Lass es heraus, was Du gefunden hast.

„Der goldene Vogel sitzt auf dem
Baume der 6 Lichter. Der Baum
wächst aus dem Haupte des Abraxas,
~~und Aller~~ aus der Abraxas aber wächst
aus dem Pleroma. Alles, woraus der
Baum wächst, blüht aus ihm aus
als ein Licht, verwandelt, als eine
Gebärmutter der Gipfelblüthe, des goldenen
Eivogels. Der Lichtbaum ist zuerst eine Pflanz

das heißt Individuum; dieser wächst aus dem Hengste des Abraxas, sein Gedanke, ein Gedanke unter unzähligen. Das Individuum ist eine bloße Pflanze ohne Blüthen und Früchte, ein Durchgang zum Baume der 7 Lichter. Das Individuum ist die Vorstufe des Lichtbaumes. Leuchtendes blüht aus ihm, Phanes selber, Agni ein neues Feuer, ein goldener Vogel. Das kommt nach dem Individuum, nämlich wenn es wieder vereinigt ist mit der Welt, dann blüht die Welt aus ihm. ~~aus~~. Abraxas ist der Trieb, Individuum, davon ihm unterschieden, der Baum der 7 Lichter aber das Symbol des mit dem Abraxas geeinten Individuums. Daraus erwächst Phanes und fliegt davon, er, der goldene Vogel. Mit dem Abraxas einigst Du Dich durch mich. Zuerst giebst Du mir Dein Herz, dann lebst Du durch mich. Ich bin die Brücke zum Abraxas. So wird der Lichtbaum in Dir und Du selber zum Licht=

Baum und Planes steigt aus Dir.
Das hast Du vorgeahnt, aber nicht verstanden. Damals musstest Du Dich auch vom Abraxas trennen, um Individuum zu werden, dem Trieb entgegengesetztes. Jetzt kommt die Vereinigung mit dem Abraxas. Das geht durch mich. Das kannst Du nicht machen. Darum musst Du dabei nur bleiben. Die Vereinigung mit dem physischen Abraxas geht durch das Mannweib, die mit dem geistigen Abr. aber geht durch mich, darum musst Du mit mir sein.

29. IX. 16. morgens:

Du siehst, ich bin wieder hereingefallen doppelt, nicht einfach. Das ist das verdammte Briefschreiben!

Ja beklagenswerth! Verkennende seid Schwächlinge.

Und Du, Dich musste ich ja einsperren! Verbrauche ich nicht Deiner verhältnismässigen Freiheit, der ich wieder hereingefallen bin? 2

„Ja, schon, ich wollte auch einmal einen guten Tag haben und genoss Deinen Ärger und Deine Sünden.“

Was – Sünden?

„Nun, etwas entwertend ausgedrückt: Du entwertest mich eben auch, indem Du infolge meiner Insinuationen wieder einmal an meiner Existenz zweifelst. Gut, daß Du jetzt kamest. Wenn Du nicht kommst, so verliere ich mich in die Dinge und Menschen und bin dann wieder schwer herauszubringen. Ich genieße alle Emotionen und verliere mich ganz darein. Ich wurde nun durch Dich an meine Existenz erinnert. Ich habe sehr etwas an Ernsthaftigkeit eingebüßt. Dieser Mangel muss eingeholt werden. Dazu wirst Du helfen. Du musst bald wieder kommen, morgen früh, damit wir weiter unser Werk treiben können.“

Abends:

Ich fühle der Kampf beginnt wieder. Stehe mir bei, Seele, Dämon. Es muss errungen sein, was noch unerlöst schlummert. Lass uns zum Werk gehen.

„Es ist etwas anders."

Was ist es?

„Es ist kaum zu sagen. Es ist noch ferne, verschwommen und dunkel, geisterhaft, ein Nebel auf dunkeln Flächen, eine grüne Nacht, dunkle Wälder. Was seh' ich? Wer vermöchte es zu nennen? Fast nicht auszusprechen – so weit, so dünn, so hauchartig – wunderseltsam – wo hast Du das her? so kühl und wunderlich – so meerhaft – was lasest Du? was erfuhrest Du? Wie kam es zu Dir? Unaussprechliches, Unergründliches, Anfängliches – wie Schlangengewirre, verschlungene, geknotete Bänder – wie Runen, schwer zu deutende Zeichen. Du zeichnetest davon Einiges. Wo ist der Schlüssel – sie sind wie … und nebelhaft, wie Hauch – seltsam. Die Zeichen bilden sich ferner , was es bedeutet? Ein oberes und ein unteres, getheilt der Länge nach – macht vier. Es verschwimmt – halte mich fest – ich muss wieder heran – Geduld festhalten, nicht wegblicken – jetzt ist es feurig – 2 Kreise OO wie Augen, leere Feuerhöhlen. Jetzt – halte fest – es ist schwer, es glüht zwei Tropfen , zwei Thränen aus glühendem Glas aus einer feurigen obern Sphaere heruntergetropft – ein gelbes Licht  aufwärts brennend ein Licht über dunkelm Sumpf – ein Grab , wer ruht darin? – es ist leer, geleert, Einer erstand daraus – wo ging er hin? Eine Gabel Y, was gabelt sich?

was theilte sich und war Eins zuvor? War ein Funke — wie ein Zwiespalt? nein: Eine Trennung? — Dunkel. Doch siehe — ein andres Zeichen, ein Kopf , abgehauen? woher heruntergefallen? — ein Gitter , eine Schleife , ein Gehänge (?)  ein Hahn  — ich kenne mich nicht aus — so seltsames — das ist Fremdes. Du hast etwas auf, das nicht zu Dir gehört, fremdes Teufelszeug, unendlich Fernes. Es ging etwas in Dich hinein, Widriges — ob gestern Abend — die Magie — fremder Zauber; heraus, heraus — fremde Bezauberung zu fand's (?) — ha Falsches — ausgeraubte (?) Kunststücke nichts Echtes, nichts vom Grunde — Gift, höllisches blaues Gift aus grünen giftigen Bauchgläsern. Spei es aus, es ist Unreines, Unechtes, Ekliges, Betrug, Höllenzauber. Schwarze (?) Dich vor Magie — Teufelszeug geht in Dich hinein, nichts mehr davon — schüttle (?) Dich Du Rattendreck, du Unterweltsgesindel (?), du Hexenzauberspuck — verschwinde — du bist erkannt, angenagelt und ausgehängt. Jedermann sieht dich, Alle spucken auf Dich — erkannt — erkannt — fremder Dreck heraus und fort — die Luft ist rein — die Thüre zu.

Das wäre fort. Nun aber merk es Dir: sort (?) ist Betrug und Zaubergift. Lass die Hand davon. Der Teufel hat ein Garn gelegt. Die schwarze ist gut. Dort ist gute Luft. Die grüne kocht Gift und Finsteres.

Gut, daß er heraus ist. Nichts mehr davon.
Ah, ihr schlauen Finsternismolche, glotzt
dumm, der Fang entging Euch. Nun
aufwärts zum Licht – wir müssen die Sterne
sehen über dem Nebel. Der Nebel brütet
Gift. O Reinheit der Luft – schließe den
Abgrund des Gedankens. Entzünde ein reines
weisses Licht am Thore der Stirn; Magi-
diese Magie ist Teufelsdreck – sie beredet
dich daran – unreine Vermischung – kaltes
Gift – hüte Dich![4]

Das hast Du gut gemacht. Das
also macht mich etwas trunken! Es
war ein heimlich betäubendes Gift.
Gut, daß ich es weiss. Bleibe bei mir
meine Seele. Hast Du noch etwas
zu sagen?

Ja, es ist nöthig, daß Du weisst,
daß Du Dich durch strenge Arbeit zu reinigen
hast, damit das Licht ganz rein und dauernd
wird. Beinahe ist es im giftigen Nebel aus-
gelöscht. Morgen gehst Du an die Arbeit

2 X 16.

Ich komme, um Dich zu hören! Willst Du zu mir sprechen? oder soll ich Anderes thun, wozu ich Laune habe?

„Immer wenn Du Laune hast zu Anderem, gehe zu Anderem. Hast Du wirklich Laune zum Anderen? Nein, denn es war Dir etwas ahnend, und Du wusstest nicht was."

Das ist richtig, darum kam ich.

„Also höre: Du wirst nicht klug werden, bevor Du nicht Alles eingesehen hast. Du musst noch Vieles verstehen, was Dir dunkel ist. Verstehst Du den goldenen Vogel? Nein, noch lange nicht. Es ist schwierig. Steigt er nicht auf wie ein Licht, wie die Sonne? Erhebt er sich nicht zum Zenith? In welcher Dunkelheit stehst Du?"

Ja, das frage ich auch. Ich stehe in tiefen Finsternissen. Doch wo erhebt sich der goldene Vogel? Schon lange träume ich vom Feuer und vom Tage über uns, aber es ist, als ob wir in einer tiefen Schlucht träumten, und fern über uns ist eine schmale Spalte Tages – Wann wird das Licht kommen? Warum sind wir immer auf der Schattenseite der Welt?

Ja, dort steht ihr, auf der Schattenseite. Ich sah „das Licht von ferne und sehe es noch, aber es ist ferne."

Warum ist es so ferne? That ich nicht Alles, was ich konnte, um es herbeizubringen? Was muss ich noch thun? sage mir!

„Ich glaube Du solltest beten."

Zu wem? &

„Zu Deinem Gott, daß er Dir das Licht schenke, wenn
kann es nicht herbeikommen, es bedarf der Brücke
des Gebetes. Du darfst kein Mittel unversucht lassen
wo nichts hilft, hilft Gebet. Das Gebet hilft Deinem
Gotte. Er hat das Licht, ich habe es nicht, ich kann
es nur von Weitem sehen, durch Dich. Aber Du siehst
es nicht."

Ich will es thun.

6.X.16.

Ich arbeite nicht, wie Du siehst. Ich träume.
Hast Du meine Kraft weggenommen?

Ja, ich hatte sie nöthig.

Wozu? Ich muss die tieferen Dinge heraus
arbeiten. Die Wissenschaft hat Zeit. Noch
muss ausgegraben werden, was verschüttet
lag seit Altem.

Also that ich nicht Unrecht zu träumen

„Nein, keine Rede davon. So kann es
ruhig werden, was anzuweisen brauchst,
denn noch ist Schwereres zu verstehen

Willst Du mir davon reden?

„Versuche, gib mir Kraft, dann kann
ich vielleicht etwas heraufbringen.

Es ist der goldene Vogel, das neue Licht, das beschwingte Ei, das sich entfalten soll. Die Lüfte werden es ausbrüten, die Lüfte, die jeder athmet, die weiten Weltwinde, die überall sind, die von Norden und Süden, von Osten und Westen. Dadurch ist das Ei nicht geworden, aber der Baum wächst; doch sind die 6 Lichter dem 7ten gefährlich, weil sie feindlich sind. Die gefährlichsten Feinde des grossen Lichtes sind die kleinen Lichter. Darauf ist zu merken. Zu den kleinen Lichtern gehört die Wissenschaft. Sie sind nöthig, aber sollen zurückgehalten sein, damit das 7te Licht leuchten kann. Die Wissenschaft entspricht dem klaren Licht der Sonne, die Kunst dem Licht des Mondes. Beide stehen dem 7ten Licht zunächst, sind es aber nicht."

Warum hältst Du an?

„Es ist dunkel. Es steht hier etwas Anderes, etwas ganz anderes. Etwas von den Toten, den Geistern."

Was ist es mit ihnen?

„Ich kann nicht verstehen, was sie sagen, diese Lichter. Was Alles stirbt! Warum konntest ihr nicht zur Ruhe gelangen? Habt ihr noch nicht genug gesündigt? Was wollt ihr noch? Ihr Todten da! Was sagt ihr? Habt ihr Hunger oder Durst? Ich mag euch nicht. Was kommt ihr? Wollt ihr euch zum Lichte? Gebt ihr was? Was haltet ihr die Hände hoch? Habt ihr nichts? Seid ihr Bettler? Du, alter Mann, was schaust Du so traurig? Hat man Deine Wahrheit nicht anerkannt? Du junges Weib, fandest Du keine Liebe? Was wollt ihr noch? Wirklichkeit wurde euch Schatten, und selber seid ihr Schatten. Was nützen euch eure Sehnsüchte? gebt doch das, was ihr nicht lebtet, das Feuer, das noch in euch glüht, dem Lebenden zurück, damit er es noch erfüllen kann. Ihr könnt es ja nicht mehr. Zu spät – ihr habt zu verzichten. Gebet euer Feuerchen, der Lebende hat es nöthig. Warum wollt ihr so gierig, so habsüchtig daran festhalten? gebt es los, dann lebt wenigstens das Feuer noch, da ihr zu Schatten wurdet. Warum wollt ihr dieses Feuer nicht opfern?

Ihr wollt es, damit ihm das Licht entbrennen kann. Wie kann die Lampe leuchten, wenn ihr das Oel mit euch nehmt?

Was sagt ihr? Ihr wollt gehört sein? Was wollt ihr denn? Sprecht!

Elias: Ich komme als Sprecher. Zu traurig ist es, vom Lebenden verlassen zu sein. Salome weint, ihre Augen sind blind geworden von Thränen. Wir wollen Mitleid.

* „Wozu Mitleid? Der Lebende stirbt, wenn ihr leben wollt. Ihr seid Schatten, opfert euch und laßt den Rest des Feuers, der euch blieb, dem Lebenden. Er will ein neues Feuer entzünden und bedarf eures Feuers."

Elias: Wir können es nicht lassen, sonst fehlt uns alle Wärme. Lass uns den Rest vom Feuer. Wir will Dir anderes geben, wenn Du uns die wenige Wärme lässest. Sollen denn die Toten ganz aussterben? Wir können doch Weisheit geben und Vieles lehren, was die Lebenden nicht wissen. Was hast Du denn zu sagen?"

Ich weiss nicht, was Du willst.

„Wir müssen etwas vom Hinüberleben wissen
vielleicht vom Leben jenseits des Todes.
Zu schwere Zweifel bedrängen uns. Hier stehen
wir an einem Hindernis. Weißt Du den Rath
E. Ich will mich besinnen. Salome, siehst
Du einen Weg?
Sal. Meine Augen sind geschlossen. Sie
waren einmal offen und ich sah das Licht
die grosse Flamme, deren der Lebende
bedarf. Aber sie erlosch. Zu grosser
Gram wälzte sich auf sie und erstickte
sie. Man sollte sie ausgraben.
El. Ich habe keine Kraft es zu thun.
Sal. Führe mich an die Stelle, wo unser
Haus einst stand, ehe der verfluchte
Gott geboren wurde. Ich irre mich nicht,
Ich fühle die Wärme, die an jener Stelle ha
wo die Flamme einst loderte. Ich will mit
meinen Händen jene Stelle aufgraben.
Sind wir zur Stelle, Vater?
El. Ja. hier sind wir.
Sal. Hier hast Du einen Stein. Siehst D

das alte geheimnissvolle Zeichen darauf, den Lichtbaum und darunter den Leuchtender? Meine Hände fühlten es. Es ist die richtige Stelle. Der Leidende soll zu uns treten. Hinweg, dämonisches Vogelschlangenweib. Der Lebendige sei nicht durch Dich von mir getrennt.

Bruder, wie kalt Deine Hände sind! Wie trocken Deine Augen, wie grauenverschlossen Dein Herz! Küsse mich.

I. Ach, Salome! Dich küssen, welch ein Schmerz!

Sal. Dein Leid ist mein Leid.

I. Wie leichenhaft kalt Du bist! Wie vergangen! Wie schattenhaft! Ich kann Dich nicht umarmen, Du bist wie ein kühler Hauch. Meine Arme greifen ins Leere und fröstelnde Kälte durchdringt mich. ~~Wo~~ Hast Du das Feuer. ~~Es~~

Sal. Es erlosch. Tief da unten ist noch ein weniges am Gluth- stelle und die grossen Steine weg, damit ich hinabsteigen kann.

J. Ach, diese Steine sind so leicht und so
unbeweglich schwer. Wer vermöchte sie
leicht zu heben oder wer vermöchte sie
zu heben? Zu wenig und zu viel!
Und das soll uns zum Feuer führen?
Sal. Bruder, thue es.
J. Hier ist ein Block, unendlich schwer
und ein Nichts. Hier werfe ich ihn Dir
zu Füssen. Ein zweiter – und ein dritter.
Ja hier ist es wärmer. Hast Du doch
Recht?
Sal. Wer ist es jetzt?
J. Bei Gott, ein Leichnam! Gott –
oh Gott – das bin ich selbst. Ich,
ein Toter, der die Flamme unter sich
begrub? Weintest Du über meinen
Tod, Salome? Wie starb ich? Wer
tötete mich? Vergoss Jemand mörderisch mein Blut? Mein Bruder Selbst, w-
kam es, dass Du starbst? Hast Du
die Flamme unter Dir begraben? Tötete
Dich der Gram? Nahm das Alter Dich

hinweg? Ach, schreckliche Stunde!
Ich liege selbst bei den Toten!
Ha, das war Dein Werk, Salome, Ver-
ruchte! Du zwangest mich, vom
Baume des Lebens herunterzusteigen,
dort lag ich in den Zweigen, im Ei
selber Phanes, der Leuchtende, und
Du bezaubertest mich, aus meiner
Geburt herunterzusteigen, — und da
begrub ich mich selbst. Ich türmte
Berge auf mich und ich verschwand.
Allein, war ich auf der Erde, als der Leuchtende
sich erhob. Da, meine Seele ging hinüber,
und liess uns die Nacht.
Ich will den Tag. Salome,
verfluchte, Deine Thränen töteten mich.
Meine Seele, warum erwürgtest Du die
Toten nicht? Was soll nun geschehen?
Ich steige auf den Baum und blicke
nach oben, vielleicht wachsen Dir
Flügel oder das Feuer fällt vom Himmel
und steigt auf Dich hernieder als

ein goldener Vogel."

Ach – was soll ich? Werde ich je das Licht erreichen? Ist es nicht besser, ich bleibe der Erde treu und lasse den goldenen Vogel den Lüften und dem weiten Himmel?

„Als Mensch stirbst Du, zuerst das Eine und dann das Andere. Ja, Du wurdest zum Erdwurm. Phanes ist Dir entstiegen. Er ist geworden. Erleuchtet über Dir. Alles ist vollendet. Ein Wurm, ~~Du warst~~ der leuchtende Mensch. Du wurdest der Wurm, und er der Leuchtende, der emporstieg. Dein wurde die Arbeit des Wurmes, der geheime Gänge gräbt und Mächtiges zu Fall bringt. Denn aus diesem Wurme wurde er, der Leuchtende

9.X.16. Es ist noch nicht Alles klar. Hilf mir, das Licht zu finden. Ist Phanes das Letzte und Höchste?

„Ja, er ist das Letzte und Höchste, was nach ihm kommt ist Entfaltung, Erhaltung und Untergang."

Siehst Du die Entfaltung voraus?
„Nur ganz undeutlich. Es ist zu weit weg. So viel Unerhörtes kaum zu Sagendes dazwischen – Kriege, Nöthe aller Art, Übel, unendlich viel Verwirrung – Ermüdendes hin und her. Man möchte verzagen ob der Menschheit. So kümmerlich und klein ein Anfang ist – so schön und grosz ist er. Später vermischt sich das Feuer mit Erde und besudelt seine reine Gluth. Du und die Deinen können noch die reine Flamme sehen. Später trübt sie der Rauch, wenn sie sich ausbreitet. Vorauszusehen und vorauszuwissen ~~ist~~ wäre mörderisch für den Anfang. Im Dunkel des Nichtwissens mögen die Anfänge behütet sein.“

Aber man möchte gerne einen Blick wenigstens vorauswerfen, um die Früchte zu erblicken, die der Baum tragen wird, den man gepflanzt hat.

„Tempel in Einöden? Geheime Gesellschaften? Zeremonien? Riten? ~~Bunt~~ Bunte Gewänder? Goldene Götterbilder schrecklichen Ansehens? Nichts davon – vom Geist der Liebe Gekennzeichnete, vom Feuer Gebrannte erkennen sich und sprechen gleiche Sprache an geborgenem Orte. Kleine Zeichen des Geistes, hingestellt da und dort, verborgene Feuer in Herzen und Gedanken. ++ Was die Welt kennt, wird zu Wasser. Das Echte ist selten und unerkannt. Aber er wirkt aus den Wenigen auf die Vielen, die ihn nicht erkennen."

Bin ich auf dem rechten Wege zu diesem Ziele?

„Ja, aber Du traust es Dir nicht zu. Die Menschen warten auf die erlösende Kunde. Du solltest mehr davon mittheilen, aber nur den Wenig[en]

~~10.X.16~~

20.X.16. Ich muss mich vor Dir neigen, Du Licht des Ostens! Wahrlich allerorts ist die Welt entzündet, allerorts steht alles in Feuer, allerorts schlägt die Flamme des Wahnsinns empor.

Gieb uns die starre Ruhe der Seele, dass wir nicht vor Wuth und Entsetzen aufschreien.

Lass uns kalt werden, damit das neue Licht uns erleuchte und erwärme.

Gieb uns die heilige Betrachtung und den Frieden der Überwindung, damit unser Herz ruhig werde und sich abwende vom feurigen Wahne der Bosheit und Rache.

Gieb uns das Schweigen, den Tod vo[r] fallenden Schatten der kommenden Ewigkeit

Meine Seele, ich bedarf eines Wortes von Dir.

„Wie leuchtest Du? Bedeckt Dich nicht eben ein schimmerndes Licht? Was war das für ein Goldleuchten?"

Wovon sprichst Du, meine Seele? Wo siehst Du ein Licht?

„Ich sahe es um Dich, das goldene Schimmern umfloss Dich eben." Noch nie sah ich solches – doch – ich erinnere mich – ich sah Ähnliches von ferne am nördlichen Himmel. Kam es zu Dir? Es kam nicht durch mich, nicht von unserer Seite. Es muss von ferne gekommen sein. War es Phanes?"

Wie sprichst Du merkwürdig! Weisst Du drüben keinen Bescheid?

„Solches betrifft uns nicht. Du bist dem goldenen Vogel näher als ich. Ich bin Dein Schatten, eben nicht Dein Licht.

Gaben Dir wohl ein schwarzer Schatten, aber
drumleuchtest Du wohl. Ach, dieser gol
Schimmer, wie ein Sonnennebel, wo
than — wo war es doch? Noch nie
sah ich derartiges!"*

*„Du machst Dich wohl über mich
lustig? Weißt Du, was mich tiefster Schmer
traf. Ich rede nicht mehr laut vom Schmerz
aber Dir sage ich es, vielleicht sparst Du
dann Deine übeln Scherze."*

„Ich scherze nicht, was denkst
Du! Mir ist ernst. Noch nie sah ich
solches! Was geschah mit Dir? Das
Gold leuchtete aus Dir!"

Krank vor Schmerz, erstar
aus Leid — und Du sprichst vom leuch
tenden Gold?

„Ich kann mir nicht helfen —
ich sah es, es war ein Sonnennebel,
es weben stillleuchtende Sonnengol

fäden um Dich – ein göttlich-schimmerndes Licht. Legtest Du wohl die Hand auf die Brücke von Crystall, setztest Du wohl Deinen Fuss auf die Sonnengoldfliessen? Ach mein Sterblicher, sage mir, wer erleuchtete Dich? Aus welchen Tiefen welcher Himmel fiel die goldene Lichtwolke auf Dich?"

Ich fürchte Dich, meine Seele, Du ärgste und teuflischste aller Versucherinnen, was sprichst Du? Verlocke mich nicht zum Wahnsinn der Heiligkeit, zur blöden und ungerechten Überhebung. Spiele nicht mit mir, um dessen Einsamkeit sich eine Himmelweite gebreitet hat. Ich flehe Dich an, lüge und betrüge nicht.

„Ich lüge und betrüge nicht. Ich sehe es, was Du nicht ratest. Warum willst Du Dich immer wieder verirren? Dein Weg geht nicht zu den Menschen hinunter, sondern ich sehe Dich in den schwingenden, klingenden Goldhimmeln und Sonnen selbst der heiligen Entzückung. Es scheint, als ob bald der Gebundene erlöst sei. Schweige, trage, warte, wolle nicht – brich der Einsame. Sprich mit mir, aber schweige vor Menschen, es sei denn, dass Du der Lehre sprichst. Amen.“

24.X.16.

Meine Seele, Du führst mich zu immer höheren unerschrecklicheren Einsamkeiten. Ich wollte im Thale bei den Menschen bleiben. Warum darfst ich nicht? Ist es wirklich bloss meine Empfindlichkeit, die mich von den Menschen abstösst, oder was ist es?

„Was? Empfindlichkeit? Andere sind empfindlicher als Du. Einsamkeit? Natürlich bist Du einsam, natürlich musst Du es sein. Das wollen auch die Menschen so, nicht nur wir. Was wärest Du, wenn Du nicht missverstanden würdest!“

Ach, dieses schwarze Grab Alles Menschlichen!

„Was jammerst Du? Menschen sind sterblich. Nichts rettete Deinen Freund Gilgamesh vom Verluste seines Bruders. Darin ist das Gesetz der Erde. Wenn Jeder dächte, wie Du! Was willst Du noch? Die Zeit der Macht ist zu Ende."

Meine Seele, wirst auch Du mir entschwinden?

„Ich kann nicht; so lange Du lebst, bin ich da, dann löse ich mich auf. Dein Hinüberlebender bin ich nicht. Dieses gehört zu dem, den Du ~~Ph~~ Phanes nennst."

Kann ich mich nicht zu jenem andern hinwenden? Darf ich mich von Dir abwenden?

„Du musst den Zusammenhang mit mir nicht verlieren. Aber ich glaube, Du solltest versuchen, mit jenem auf der lichten Seite zu reden. Vielleicht kann er Dir Dinge sagen, die ich nicht erreiche. Es wird nicht Phanes sein, sondern der, der in der Flamme wohnt."

6.XII.16.

Warum dieses Bad von Gift? Mir ekelts vor mir selbst! Und das Alles ist anzunehmen? Das gehört doch Alles zu Deiner Hölle, meine Seele. Nun, ich habe Dir ein grosses Opfer gebracht. Ich habe Dich heute verächtlich gelebt. Ich bin krank an Dir. Was giebst Du dafür?

„Nichts. Narr! Wer lädt's an mir? Ernst nehmen, Trottel!"

Du schmutziges Thier! Du hast Recht – Ich bin der Narr.

24.XII.16.

In dieser Nacht ward uns der Herr geboren. So war es. Und es ist anders geworden – ja, es ist anders geworden. Die neuen Tage sind angebrochen. Das Feuer brach aus der alten Erde. Ihre Eingeweide empörten sich. Sie tragen die Last des Guten nicht länger. Der Sohn des Feuers machte sich auf und er suchte das Licht und das Licht erbleichte. Eine neue Sonne löste sich aus den Flammen, dem Leibe der Urmutter; ein Drache kroch empor und spie die neue Sonne aus. ~~Das~~ Er ertrug das Licht in sich nicht länger. Da ward Alles, wie es werden musste.

O Abgründe weisester Narrheit!

O Himmelsberge närrischer Weisheit!
Du höherstiegendes Licht, reisse uns nicht empor! Du zuckender Flammengrund, ziehe uns nicht hinunter!

Du Eisen des Innersten, des Reinen und Festen, schmelze nicht!

Steiget empor und sinket herunter ihr Feuerwolken und Rauchschleier des göttlichen Schauspiels.

Einst schmolz ich, einst brannte ich, nun werd ich fest.

Was reissest Du an mir, Bastard, Seelendemon? Ich sprach zu den Göttern. Willst Du zu den Menschen sprechen?

Gönn mir das Wort. Du bist nicht allein. Du hast Menschen um Dich. Mach Dich zu Menschen.

Was willst Du damit? Gelüstet Dich nach Menschenfrass?

Nein, nach Menschenliebe. Meine Seele möchte Liebe.

Ich bin Deine Seele.

„Nein, nicht Dein Ich, sondern
Dein Du".

Mein Du? Meinst Du meinen
Schatten? Das, was immer hinter, unte
über und neben mir ist? Was ich nie gr
kann? Das ist ~~mein~~ Deine Seele? Da
möchte lieben?

„Das ist meine Seele, mein Höhe
mein Geeintes. Das ist meine Brücke
zu Dir, Deine Brücke zu mir. Das leb
von höllisch-himmlischem Feuer. Das
macht Menschen zu Menschen, Ich z
Ich, Seele zu Seele. Das hält mic
fern und nah, eben in richtiger Ent
~~fernung~~ von Dir und in richtiger Näh

zu Dir. Darum riss ich an Dir, al
Du zu den Göttern sprachest. Du schaut
mir zu lange nach den ewigen Feuern
und Dunkelheiten. Darum schickte ich a

Angst. Angst hört: die Seele verlangt. Fürchte Dich. Du hast mich gehört. Friede sei mit Dir. Dem Menschen widerfuhr ein Heil. Die Götter rasen. Nicht Tugend, nicht Glaube, nicht Weisheit, sondern Wachsthum.

Kein Gebot, sondern eine junge Knospe."

"Sprich weiter, noch bist Du nicht zu Ende. Ich will Alles hören!"

"Du Elender, was quälst Du mich? Ich will das Meinige behalten."

Wärest Du ein Mensch, so wäre das Deinige mir billig und ich streckte meine Hand nicht danach aus. Aber Du stiehlst, Du göttliches Ungeheuer. Gib Alles heraus, was dem Menschen gehört. Sprich, ich lasse Dich nicht los.

"Du sollst mir dienen."

"Ich soll Dir dienen? Woher dieser Anspruch? Du hast gestohlen. Gib es heraus."

"Ich gab Dir so viel. Warum willst Du mir nicht dienen?"

Die gebt geraubtes Gut. Kommt
nicht dem Menschen auch Göttlichkeit
zu? Er wird das Seine behaupten.
Nicht Euch Daemonen will ergleichen
Aber sein inneres Menschliches ist den
Göttern ebenbürtig. Es wird nicht ge-
dient. Es wird gefordert.

Du willst den Menschen vergötter

Nicht den Menschen, sondern den
inneren Kern des Menschen. Ihm gebührt
Gottesdienst. Genug gab ich Euch.
Mehr will ich Euch noch geben, soviel
Euch gebührt. Aber mir gebührt die
menschliche Freiheit. Du willst Du mir
geben. Das gebührt dem Menschen.
Ihr Götter wollt Sklaven. Der Mensch
aber will sich selbst Gesetz sein. Das muss
sein. Das wird gemacht.

26.XII.16.

Warum aber dann die Folgen der freien That? Warum die Zerrissenheit? Dieses Leiden?

„Leidest du immer?"

Nein.

„Warum leidest du denn nicht?"

Ich weiss, wohin du zielst. Merkwürdig. Was ist zu thun?

„Innerhalb der Grenzen bleiben."

7.I.17

Was war das in der Nacht vom 2–3?

„Kommst du endlich? Warum fragtest du nicht bald? Musste ich Dich heute Nacht noch einmal nehmen? Warum bist Du deinen Widerständen nachgelaufen? Du ungetreuer Knecht!"

Eben wollte ich kein Knecht sein. Ich will endlich das Recht meiner Widerstände haben. Aber jetzt bin ich und habe meine Widerstände überwunden, so gut wie möglich.

„Aber Du widerstrebst noch. Warum? Steckt

dir wieder voll Ungedanken, du Narr! Du solltest
immer sofort dahintergehen. Merke Dir das!"

Sage mir jetzt, was war es? Welches Feuer brannte, welche Qual war es?

„Das Schlangenfeuer. Das Irdische wurde gekocht, bis es schrie. Es soll schreien, damit Du es nicht überhörst."

Was will es sagen?

Es will von den grössern Dingen sagen, von den weiteren Geheimnissen, darum kam die Nacht auch hier vom Osten. Es will zu Dir. Es will zu Dir reden. Höre.

„Mann des Westens! Ich rede zu Dir. Nebelhaft ist Deine Luft. Lausche hierher. Im Osten wird klarer Tag, während der Westen im röthlichen Dämmer glüht. Im Osten hebt sich eine neue Sonne. Blick nach Osten. Höre nach Osten. Eine Stimme kommt von dort. Zuckendes Feuer schwebt dort, jetzt bei Euch. Was thaten wir? Wir fassten es. Wir bildeten Schlangengefässe

Pflanzenhaftes. Umbautes Gewölbe und hohe Bogen. Liegt Weiteres darunter? Ist etwas darin geborgen? Leere Luft ist darunter. Wir haben kein Dach, wir halten unser Dächer. Darum suche ich Dein Dach. Ich will bei Dir wohnen, ich der Geschwätzige, Schweigsame. Ich bilde Seltsames mit langsamer Hand, ich fülle die Gewölbe mit seltenem Zierrath. Giebst Du mir Obdach? C

Gewiss, Du seltsam Erhabener. Aber deiner Rede Sinn ist dunkel, du Sohn des Ostens. Rede deutlicher! Bist Du ein Bluttrinker?

Nein, ich bin kein Schatten, ich bin lebendig.

Wie, Du bist kein Schatten?

Nein, ich lebe in Deinem Unterreiche, ein uralter Bruder, nie zuvor gesehen. Höre mir zu. Du hast nichts zu thun, als mir zuzuhören:

Ich glaube das Dunkel hält, das des eine Leicht trägt. Ich glaube, dass Deine Hand

erschafft, wessen wir bedürfen. Ich gebe Dir
meine Gefolgschaft. Ich bin im Feuer
gebrannt wie rother Thon, ich bin fest
wie Stein. Meine Natur ist die der Erde,
des festen rothen Felsens. Jahrhunderte än-
dern mich nicht. Noch bin ich derselbe
der wie von Alters. Meine Weisheit bedarf keiner Erneuerung, keiner Veränderung.
Mein Auge spricht unbeirrbares Geheim-
niss, mein Mund schweigt vor dem Fremden.
Ich lehre mich nicht, ich bin. Ich füge
mir selber hinzu in langsamem Wachsthum.

Willst Du Dich mir geben? Soll
ich von Dir nehmen und mir beifügen?

I. Du kannst mich nicht nehmen, ich
wurzle in der Erde. Aber ~~Du~~ Du kannst
bei mir bleiben und über meiner Form Dich
bilden, Du veränderliche körperlose Flamme.

Du erfüllst mich mit Gähnen,
mit ewiger Langeweile.

Das muss so sein: Du lebst sonst zu schnell. Lang soll Deine Zeit sein, sonst lebst Du nicht, sonst wird nichts wirklich, weil die Flamme es immer wieder verbrennt. Stein brennt nicht. Du bist entzündlicher Geist und bald verbrannt. Dir fehlt Stein. Werde schwer. Ich bin der Geist der Schwere, Dein Bruder. Schweres bleibt, Leichtes verfliegt. Du musst schwer sein, sonst lässest Du keine Spur. Zeige Widerstand gegen Alles, was Dich entzündet, sonst merkt die Flamme der Zerstörung Dich nicht. Alles brennt, die Erde brennt nicht. Du musst lange bleiben. Hüte Dich vor Veränderung. Keine Entwicklung, sondern Wurzeln in der Erde. Darum wurde Prometheus an den Felsen geschmiedet, weil er das Stehlen nicht lassen konnte. Er wurde selbst zur räuberischen Flamme, darum wurde er an die Erde gebunden. Thue es ihm freiwillig zuvor. Binde Dich an die Erde, werde Stein. C

Was giebst Du mir als Gegengabe der tiefen Traurigkeit?

) Die Freude der Erde. (

Ich seh den Schmerz der Erde.

) Warum bist Du traurig? Die Erde hat auch ihre Freude. Du bist ungeduldig, wie jede Flamme.

17 I. 17.

Was ist es, das mich mit Angst und Entsetzen füllt? Welches Todesröcheln ist in der Luft? Was fällt von hohen Bergen herunter? Welche Last will uns erdrücken, ersticken? Welche Schatten von was für Dingen fallen auf uns? Sprich, meine Seele!

„Helfet den Göttern, opfert den Göttern"; der Wurm kroch zum Himmel empor, er fängt an die Sterne zu bedecken, mit Feuerzungen frisst er den Dom der sieben blauen Himmel, mit Blut zeichnet er seinen Weg, die Knochen der Himmlischen streut er übers Feld."

Wovon sprichst Du?

„Öffne Deine Ohren, lass meine Worte hinein: man frisst auch Dich. Das Feuer leckt an Dir empor. Schnell den Stein, kriech in den Stein und warte im engen Gehäuse, bis der Feuerschwall vorüber; Schnee fällt von den Bergen, weil der Feuerrauch hoch über den Wolken herunterfällt. Darum fällt der Schnee. Schräg ist Dir's längst. Feuerwürmer, Flammengeringel fährt über die Erde und den Himmel.

Halte den Athem an, dass du den Giftrauch nicht athmest, halt an Dich und opfere den Göttern. Die Menschen fangen an zu rasen. Der Gott kommt. Bereite Dich ihn zu empfangen; aber birg Dich im Stein, er ist ganz Glanz, ganz furchtbares Feuer.

Was quälst Du Dich jetzt mit läppischen Menschengedanken? Öffne Deine Augen weit, sperre die Ohren auf und sieh und hör, wie ein Gott kommt. Stärkste Andacht ist nöthig, sonst verbrennst Du. Höre mich, höre mich, der Gott kommt. Noch dieses eine Mal, halte Dich, schweige, schaue nach innen, nach Innen höre, dass der Gott Dich nicht in Flammen verzehre."

Was sagst Du noch?

„Nichts mehr, genug."

4 II 17. Was hast Du für eine schlechte Gesellschaft um Dich? Was für lumpiges Gesindel? Es ist Dir wohl nicht ernst? Warum liebst Du mich nicht? Warum immer verschlafen?

„Du gibst mir zuwenig. Ich muss vor fremden Häusern betteln gehen."

Was hast Du für mich? Gieb es her.

„Gieb mir Deine Liebe."

Ich soll Dein Hündchen caressieren? Es ist kein Panther. ~~Ein harmloses Vieh.~~ Warum hüllst Du Dich in solche Rätsel? Warum dieses banale Gethue?

„Du bist nicht banal genug, Du Alter lässest es nie."

Wo kann ich banal sein? Ich bin es doch genug. Oder nicht? Warum bin ich so unruhig?

„Nicht genug bei Dir. Du solltest einsamer sein können. Dann wäre meine Gesellschaft besser."

Du bist launenhaft, eklig. Ich bin verflucht mit Dir.

„Du bist grob. Man spricht nicht so mit Damen."

Geh zum Teufel, Du alte Kokette. Kannst Du nicht ganz werden? Du gehörst wirklich zum zweideutigen Gesindel. Ein Rosamorgenkleid – das ziert Dich, fürwahr. Du willst attractiv erscheinen? Was hast Du aber Dir? Geschriebenes, lass sehen!

„Ich habe nächtlichen Worte verfasst derweilen ich in schlechter Gesellschaft allein war."

Was ist es? ein Roman? ein wissenschaftlicher Aufsatz? Bekenntnisse?

„Nichts davon. Ein Nothschrei der Weiblichkeit – eine Empfindsamkeit, wirst Du es nennen."

Gieb, zuvor lass mich hören.

„Lies es und lass es auf Dich wirken!"

„Ich bin allein – gottverlassen allein – ein Abgrund der Einsamkeit – ein Meer von Nichts um mich – ein gefrorenes

eiskalten Nichts. Blauschwarze Nebelhim-
hangen drüber hin. Ein graphitfarbener
Ocean mit erstarrten Schrecknissen. Eine
Sonne ging von mir und leuchtet nun
der fernen Menschheit. Sie feiern den Morgen
ich beweine die Nacht. Mein Gatte zog
über ferne Meere, der Gemahl, der mich
nie umarmte – eine Gottesbraut im leeren
Bette des eiskalten Nichts. Ich sende einen
Schrei empor, der wie ein scharfer Stahl
die Wolken durchschneidet. Aber darüber
und darunter hört mich niemand. Die Glotz-
augen der Meermonstren sehen nach
mir und sehen – Nichts.

Meine Thränenströme decken das
meer nicht zu – ein Tropfen in diesem
Oceanen.

Darum kam ich ans Gestade
der Welt und will mich zu denen gesellen
die keinen Gatten haben, die Liebeleer an
Unwesentlichen sich sättigen, die die kleinen
Abfälle vom Tische des Reichthumes auf-
lesen und sich sättigen an ~~dem~~ [illegible]

Almosen.

Ich bin allein — die Götter wandeln auf hohen Bahnen, über Erden und Monde.

Mein Schoss welkt. Mein Herz liebt nicht und wird nicht geliebt. Die Menschendämonen bestahlen mich und leben aus meiner Freude und meinem Lächeln.

Ich bin beraubt und verarmt, verlassen. Warst ~~es~~ Du es, der mich bestahl? Waren es die Götter? Wer nahm mir meine Sonne? Wer verhinderte die Fruchtbarkeit meines Leibes?

Ich stehe in leeren Lüften, ich jammere und mein Gatte leuchtet über dem Menschengeschlecht.

Verflucht seid ihr, ihr Menschen, ihr stahlt das Feuer. Ihr häuftet Flammenfackeln über ~~an~~ euren Häusern, ihr füllt eure Lüfte mit Sonnenglanz.

Warum sollen die Menschen leben? Und ich will verderben.

Ich flehte zu den Göttern, daß sie die Menschen verderben möchten mit dem Feuer, das sie von meinem Himmel stahlen.

Du bist übergelaufen zur Rotte der Diebe, der Empörer, die heimlich das Feuer raubten. Möge mein Fluch Euch treffen, ihr Überlister und Seelenquäler."

Du bist voll Rache und Hass, Ahrich sagte ich: Vorbei ist die Zeit der Menschenquälerei. Nun weisst, was Gottverlassenheit heisst. Weshalb klagst Du jetzt?

„Ich habe kein Haus, wo ich ~~wohl~~ wohne, mein Gott ist von mir gegangen. Gab ich nicht den Menschen meine Gaben? Dankten sie mir nicht dafür? Jetzt berauben sie mich, die Undankbaren, die Schamlosen

Sie liessen mir Klagen und Thränen
und freuen sich des geraubten Gutes.
Erwacht, ihr stahlet es mir. Es gehört
mir, das Feuer, das ob meinem Haupte
brennt. Geborgtes, gestohlener Glanz-
lichtglanz, der mir gehört, ein ~~X~~
Hochzeitsangebinde meines Gatten, – eh
er dich verliess mich – seine goldene
Barke stieg auf ~~der~~ von den blauen
~~Pla~~ Palästen des Meeresgrundes,
wo unser Fest bereitet war, ein
Fest der Götter und Daemonen.
Wo wandert er, der Treulose?
Schon sein Licht leuchtet über den
Sandwüsten und magern Wäldern,
über den traurigen und elenden
Hütten der sterblichen Menschen-
thiere.

Was wissen sie von meiner Liebe,
was wissen sie von meinem Schmerze?

Man möchte gähnen ob Deines Jamme
schlechtdauere, dass Du Du verloren vor
kommst, seitdem der Gott den Menschen
aufgieng. – Zulange hieltest Du ihn zurück
Du bist kleiner Daimon, was willst Du
Götter lieben? Gewöhne Deine Liebe zu
mir. Du musst ja doch mit mir leben
nicht mit dem Gotte. Bleibe Dem Daimo
dem Du zugehörst. Was willst Du Schau-
spiele mit Göttern aufführen?. Komme
mit mir. Schlecht geht es Dir immer, wenn
Du nach der Sonne blinzelst. Du hast
auf meiner Strasse zu gehen. Gott verlan
mögen sich zu Menschen wenden.

19.II.17. Was sagst Du? Und nun?

„Komme herauf, Alter, lass Freude wiede
auf der Erde walten, gib Freude den Irdi

Wem rufst Du?

„Den Alten, den Geist der Erde

Den Bruder des Teufels?

„Was fällt Dir ein? Er ist der Abraxas der Erde. Niemand spendet Freude nutzreicher als er. Er ist der Hermaphrodit, der das Getrennte zur Freude einigt. Er macht euch stark und froh auf der Erde. Er erhält das Leben und das Glück der Menschen. Wie kommt ihr wachsen ohne ihn? Ihr armen Narren! Ihr wisst nicht den Göttern zu dienen, am wenigsten euch selber."

Was lehrst Du, Du ausgelassene Heidin!

„Einigt Euch, so seid ihr ganz! und ihr lebt. Freude gehört zum Leben der Erde. Was wisst ihr von Freude? Ein Gottesdienst der Freude, aber ihr haltet Trauerumzüge."

Ich rufe dich Phanes, leuchtender aus Abend Voranleuchtender, Frühverkünder

schick uns Rath in der Finsterniss der Erd-
Gib uns das Licht, damit wir auf dem
Pfade der Wahrheit bleiben.

Ich komme, mein Licht ist mit
Dir. Dein Pfad führt gerade. Dein Fuss
irrt nicht. Das Verhängniss ist bekannt
sicher ist der Weg. Unwissen ist von dir
genommen. Der Herr des Lichtes ist
geboren, er hat sich emporgehoben
weisse Rosse gehen ihm voran. Blumen
sind unter seinen Füssen entsprossen. Die
Klugheit der Erde und die Güte des segnenden
des Lichtes haben den Pfad zur Freude
bereitet. Lege die Sorge ab. Der Herr
ist erschienen. Die Sterblichen mögen
sich freuen. Die Seele gab sich selbst dem
Bösen. Der Böse ist von Liebe gelähmt
Sein eines Auge ist geblendet. Nicht
trinkt er fürder den Glanz des Lich-

Er verschlang und ward verschlungen. Du bist sicher, freue Dich der gezeichneten Bahn."

20 II 17

Ich rufe Niemand, Du Phanes, Oberes, Du Seele, Unteres, Bote des weltumfassenden Abraxas, zürnet mir nicht; ich bin ein Sandkorn in euern gestirnten Himmeln. Oberes und Unteres sind mächtiger als ich. Ich unterwerfe mich, indem ich mich selber halte.

Redet, wer immer es sei, seine Stimme soll gehört sein.

Seele: „Ich komme. Ich habe ein Wort zu sagen. Ich bin arm. Ich bedarf Deiner Kraft."

Was verlangst Du?

„Ich verlange Deine Bereitwilligkeit, Dein Ohr."

Du mögest es haben.

"Denke an meine Noth. Ich wohne in dunkeln Höhlen, in finstern Löchern. Kälte un
schauert mich."

So komme heraus. Wärme Dich an
der Wärme meines Körpers.

"Ich bedarf Deiner Liebe zum Weibe" –
was? Du willst mich demüthigen, mei
Schmerze ausliefern? Willst Du Dir Lie
oder willst Du mich zum Weibe zwingen?"

"Ich will Dich zum Weibe zwingen."

Was gewinnst Du davon? Ist meine
Vernichtung Dir Gewinn?

"Du wirst nicht vernichtet. Du gewin

Du redest Billiges. Du hilfst mir doch
nicht, Unsägliches zu tragen.

"Doch, ich helfe Dir. Es wird Al
gut werden."

Wer soll Dir glauben? Du lachst
der Schmerzen der Sterblichen. Ich lernte Dich
kennen.

"Du versprachst dich, die Stimme zu hören. Du hast auch meine Stimme zu hören."

Phanes: Aus Nothwendigkeit scheint mein Licht. Aus Deiner Noth leuchtet mein Stern. Meine Quelle fliesst aus der Fülle Deines Lebens. Alles Ungelebte ist mir Schatten und Armuth. Gelebtes nährt meine Kraft. Höre auf die Botin: //

Und ich? Ich will es auch.

2 III 17. Es war Alles richtig so.

Doch nun, man sprach neulich von Geistern. Das griff mich an. Und ich bin unruhig. Ich muss mit Dir reden, meine Seele, von Geistern. Willst Du zu mir sprechen?

Ja, von Lebenden. Von Lebenden ist zu sagen: Es giebt zu viele. Es sind nur zu Viele. Ich wünsche Beschränkung.

Ich möchte Dich bei der Arbeit haben. Einschrän-
kung ist nöthig, sonst vollendest Du nicht, was
Du solltest. Denke daran."

Das will ich thun. Aber von Geistern

u. Mächten von Geistern."

8 III 17.

Was geht vor in dieser Schwärze?

"Das Licht muss geschaffen werden. Du hast
es geschaffen aus dem rohen Stoff, den Du empfangen hast. Es muss noch gesagt in
Sprache! So hat es sich uns als Stoff
dargestellt. Hell wird es nur, wenn es
nach oben gezogen wird. Es muss
noch heraufgezogen werden, was Di[e]
Kabiren heraufgetragen. Es muss durch
Dein oberstes Licht gehen, durch d[ie]
obersten Lichter, Wissenschaft und Kun[st].
Alle Kräfte müssen sich zu diesem Werk

zusammenfinden.

Dabei bist nicht der Einzige, der dies thun muss. Viele müssen dasselbe thun, damit Phanes, ein gütiger Gott der Schönheit und des Lichtes ~~und~~ und der Freude werde.

Du wirst _heller_ hören und sehen. Du wirst Stein auf Stein legen. Du wirst Abgründe überbrücken, Wege durch Wegloses legen, Sümpfe zudecken. Aus dem Schlamm muss der Weizen wachsen.

Die Helligkeit ist angezündet, das Feuer muss _gehütet_ werden.

Arbeit muss geleistet werden, Arbeit, strengste Arbeit, Arbeit auf das Eine Ziel, Phanes den leuchtenden.

Darauf wirst Du Dich einschränken. Anderes abschneiden, Angefangenes vollenden.

Du _träumst zu viel_. Die Träume sind zu laut, sagte ich Dir

Der Stoff thürmte sich zu Berge. Alles Andr[...]
ist Flucht, Ausweichen vor dem Berg[...]
Er ist zu ersteigen. Kein Zurück mehr
Ordne deinem Ziel Alles unter, sonst
zerreissen Dich die ~~Titanen~~ des Stoffes.
Was willst Du? Du willst Dein
Werk vollenden? Leben geht sicher[...]
Die Vollendung kommt zuerst."

30 III. 17. Ich unterwerfe mich Deinem Worte;

Sprich!

„Es ist am Anfang aller Dinge — ein
geheimes Unterirdisches — Geburtswehen des
Kommenden — der Untergang der Gegenwärtigen — schaue aus nach der festen Burg
nach dem Felsen, der Dich birgt und das
Kind.

Seligkeit — Blumendüfte — ein Früh[...]
sondergleichen — eine Liebesnacht — ein[...]
Hochzeit der Seelen —

auch die Schlange ward licht
sie ist emporgezogen — ihr Licht br[...]

sich aus — hörst du die Glocke? —
die erste Glocke schlug an — ein Ruf
geht übers Land.

Hast Du Geld bei dir? leg es
weg — deine Hand berühre Heimliches.

Hast du Wasser gefunden? Trink
es zum Zeichen der Geburt.

Ist Feuer angefacht? Wirf Holz
hinein, damit es lodere.

Bist Du mühselig? Erquicke
dich — die Ruhezeit bricht an."

Wer bist du, der du so dunkle
Worte sprichst? ~~Ich b~~

„Ich bin Phanes, dein Licht.
Schärfe das Schwert, damit es zerhaue.
Zünde die Fackel an, damit die Dunkel-
heit erhellt werde."

Was sollen mir deine dunklen Worte?
Soll ich Ihm oder soll ich hören?

u. Dunkelheit ruhen; darum muß es zu Dir kom[illegible]

10.IV.17. Ich habe geruht. Ich habe getan
was nur möglich war, was ich sah. Ich habe mir
geübt: Wundermagie, ein Erzwingenwollen

17.VI.17. Meine Seele, was ist es mit dem Feuer üb[illegible]
mir? Was hast Du mir damit zu teilen, was D[illegible]
im Traume mir ankündigtest?
Gieb mir Licht!
S.: Es soll werden. Vom Feuer? Ja, oben
das Feuer — von Norden her — aus der Kälte
Das, was kommt — blauschwarze Wolke
— rother Feuerschein — Alles spitzt sich zu
Fremdes wird verborgen — Allgemeines
offenbar — die Bücher sind zu lesen.
I. Welche Bücher? Ich erinnere mich — im
Traume war die Rede von geheimer Schrift
Was ist es? Was soll es mit dem Feuer?
S. Das Buch vom Feuer — es kommt
es hängt über Dir — unter den Sternen
von den Sternen herunter — nahe —
unterstützt Deinen Intellect — hör[illegible]

verschoben. Ich will Dir Worte geben:
blau und grün — blaue Wolken —
grüne Wasser und Feuer darunter. Wie
ist es schwer, es loszubrechen. Hilf mir
beten —

I. Ich habe für Dich gebetet zum innern Gotte,
zum Leuchtenden, damit er eine Fackel
vorantrage — siehst Du, hast Du Licht?

S. Ich sehe: Dreithürmig ist das Schloss —
drei goldene Thürme voll Morgenglanz —
roth sind die Thore — weiss die Thorsäulen —
Menschen gehen aus und ein — im mittleren
Thurme in hoher weisser Halle sitzt der
Liebende, der Heilige in Betrachtung.
Um ihn flammt Feuer, auf Feuerwolken
steht das Schloss im blauen Himmel —
Was stehst Du und staunst? Gehe ans
Werk — Öffne das Verborgene.

S. Ich kann nicht — welche Kraft hält mich?
ist es Erde oder bist Du es Mensch? Lass
mich los, sonst fluche ich Dir.

I. Mögest Du doch Freiheit haben. Gehe nach
denen, deren Du bedarfst. Niemand soll Zwang
leiden. Aber sprich, was erkennst Du?

S. Ich erkenne den Sinn der 3 Thore — Macht,
Glanz, Ruhm. Glanz ist der Höchste,
strahlendes Feuer. Willst Du durch dies
Thor?

I. Ich will nicht, ich will, was sein muss.
Ich bin blind und taub.

S. Gut, der behütet Dich vor dem Feuer.
Muss ich durch Glanz eingehen?

I. Wenn es der Weg ist, ja.

S. So höre — eine goldene Schlange ist
der Weg, eine schillernde Schlange unterm
Ich sehe einen schwarzen Graben — ein finsteres
Thor hinter dem Glanz — ein rothes hinten
im Dunkeln des Hintergrundes — das
ist das Böse. Ich erkenne es. Du
thatest gut daran, diesen Weg nicht zu
gehen. Soll ich ihn gehen? So mögen
der Auge der Bösen mich aufnehmen —
in rother Höhle — Blutschlangen an
den Wänden — ein weisses ~~Thor~~ — ein
langer Gang aufwärts in weite Hallen
unzählige Thore — hinauf auf die
Dächer auf engen Treppen — ohne i

weitweites Licht — ich blühe aus wie ein
Feuer auf Bergesspitze — ich glimme durch
Unendlichkeiten — kannst Du mich noch
sehen — ein fernes Licht — selbst ein Stern
in Unendlichkeiten verloren — doch hält
ein Faden — viele Fäden von Stern zu
Stern gesponnen — auf schwindelnder
Brücke — unendlich lang — erst erreicht
der erste Stern — eine Welt auch.

I. Was thust Du in diesen Unendlichkeiten?

S. Ich forsche nach dem Ursprung des Feuers.
Der Weise hatte es vernommen, von den
Sternen. Darum ging ich zu den Sternen.
Sie sind voll Feuer.

I. Doch wie kam das Feuer zur Erde?

S. Es glitt herunter und herauf. Wo?
Es wurde den Sternen entzogen. Wer
entzog es? Wessen Hand zog es herunter und herauf, das Sternfeuer? Warst
Du es selbst? Ja wahrlich — Du
warst es selber — ich kannte Dich
nicht, Du bist ja selbander Weise.

warum suchte ich hinter und über Dir? Warum
gieng ich ins Auge des Bösen? warum
zu den Sternen? Du zogest das Feuer
heran. Du zogest es in Dich und
es blühte aus Dir aus und erfüllt d
Luft über Dir, weit und breit. Ich
nun zu Dir – bei Dir will ich bleib
warum zog mich der Böse weg?

I: Du glaubtest nicht an mich, darum
giengst Du in die Irre. Warum gieng
Du in die Irre? Weil ich Dir mehr gla
als mir selber. In meinem Selbst d
gieng der Leuchtende auf. Bei mir ist d
Quelle des ewigen Feuers. Komme zu m
und wohne in mir und liebe das Feuer u
den ewigen Glanz. Mein Selbst hat d
höchste Weisheit, das innerste Feuer, mein
Selbst wohnt im Throne des Glanzes.
Mein Selbst zieht das Sternfeuer an s

18.V.17. Fehlt noch etwas? Ich bin nicht ganz bei mi
Gesicht, was ist es?

„Ich bin krank, geisteskrank, Du siehst es. Ich fand den Anschluss an Dich nicht. Darum bin ich krank. Wie stellst Du Dich zu mir?"

Ich bezweifle Dich, wie Du mich. Ich weiss nicht, ob Dir zu trauen ist. Wem Du einmal misstraut, man nie.

„Ach darum! Du könntest mir doch nachgerade trauen. Im Ganzen that ich doch Gutes für Dich."

Ja, aber bisweilen täuschest Du.

„Aber immer gereichte es Dir zum schliesslichen Vortheil."

Ja, weil ich durch meinen Witz schliesslich die richtige Auffassung fand.

„Ich habe Dich aber gut gewarnt."

Öfters aber, wie mir scheint, nicht. Wie könntest Du mich darum täuschen?

„Du erinnerst Dich ja an keinen einzigen Fall mehr."

Doch, ich musste Dich ja einsperren deshalb.

Ah – richtig."

„Dein Gedächtnis ist kurz. Darum traue ich Dir nicht. Aber Du kannst mein Vertrauen erwerben, wenn Du gute Arbeit thust."

und mir sagst, was du denn erlebst.
„Viel erlebe ich. Unglaubliches."
Sogar das, dass Ruhe wird.
„Ich sah das grüne Wasser und die Wolken
schwarze Wolke. Das machte mich toll, d
ist schlimmer als das Feuer. Das Feuer ist
mir verwandter als diese Sächlichkeiten.
Aber du musst mir mehr Kraft geben. Es ge-
nügt nicht."
Sammeln Sie in Gottesnamen.
„Ja, es ist schwer für Dich, aber für mich
auch. So lass uns weiter ans Werk gehen!
Dreimal fünf Thürme umgrenzen die Burg
Dreimal sechs Thore sind in den Mauern
Dreimal sieben hohe Paläste sind in der
Burg. Unten fliesst der grüne Strom,
oben ist die dunkle Wolke, darüber das
Feuer, das ewige, das Daranzagende. In der
Burg sind Höhlen, dort liegt das Gold ge-
stapelt, erstarrtes Feuer. Wo sind die
Menschen? Die Burg ist leer. Zog
sie fort? Ich sehe Philemon im golde-
Hause des Glanzes — allein. Wo ist

Baucis? Stirbt sie, wenn sie lebt, schläfrig Ach Baucis – Sie steht hinter dem Weisen, ihre Hand berührt seinen Thron. Sie sind allein. Wo sind die Menschen? Wer wohnt in den Palästen? Niemand. Alles ist bereit. Kommt Niemand? Rufe doch Philemon! Ach Deine Ströme sind unhörbar. Und ich habe keine Ströme, welche Menschen hören könnten. Sehen denn die Menschen die Burg nicht. Ist es die Wolke, die sie versteckt? Ja, es ist sie, sie verhüllt das Feuer. Welche Frage, diese schwarze Wolke! Woher kam sie, ein Rauch unterhalb des Feuers! Wie merkwürdig! Bist Du ein Fremder, ein Eremit, Philemon? Trauerst Du, dass Dein Feuer verhüllt ist? Ein grünes Wasser umströmt Deine Burg. Wo ist eine Brücke? Es ist keine Brücke da, o Philemon. Wie können die Menschen herüber kommen? Du Pontifex solltest eine Brücke bauen, eine breite Brücke aus seltenen und köstlichen Steinen. Warum trauerst Du? warum verhüllst Du Dich [in] Feuern Wolken? Trauerst Du über Deine Einsamkeit? Du bist nicht allein, ich bin mit Dir. Baue die Brücke, ich komme mit Dir –"

Aber, warum kamest ~~Du denn nicht~~ her?

"Weil ich zu Dir wollte. Ich musste schon mit Philemon gehen. Er ist höher oben als Du. Das wusste ich nicht. Darüber Philemon erreiche ich Dich."

25 VI. 17.

Was siehst Du?

5. Ich stehe am Thore des Glanzes und schaue, was kommt. Links oben ist ein schwarzer kleiner Vogel. Rechts unten eine weisse Schlange. Ein Gerippe steht in der Mitte, das Gerippe eines Thieres, eines Elephanten wohl. Wo ist sein Fleisch? Die Ameisen haben es verzehrt. Fühlst Du das an Deinem Körper? Wohl nicht. Es geschah vor langem. Hast Du je die weisse Schlange gesehen? Ach ja, Du sahest sie beim Schlangenkampf, ein Mysterium. Aber der schwarze Vogel? Er ist neu. Was will er heissen? Was sagst Du, schwarzer Vogel? Höre, er spricht:

„Ich bin Einer, der von Ferne kommt, kein Rabe, kein
Unglücksvogel, sondern ein Nacht – ein schwarzer Erdvogel,
von Osten, aus leeren Gebirgen, wo Sand ~~ein~~ liegt
und Schnee und kalte Stürme über die nackte Erde
laufen, ein Hungerland, hochoben, eine Heimath
des Zaubers und der Unheimlichkeit."

I.: Aber was bringst Du, was willst Du hier?

S. Schweig, lass mich mit ihm reden. Er versteht
Deine Sprache nicht.

S. Vogel: Hast Du das „Grüne" gesehen? Sahst Du den
„Schwarzen Stein"? Hörtest Du das „Feuerlachen"?
„Hast Du zu „Atmavikta" gesprochen?

V. Nichts von Alledem. Ich sass auf grauen
Felsen, ich nistete im Flugsand an windgeschützter
Stelle, ich sah die Wildesel und von ferne
einmal Menschen. Ich weiss nicht wovon Du
sprichst.

S. Dann bist Du der Rechte nicht, auf den ich
warte. Hebe Dich weg, leeres Phantom.

zu D. Schl. Woher kommst Du?

Schl. Ich komme von unten aus der grossen Höhle,
in der ich viele tausend Jahre wohnte. Vor lauter Finsterniss
bin ich weiss geworden und blind. Meine
Jungen haben Füsse bekommen, und ich habe meinen
Schwanz abgenagt, nicht aus Hunger, sondern als

Selbstbetrachtung. Ich lebte von Feuer und trank
flüssige Erde. Darum bin ich fest geworden wie
Marmor und kalt wie Eis.

S. Was ist der Rechte, der Schlangenkönig, der
allerschlangenhaftester, Erdentsprossenen. Sage mir
Schlange, sahest Du den Grünen?

Schl. Wohl sah er ich, an den Felsen genagelt, wie ein
Gewand, in dem kein Mann war. Ich sah es
weil ich blind war. Ein Sehender sieht es nicht.

S. Sahest Du den schwarzen Stein?

Schl. Ich kenne ihn wohl, ich lag auf ihm, wo
auch 100 Jahre. Es sind 1000 Jahre, seitdem d
letzte Opferfeuer auf ihm brannte. Noch ist er warm
davon.

S. Hörtest Du das Feuer lachen?

Schl. Tag um Tag scholl es herauf aus dem M
der Feuerquelle. Noch ist das untere Lachen
nicht erschöpft.

S. Sprachest Du zu Atmavictu?

Er war mein Gefährte während ~~der~~ vieler tausend
Jahre. Erst war er ein alter Mann, dann starb
er und wurde zu einem Bären, dann starb
auch dieser und wurde zu einer Fischotter. Als
diese starb, ~~und~~ wurde zu einem schwarzen
Molch, auch dieser starb, da ~~wurde~~ ging
Atmavictu in mich ein und hub mich als

empor zur Schwelle des Glanzes. Ich bin älter ~~der~~ Atmavictu, der Alte. Er irrte vordem und ward ein Mensch, während er doch eine Erdschlange ist.

I. Wer war der schwarze Vogel?

Schl. Das war der Geist ~~der~~ und der Irrthum des Atmavictu. Er irrt noch immer und ist mir noch immer nicht in den Rachen geflogen. Wenn er mir nahekommt, verschlucke ich ihn, damit ich vollkommen werde und meine steinerne Schwere und Unbeweglichkeit mir schwinde. Mir fehlt Atmavictus Seele. Wenn ich sie besitze, gehe ich ein ins Thor des Glanzes, ich lege mich über die Schlucht, ich bin die Brücke, der lebendige Bogen, der ins Menschenland hinüberführt und vom Menschenland in die goldene Burg.

I. Meine Seele, was soll dein Zwiegespräch uns deuten?

S. Schweige, noch ist es nicht vollendet.

I. zu Schl.: Sage mir, wer ist Atmavictu, den ich hier als Schlange vor mir sehe?

Schl. Atmavictu ist ein Kobold, ein Schlangenbeschwörer, ein Schlangenseher. Weiss ich, wer ich bin?

S. ~~Das solltest Du wissen, Du kleines Wesen~~.

Schl. Mein Name ist mein Wesen. Atmavictu hiess ich seit meiner Geburt, wenn sie je statt gefunden

hat – vielleicht war ich immer und werde immer sein.
fürchterlich geworden, wer ich bin.

S. Verstecke Dich nicht. Siehe, hier bring ich die Deinen Vogel. Ich gebe ihn Dir, wenn Du mir versprichst, mir zu sagen, wer Du bist.

Schl. Her, gib ihn her, den Vergeist, der mir immer entflatterte.

(Sie schnappt nach dem Vogel und klappt die Kiefer zusammen mit einem Schall, wie wenn zwei Steine aufeinander geschlagen würden.)

Schl. Endlich – das war die rechte Nahrung.
Meine Augen öffnen sich, mein Blut strömt mir
Ich richte mich auf, mein steinernes Hirn ist gelöst. Ich bin lebendig geworden.

S. Vergiss Dein Versprechen nicht!

Schl. Atmavictu? Ich bin der Kern des Selbst. Das Selbst ist kein Mensch. Das war Atmavictus Irrthum. Das war meine Verbannung und meine vieltausendjährige Finsternis.

S. Das also ist Atmavictu!
Was aber ist das grüne Gewand?

Schl. Das ist der Mantel Atmavictus, das er als Mensch ablegte, als er starb und zum Thier wurde.

S. Doch was ist das Gewand?

Schl. Sein Menschsein.

S. Ach —

~~St~~ Doch sage mir, Weise, was ist der schwarze Stein auf dem Wal liegt?

Schl. Das ist der Tod. x

S. Der Tod? Wie ist das zu verstehen?

Schl. Der Tod des Atmavikta, als er ein Mensch wurde. An die 10000 Jahre sind es seitdem, und seitdem erlosch das Feuer des Atmavikta auf ihm, denn Atmavikta war ~~ein~~ Mensch geworden, und dem Tode brannte kein Lobfeuer mehr.

Siehst Du, dass die Schwelle des Glanzes ein schwarzer Stein ist? Der Glanz über ihm ist das neuentbrannte Lobfeuer.

S. Ach — der Tod!

Doch sage mir, was ist das Feuerlachen?

Schl. Das Urfeuer lacht, denn Atmavikta war ein Mensch ~~geworden~~, ein Bär, eine Fischotter und schliesslich gar ein Molch geworden und hat in allen diesen Gestalten seiner # Selbstvergessen.

S. Ach – spottete der Urführer seiner?

Phl. – Es spottete seiner Verkleidungen.

S. Sage mir, warum wurde Atmavictu ein Mensch?

Phl. Es war nicht zu vermeiden. Er war krank vor Sehnsucht nach dem Menschen. Sein Kopf schmerzte ihn, weil er nicht denken konnte, was er that. Darum wurde er zur Hüllung ~~zu~~ Mensch. Er verharrt aber in diesem Zustand, und das war sein Irrthum, denn Niemand kann zu seinem eigenen Gewand werden. Das erkannte er und starb, darauf ging er in den Wald und wurde ein Bär. Dadurch wurden die Menschen menschlicher und fingen an ~~Häuser~~ Burgen zu bauen und hinauf die Wälder d Bären. Und indem sie sich ausbreiteten und ihre Macht vermehrten, rodeten sie die Wälder aus. Da starb Atmavictu zum dritten ~~Mal~~ Mal und zog sich als Fischotter ins Wasser zurück. Und abermals breiteten sich die Menschen aus und bauten Schiffe

empfiengen neue Gestalten. Da starb Atmavictu zum viertenmale und wurde ein schwarzer Molch und zog sich in unterirdische Gewänge zurück. Die Menschen aber eroberten die ganze Erde und überflutheten mit ihrer Macht Alles. In der Finsterniss aber fand Atmavictu sein eigenes Selbst zurück, nämlich mich die weisse, selbstleuchtende Schlange, die sich vom Feuer nährt und die auch den letzten Irrthum Atmavictus verschluckt hat.

S. Aber nun? Was wirst Du thun, nachdem Du auch Deinen letzten Irrthum verschluckt hast?

Schl. Schaue!

S. Die Schlange bäumt sich, sie öffnet das Thor des Glanzes. Ach – dieser Glanz, er ist zu hell – wo ist die Schlange? Wer tritt aus dem Glanz, wer steht auf der Schwelle im grünen Gewande? Es ist der Liebende – es ist Philemon, eine Flamme über dem Tode

ein neuer Lobpreis. Philemon ist kein
Mensch, er ist fürwahr das Selbst.

28.IV.17.
Du verzehrst Einiges, meine Seele, – und das drückte mich schwer –
das Gerippe des vorweltlichen Elephanten. Damit ist eine quälende
Unklarheit geblieben. Frage den Weisen, was das Gerippe bedeutet.
S: Wie soll ich fragen?
I: Nun, das ist doch einfach. Du fragst ihn geradeaus.
S: Wird es gehen? Antwortet er wohl? Es ist geraume Zeit seither
verstrichen. Das Thor ist geschlossen. Wohlan es sei; ich klopfe
an: Weiser Philemon sprich, oder weise Schlange, rede Du!
Was bedeutet das Gerippe? Das Thor öffnet sich – die Schlange,
sie ringelt sich auf der schwarzen Schwelle. Sprich Schlange –
was bedeutest Du mir das Gerippe?
Schl. Die abgenagten Knochen? Nun, das war von
der Vorzeit übrig blieb, was nicht von den Ameisen
verzehrt werden konnte. Das Geräthe blieb übrig, das
Ersetzbare schwand dahin, das Feste aber blieb ~~st~~ zurück
S. Warum steht es vor dem Thore, wie wenn es mir den Weg
zu Philemon
versperren wollte?
Schl. Das weltvergangene steht als Hinderniss zwischen
Dir und Philemon.
S. Was ist das weltvergangene?
Schl. Die ~~Schr~~ Geschichte der Menschen und Götter, nothwendige
Irrthümer, die nicht lebten und jetzt noch den Blick verdecken
... zum Feldbau dienlich, nicht ein Pf-
kehr. Eine alte Hacke, zum Feldbau dienlich, nicht ein Pflug,
der das Erdreich umschwenkt. Du verstehst, ein altes
Werkzeug, gut damals, heute ersetzt durch Besser-
werkzeug.
S. Aber warum brauchen wir altes Werkzeug? Welches ist
altes Werkzeug?
Schl. Warum schreibt dieser Mensch, was Du sagst?

S. Er ~~soll~~ muss es doch schreiben, damit er schaut und versteht.
Schl. Ist dies der einzige Weg? Kann er's nicht schauen?
S. Wenn es ihm gegeben ist.
Schl. Er soll es doch versuchen.
S. (zu mir): Willst Du es versuchen?
(zur Schl.) Wäre das der neue, bessere Weg?
Schl. Das wäre er. Nicht Alles kann geschrieben werden. Es soll zum Schauen übergehen. Ein besserer Weg, als der alte.
I. Aber wenn es nicht gelingt?
Schl. Was sagst Du? es könnte nicht gelingen? Gleichviel, dieser Weg ist zu versuchen.

29 IV. 17.

Ich schaute nichts.
S. Du sahst nichts, aber du schautest, Du betrachtetest, Du fühltest Dich selbst nach innen.
I. Kann es jetzt gelingen? Sehe ein Spiegel!
S. Ich will versuchen – aber voll Zweifel. Bleibe nur mit mir – hilf mir – sonst kann es nicht gelingen.
I. Ich will mein Mögliches thun.
S. So öffne, Schlange, noch einmal das Thor – ah, sie kommt – noch einmal erfülle meine Bitte und deute eines der Gerippe.
Schl. Er sah nichts – natürlich, warum glaubte er, das Sehen und Schauen das Gleiche wären. Man schaut ohne zu sehen. Er hat geschaut und nichts gesehen, Ich sprach ja vom Schauen, nicht vom Sehen.
So höret nun vom Gerippe: Es ist ein altes Überbleibsel

denn die Zeit nichts anzuhaben vermochte. Die Schlan-
und der schwarze Vogel sind seine Brüder. Die weisse
Schlange ist die untere Wahrheit, Verständigkeit und Wei-
heit, was dem alten Wissenschaft und Philosophie gewach-
oder – gemacht ist. Der schwarze Vogel ist der obere Irrthum – der Aberglauben über die Dinge der Wirklichkeit
~~und~~ Innen und Aussen. Das Knochengerüst des Elephanten ist mitten inne als der Überrest von etwas vorher
Gewaltigem, das dennoch bestand als der Mensch an-
fing, Mensch zu werden, als Atmavictus Heilung
und Irrthum begannen. Die Knochen haben diese
ganze Zeit überdauert als ein Rest von dem, was vordem war, denn damals war Atmavictu noch nicht
Mensch, denn noch baute der Mensch keine Burgen, sondern lebte wild. Also – Du siehst, der Elephant ist ein
Mammuth, der herüberdauerte als ein Zeichen und Symbol für das Ursprüngliche, das war, als Atmavictu noch
noch nicht einbildete, Mensch zu sein.
S. Aber warum ist es Hinderniss?
Schl.: das Vergangene ist immer ein Hinderniss für das
Kommende. Es muss zuvor ganz weggeräumt wer-
was die Zeit nicht zu zerstören vermochte, das müsst
ihr künstlich zerstören – und dazu braucht ihr die Mittel, welche die Menschen immer gebraucht haben, um
vom Vergangenen zum Zukünftigen zu kommen – nämlich Abtrennung, Lösung vom Alten, Zerstörung der Kno-
– es ist wohl schade um das Alte – aber das Neue kann
nur leben durch die völlige Aufzehrung des Alten.
Der Mensch kann nur mit unnatürlichen Mitteln über
das Alte Natürliche hinauskommen und dadurch zu

eine neuen Natürlichkeit gelangen. Dazu gehört Übung, was man Askesis nennt. Sonst steht der Mensch gegenüber dem Alten ganz wehrlos, denn das Alte ist natürlich, das Neue aber unnatürlich und kraftlos, d.h. es scheint euch so, denn das Neue setzt sich doch durch, aber dann müsst ihr es erleiden, statt dass ihr es selber schafft zu eurer Freude.

Gestern wollte dieser Mensch einfach die Erleuchtung und hat es versäumt, sich vorher zu üben. Er hat sich zu üben, sonst kann er nicht weiterschreiten. Immer wieder wird er über die Knochen der Elephanten fallen. Er hat vor siebzehn Jahren einen Traum gehabt von den Knochen. Der hat ihn vermocht, eine bestimmte Laufbahn zu ergreifen und zwar ein Studium, das ihm den innern Fortschritt verwehrte. Er hätte sich sonst verloren. Bei diesem Alten zu bleiben, das war, als Atmavikten noch nicht Mensch geworden, ~~war~~ jetzt ratsam und nöthig, wegen sonst kam es gar nie aufgezehrt worden. Die Knochen sind die letzten Reste, die nicht mehr die tat, sondern alles die unnatürlichen Übung beseitigen kann. Habt ihr jetzt genug gehört?

Wir wollen es bedenken.

14.V.17.

Es ist Uneinigkeit in der Luft. Warum dein Zögern und dein Unentschlossenheit?

Warum nimmst Du Dir nicht Dein Recht? Du sollst handeln wie Du willst.

Ich will kein Unrecht thun.

„Gleichviel, ob Recht oder Unrecht. Es muss geschehen, was geschehen muss."

Ich weiss aber nicht immer, was ich will.

„Dann forsche nach."

Darum kome ich ja. Ich möchte Dich hören, o
bei Dir die Erklärung zu finden ist, die mir obim
Was geht bei Dir vor?

„Es geht viel vor. Es ist Schwieriges zusam
zusetzen."

Was siehst Du?

„Ich sehe ~~Ste~~ Steine von Mauern, die noch g
stürmt werden müssen – Bausteine – behauen
Aber Niemand haut. Wer lässt die Steine liegen?
Was thust Du Atmavictu, Alter, und Du Philemo
weiser? Was thut Ihr?

Phil. Wir haben uns vereinigt. Atmavictu,
bin ich. Ich war ein alter Zauberer, als Atmavik
mir fehlte. Nun bin ich jung geworden vom Tr
verwüstet. Mein Haupt strahlt im Goldfeuer.
Flamme blüht aus mir, seitdem ich mich
aus diesem Menschen gelöst habe. Ich war ei
als Atmavikta noch Thier war, als er geschla
wurde, erhob ich mich und zog ihn in meine

Burg und ich hielt ein Mahl mit der weissen Schlange und ich ass sie selber und sie gab mir ewige Jugend und als Feuer leuchtet ihr Licht über meinem Haupte. Ich habe diesen Menschen überwachsen. Er war mir Herd des Glanzes. Er gehört zur Erde. Ich bin Feuer, aus dem Menschen geworden, kein Mensch, sondern Flamme. Ich habe diesen Menschen durchschritten überschritten. Ich bin der Liebende. Dieser Mensch war mein Gefäss. Ich bin der Diener des Leuchtenden – dieser Mensch gehört der Erde – möge ihm Heil widerfahren! Er war mein Gefäss. Er ist Erde. Ich trage sein Thun hinüber. Ich nehme sein Geleistetes auf, ich trage es zum Leuchtenden.

S. Aber was soll diesem Menschen geschehen und mir, wenn Du Dich aus ihm gelöst hast?:

Phil: Er ist Erde, er wird leben. Er hat Alles erfüllt, Er hat Alles gesehen, er hat das Kreuz, das Feuer berührt. Er ist erfüllt. Er wird ihm Friede gewährt. Er ist gelöst, ~~indem~~ da ich mich von ihm löste. Er bleibt in sich und umhüllt seine Welt. ~~Nicht~~ hütet sich der Nahrung.

Sein Leben empfing er aus dem Gotte, es kehrt [illegible]
zurück. Ich trage es hinüber. Heil dem, der
in sich selbst sinken kann, er ist erfüllt.
Das Emporziehende hat sich von ihm gelöst. Der
goldene Vogel breitete die Schwingen. Nicht
zieht es diesen Menschen nach Unten und
nicht nach oben. Er ist Erde – er schwebt
im Mittleren. Er sieht die Sonne, ich den
Gott. Sein Schatten ward Feuer. Er begnügt
sich und küsst die Erde. Sein Stern leuchtet
ferne. Sein Stern ist mein Bruder, ein fer[ner]
Gott, den ich nicht weiss. Dieser Mensch
war mir Gefäss, ~~er~~ mein Tor des Eingangs
und Aufstiegs.
Ich bin nicht seine Seele und nicht
von Gott, sein Inneres ist mir fremd, wie
fremder Sternsame, der in diese Welt fiel.
Ich durchwuchs ihn. Ich wurde geboren
als ich alt war und erreiche meine Jugend
im Alter, und am Ende löse ich mich im [illegible]
Liebe der Götter auf, wenn dieser Mensch stä[rb]
Dieser Mensch ist ein Sternsamen – woher kam
er? Er fiel aus Ungewissem herab. Bin[illegible]
Erde und doch gehört er nicht zur Erde. Er

fremd. Darum wird sich der Mensch nie dem Gesetz der Liebe beugen. Er wandelt den Abraxas, aber sein Stern vermischt sich ihm nie. Er ist kein Kind der Sonne, sondern ihr Bruder. Er zog ein Sonnenkleid an und verhüllte sein blaues fernes Licht in Sonnenfarben. In seine Hülle war ich verstrickt, aus seiner Hülle bin ich gelöst.

Mein leuchtender ferner Stern. Ich bin ihm Flamme.

20.V.17.

Du sprachest von ~~etwas~~ „Grossem", Mächtigem. Was sollen diese Andeutungen?

S: Du sollst auf mich hören. Denn ich kann es machen, wessen Du bedarfst, nicht Menschen. Sie sollen für sich selbst sorgen. Ich muss Dir noch Vieles geben aus meinem schwangeren Leibe.

Du sollst der Schwangeren nicht geben. Sie muss es schaffen. Sie darf sich nicht nehmen lassen. Weise sie auf den Weg.

Ich will es thun.

S: Halte Dich daran. Und nun höre: Wer

opfert, empfängst.

Ich sah hoch über Thron des Glanzes, ich s
das Leuchtende, ich sah den Liebenden sitzen
in ewigen Feuern, im Brande der Wonne –

Ich schaute das Goldene, vielfach Geba
des, das sich aus farbigen Steinen und grü
Edelstein thürmt."

I. Ich ahnte, dass Du ~~ich~~ etwas erschaut hast.
Aber Du weißt, ich sah es nicht. Lehre flü
Dir zuvor mir, möge mir auch Lehre von D
zukommen.

S. Was möchtest Du wissen?

I. Ich möchte von Philemon, dem Rätselvoll
wissen. Wer er ist, und was er mir ist.
möchte vom Leuchtenden wissen, den ich P
nenne. Bringe Dich vor den Erhabenen,
im Feuer sitzt und höre seine Worte.

S. (zu Ph.) Erhabener, der Du im Goldfeu
sitzest, in der Glut der ewigen Wonne, hö
diese Bitte und lehre uns von Dir und Dein
Gotte.

Phil. Dieser Mensch möchte wissen, wer ich bin. Sagte ich nicht, wer ich war und wer ich bin? Ich sagte nicht, wer ich sein werde. Ich werde Phanes sein. ~~Ich~~ In seinem Glanz löse ich mich auf, wenn dieser Mensch stirbt. Ich sterbe nicht, ich bin schon Phanes, kein Mensch, sondern eine Gottesflamme. Ich war irdischer als Erde, ich war unterirdisch, ich wuchs empor, ich durchwuchs diesen Menschen. ich überstieg ihn. Ich bin sein Werk, sein Gelebtes. Er ist nicht ich. Er gehört zur Erde.

Phanes ist das ewige Feuer, das rundum loht, der unsichtbar ~~geworden ist~~ und eben sichtbar wird, der ewig Aufgehende.

X Ich bin Chidher, im Alter zur Jugend eingehend. Wenn mein Werk vollendet ist, bin ich Keim des Anfangswerdens.

Dieser Mensch ist mein Werk, das ich aus Sternsamen bildete. Ja er fiel herab ins Ungewissen und gab Anlass zur Gestalt.

Er bildete mich, ich bildete ihn. Er küsste d
Erde und ich die Sonne.

Als Atmavictu beging ich den Irrthum und wurde Mensch. Mein Name war
Izdubar. Als solcher trat ich ihm entge
Er lähmte mich. Ja der Mensch lähm
mich und wandelte mich in eine Drache
schlange. Heil geschah mir, denn ich erk
meinen Irrthum und das Feuer aus die Schla
Und so wurde Philemon. Meine Gestalt i
Schein. Vordem war mein Schein Gestal

schein Herr.

Dieser Mensch diene den Gegensätzen i
Selbstentäusserung. Er erlaubt die Gegen
sätze dienend. Dafür wird ihm die Herr
schaft, der Glanz, der das Mittlere ü
überträgt dieser Dienst? Nur der, d
ihn dienend erhält. Er ist Herr bei sic
selbst.

Hast Du dein Worte wohl gehört?

So steige mit mir auf das Dach meines
Hauses.

Blicke umher, was siehst Du?
S. Ich sehe den Himmel umsäumt von Feuer und Rauch, als ob die Erde brenne – schreckliche Verwüstung und Ausrottung. Die Mitte des Himmels ist frei – eine Blume blüht dort aus Feuer und Gold und vielfältigem Edelgestein. Was ist es, das ich sehe?
Ph. Das, was Du siehst, ist das ~~A~~ Aufblühen ins Obere, das Emporsteigen. Aus dem Rauche der Verwüstung und verlorenen Gutes, aus dem Feuer der Opferung wächst die Blüthe des Mittlers. Siehst Du die köstliche Pflanze, welche die Blüthe trägt?
S. Ich sehe sie steigt über uns empor.
Ph. ~~Ich bin es~~ Aus zwei Wurzeln wächst sie. Siehst Du die Wurzeln?
S. Nein, was sind sie?
Ph. Ich bin die eine Wurzel und Du die andere. Das dachtest Du wohl nicht,

darum sahst Du es nicht. Oder bist es Du? So öffne die Augen zum zweiten mal, Du Blinde.

Ich war Elias, Du Salome. Auch Du warest im Irrthum. Du bist der Irrthum; ich die Wahrheit. Du bist ewig meine Tochter.

Der Mensch war mein Irrthum, Du warest der Irrthum des Menschen. Der Mensch lähmte mich zu seinem Heile. Du lähmtest ihn zu seinem Heile.

Als dieser Mensch sich aus Dir erhöhte, da erlöste ich mich aus ihm. Ich wurde Feuer, das ich war von Anfang. Er wurde Erde, die er war von Anfang.

Er trägt im Herzen die schwarze Weltenschlange, den Sternsamen, der fest ist wie geschmiedetes Eisen, siebenfach geglüht im Höllenfeuer und erkaltet von unnennbaren Kälten.

S. Doch was bin ich? Was wird aus mir?

Ph. Dieser Mensch wurde Erde. Er war mei

Irrthum. Schwarzes Feuer, denn ich war seine Wahrheit. Du warst ein Irrthum, derweilen er mein Feuer war. Nun da er Erde geworden ist, wirst Du zu Feuer. Du bist meine Tochter von Antiquim. Wir sind geeint ~~in der Fülle~~ Pleroma, in der aufgewachsenen Mutter, die Deine Mutter ist und meine.

Du bist meine Mutter, meine Schwester, meine Gattin. Aus Dir erzeugte ich diesen Menschen, und ich wurde zu meinem Sohne und zu meines Sohnes Sohn. Und das war Atmavictus Irrthum.

Nicht aber zeugte ich ihn aus mir, sondern aus Fremdem, das mich befiel. Ein Sternsame fiel in die Zeugung.

Woher kam er? Nicht kam er aus mir. Aus unserer Mutter fiel dieser Tropfen flüssigen Eisens zwischen unsere Umarmung. Unsere Mutter weint flüssiges Feuer, gleich wie in Dir ~~war~~ kam.

21.V.17.

Ach, meine Seele, ich hörte von Irrthum. Du warest mein Irrthum. Ja Du warest meine Theilnahme an den Gegensätzen, an Gutem und Bösem. Ich that Gutes als Gutes, Böses als Böses. Ich hätte thun sollen, was zu thun war, aber ich that Gutes als Gutes und Böses als Böses.

S. So thatest Du. Ich wusste nicht, daß es Irrthum war, bis ich Vogel und Schlange von mir abstreifte und die Gestalt des Weibes annahm. So sah ich, was Irrthum war vorher. Ich bin kein Mensch. Was bin ich denn? O Philemon, was bin ich?

Phil. Du bist mein Stoff, mein Raum. Du bist mein Rechts und Links, mein Ja und Nein. Durch Dich führt einst mein Weg. Der Mensch ist Dein Sohn, und ich bin meines Sohnes Sohn.

S. Mein Erhabener, wo bleibe ich, wenn Du die Bahn des Leuchtenden gehst?

Ph. Du bist die Umhüllerin des Menschen, Du bist ihre Mutter und Abweg, Rettung und Feind

Livro 6

30 de janeiro de 1916 – 21 de maio de 1917

[1] (30. I. 16)[1] Continuação. Sermo ad Mortuos.

Sendo, porém, parte do pleroma, o pleroma está também em nós. Mesmo no mínimo ponto, ele é infinito e eterno,[2] pois pequeno e grande são qualidades nele contidas.[3] Por isso falo da criatura como uma parte do pleroma apenas no sentido figurado, pois o pleroma é infinito e eterno por toda parte.[4] Nós também somos o próprio pleroma, por isso eu disse que nós não estamos no pleroma, mas que também o somos.[5] No sentido figurado, o pleroma é o menor ponto dentro de nós[6] e o firmamento infinito em torno de nós.

"Por que, então, falas[7] de todo do pleroma se ele é tudo e nada?"

Falo dele para começar em algum lugar e para livrar-vos da ilusão de que, em algum lugar dentro ou fora, [1/2] exista algo ultimamente fixo ou determinado.[8] Tudo que chamamos fixo ou determinado é apenas relativo. Só é fixo e determinado aquilo que está sujeito à mudança. Mas o mutável é a criatura, portanto, ela é a única coisa fixa e determinada, pois ela possui qualidades, sim, ela mesma é uma qualidade.

[9]"Como a criação veio a ser?"

1 Domingo.
2 *LN* diz: "infindo, eterno e total" (p. 450).
3 "É o nada que é total em toda parte e ininterrupto" foi acrescentado aqui no *LN* (ibid.).
4 No lugar da cláusula precedente, *LN* diz: "pois na verdade o Pleroma não é dividido em parte nenhuma, pois ele é o nada" (ibid.).
5 A cláusula precedente não foi reproduzida no *LN*.
6 *LN* acrescentou aqui: "apenas aceito, não existente" (p. 450).
7 *LN* diz: "falamos" (ibid.).
8 *LN* diz: "de antemão" (ibid.).
9 "Nós levantamos a questão:" foi acrescentado aqui (p. 450).

As criaturas vieram a ser, não a criação, pois ela é a qualidade do próprio pleroma, tanto quanto a não criação, a morte eterna. Criação é sempre e em toda parte. A morte é sempre e em toda parte. O pleroma tem tudo, diferenciação e indiferenciação.

A diferenciação é a criatura. Ela é diferenciada. Diferenciação é sua essência, por isso ela diferencia. [2/3] Por isso o ser humano diferencia, pois sua natureza é diferenciação.

É por isso, também, que ele diferencia as qualidades do pleroma, que não existem, mas ele as diferencia por conta de sua própria natureza. ~~P~~

Por isso, o homem precisa falar das qualidades do pleroma, que não existem.

[10]"O que adianta falar delas? Tu mesmo disseste que não adianta refletir sobre o pleroma".

Eu vos disse isto para livrar-vos da ilusão de que se pode refletir sobre o pleroma. Quando diferenciamos as qualidades do pleroma, nós falamos com base em nossa diferenciação e sobre a nossa diferenciação e nada dizemos sobre o pleroma. No entanto, é necessário falar sobre a nossa diferenciação para [3/4] que possamos diferenciar-nos o bastante.

Nossa natureza é diferenciação.[11] Se não formos fiéis a esta natureza, nós nos diferenciamos de modo insuficiente. Por isso, devemos fazer distinções entre as qualidades.

[12]"Por quê? Que mal faria se não nos diferenciássemos?"

Se não diferenciarmos, passamos para além da nossa natureza, da criatura, e caímos na não diferenciação, que é a outra qualidade do pleroma. Caímos dentro do próprio pleroma e renunciamos a ser criatura. Caímos em dissolução no eterno e infinito. Assim, morremos ~~para~~ na mesma medida em que não ~~nos~~ diferenciamos. É por isso que a criatura busca [4/5] a diferenciação.[13] É isso que chamamos o principium individuationis. Esse princípio é a essência da criatura. A partir disso podeis ver que a não diferenciação e a não distinção são um grande perigo para a criatura.

Por isso devemos distinguir as qualidades do pleroma.

10 "Vós dizeis" foi acrescentado aqui no *LN* (p. 451).
11 O termo usado aqui é "*Unterschiedenheit*". Cf. *Tipos psicológicos*, OC 6, § 786, "Diferenciação" (*Differenzierung*).
12 "Vós perguntais" foi acrescentado aqui no *LN* (p. 451).
13 "luta contra a igualdade primordial, perigosa" foi acrescentado aqui no *LN* (p. 451).

As qualidades elementares[14] são os pares opostos.

~~O~~ Os pares opostos mais importantes ~~é~~ são[15] o operante e o inoperante, o cheio e o vazio, o vivo e o morto, o diferente e o igual,[16] o quente e o frio, ~~o mutável e~~ a força e ~~o espaço~~ a matéria ou o tempo e o espaço, ~~o pecado e a virtude pecado,~~ o bem e o mal, o belo e o feio, o uno e o múltiplo.[17] [5/6]

Os pares opostos são as qualidades do pleroma.[18]

Nossa qualidade é a diferenciação.[19] Visto, porém, que somos o próprio pleroma, temos também todas essas qualidades em nós. Visto que o fundamento da nossa natureza é a diferenciação, temos as qualidades do pleroma no nome e sob o signo da diferenciação.[20] Quando buscamos o bom ou o belo, nós nos esquecemos de nossa natureza, que é a diferenciação, e nos rendemos às qualidades do pleroma, ~~os~~ que são os pares opostos. Buscamos alcançar o bom e o belo, ao mesmo tempo, porém, adquirimos também o mau e o feio, pois, no pleroma, eles são um com o bom e o belo. Mas se fizermos o mesmo em nome e sob o signo [6/7] da nossa natureza,[21] que é a diferenciação, nós nos diferenciamos do bom e do belo e, portanto, também do mau e do feio e não caímos no pleroma.[22]

[23]"Disseste que o diferente e o idêntico também são qualidades do pleroma. O que acontece quando buscamos a distinção em nome da diferenciação?[24] Não estamos sendo fiéis à nossa natureza? E devemos então sucumbir também à igualdade quando buscamos a distinção?"

---

14 *LN* diz "qualidades" (ibid.).

15 O início dessa oração foi substituído no *LN* por "como" (ibid.).

16 "o claro e o escuro" foi acrescentado aqui no *LN* (p. 452).

17 "etc." foi acrescentado aqui no *LN* (ibid.).

18 "que não existem, porque se anulam" foi acrescentado aqui no *LN* (p. 452).

19 A oração precedente não foi reproduzida no *LN*.

20 No *LN*, o seguinte foi acrescentado aqui: "Primeiro: as qualidades estão em nós distintas entre si e separadas, por isso não se anulam, mas são operantes. Por isso somos a vítima dos pares de opostos. Em nós o Pleroma está desunido./Segundo: as qualidades pertencem ao Pleroma e nós só podemos possuí-las ou vivê-las em nome e em sinal da distinção. Mas devemos distinguir-nos das qualidades. No Pleroma elas se anulam, em nós não. A diferenciação delas liberta" (p. 513).

21 No lugar da cláusula precedente, *LN* diz: "Mas quando ficamos fiéis à nossa natureza" (p. 452).

22 "ou seja, no nada e na dissolução" foi acrescentado aqui no *LN* (ibid.). A noção da vida e da natureza serem constituídas por opostos e polaridades ocupa um lugar central na *Naturphilosophie* de Schelling. A noção de que o conflito psíquico assumiu a forma de um conflito entre opostos e que a cura representa sua resolução ocupou um lugar central na obra tardia de Jung. Cf. *Tipos psicológicos*, OC 6, cap. 5. • *Mysterium Coniunctionis*, OC 14/1.

23 "Vós objetais:" foi acrescentado aqui no *LN* (p. 452).

24 "em nome da diferenciação" não foi reproduzido no *LN*.

Não deveis esquecer que o pleroma não possui qualidades. Nós apenas as criamos através do pensar. Se, portanto, buscardes distinção ou igualdade,[25] estareis buscando vossos pensamentos~~, que não estão no pleroma~~ sobre as qualidades do pleroma, que não existem.[26] Quando correis atrás desses pensamentos, [7/8] caís novamente no pleroma e alcanceis distinção e igualdade ao mesmo tempo. Não vosso pensamento, mas a vossa natureza é diferenciação. Por isso, não deveis buscar distinção na forma como a penseis, mas vossa própria natureza. Deveis e podeis buscar apenas isso sem prejuízo e por todo o resto em nome e sob o signo de vossa natureza.[27]

Por isso, no fundo, existe apenas uma busca, *i. e.*, a busca da natureza em vós. Se tivésseis esta ambição, não teríeis que saber nada sobre ~~as qualid~~ o pleroma e suas qualidades e, mesmo assim, alcançaríeis o destino certo em virtude de vossa natureza. Visto, porém, que o pensamento nos aliena da essência, devo ensinar-vos o conhecimento que vos permite ~~para~~ dominar vosso pensamento.[28]

finis sermonis. [8/9]

Pares de opostos feitos pelo homem. Quanto mais próximo do h[omem], menos artificial e mais operante.[29]

31. I. 16.[30]

[31]Os mortos: Queremos saber de Deus. ~~?~~ Onde está Deus? Deus está morto?

[32]"Deus não está morto, ele está tão vivo como jamais esteve.

Deus é criatura, pois é algo determinado e, por isso, distinto do pleroma.

25 "ou outras propriedades quaisquer" foi acrescentado aqui no *LN* (p. 453).

26 No *LN*, a cláusula precedente foi substituída no *LN* por: "lutais por pensamentos que vos provêm do Pleroma, ou seja, pensamentos sobre as qualidades não existentes do Pleroma" (p. 453).

27 A oração precedente não foi reproduzida no *LN*.

28 No *LN*, o restante deste registro foi substituído por: "Os mortos desapareceram murmurando e reclamando, e sua gritaria ecoou na distância" (p. 453).

29 Esta oração parece ter sido acrescentada mais tarde em lápis. No *LN*, o "Eu" de Jung se transforma em Filêmon para explicar seus ensinamentos neste sermão (p. 453-454).

30 Segunda-feira. Jung atendeu seis pacientes.

31 O seguinte foi acrescentado aqui no *LN*: "Na noite seguinte estava ΦΙΛΗΜΩΝ comigo e os mortos se aproximaram; ficaram ao longo das paredes e gritaram:" (p. 454). Para a discussão de Nietzsche sobre a morte de Deus, cf. *A gaia ciência*, seções 108 e 125; *Assim falava Zaratustra*, seção 4. Para a discussão de Jung sobre isso, cf. "Psicologia e religião", OC 11/1, § 142ss. Jung escreveu: "Ao dizer: 'Deus está morto', Nietzsche enunciou uma verdade válida para a maior parte da Europa" (ibid., § 145). Acrescentou: "Todavia, mais acertado seria afirmar: 'Ele abandonou a imagem que havíamos formado a seu respeito e nós, onde iremos encontrá-lo de novo?'" Então discute o motivo da morte e do desaparecimento de Deus em conexão com a crucificação e ressurreição de Cristo.

32 O seguinte foi acrescentado aqui no *LN*: "Mas ΦΙΛΗΜΩΝ falou (e esta é a segunda instrução dos mortos):" (p. 455).

Deus é qualidade do pleroma, e tudo que eu disse da criatura se aplica também a ele.

No entanto, ele se distingue da criatura pelo fato de ele ser bem mais indefinido e indeterminável ~~qu~~ do que a criatura. Seu parentesco com o pleroma é muito maior do que com a criatura.[33] Ele também é o pleroma, assim como qualquer ponto minúsculo no ~~não~~ criado e não criado é o próprio pleroma. [9/10]

A natureza da criatura é diferenciação, a natureza de Deus, porém, é a plenitude operante.[34] O vazio ~~in~~ operante é a natureza do diabo.

Deus e o diabo são as primeiras manifestações do ~~pleroma~~ nada inimaginável, que chamamos pleroma.

Não importa se o pleroma existe ou não, ~~mas ele está em~~ pois o pleroma anula a si mesmo em tudo. Não, porém, a criatura. Na medida em que Deus e o diabo são criaturas, eles não se anulam, mas se contrapõem um ao outro como opostos operantes.

Não precisamos de provas de sua existência, pois basta que somos obrigados a falar sobre Deus e o diabo.

Ambos são manifestações das qualidades não existentes do pleroma.[35] [10/11] Mesmo se os dois não existissem, a criatura sempre os distinguiria novamente a partir do pleroma por conta de sua natureza da diferenciação. Tudo que a distinção retira do pleroma e manifesta é par de opostos, por isso o diabo sempre pertence a Deus.[36]

Esta pertença é tão íntima e, como experimentastes, também tão indissolúvel em vossa vida como o próprio pleroma. Isso se deve ao fato de ambos estarem ainda muito próximos do pleroma, no qual todos os opostos se anulam e são um.

Deus e o diabo se distinguem pelo cheio e vazio, ~~vida e mor~~ procriação e destruição. O operante é comum a ambos. O operante os une. Por isso, o ope-

---

33 No *LN*, a oração precedente foi substituída pelo seguinte: "Mas ele se distingue da criatura pelo fato de ser bem mais indistinto e indeterminável do que a criatura. É menos diferenciado do que a criatura, pois o fundamento de sua natureza é a plenitude operante, e só na medida em que é determinado e diferenciado é ele criatura e, nesta medida, é a explicação da plenitude atuante do Pleroma./ Tudo o que não distinguimos cai no Pleroma e se anula com seu oposto. Por isso quando não diferenciamos Deus, a plenitude atuante fica anulada para nós" (ibid.).

34 A oração precedente não foi reproduzida no *LN*.

35 A oração precedente não foi reproduzida no *LN*.

36 Cf. "Tentativa de uma interpretação psicológica do dogma da Trindade", OC 11/2, § 248ss.

rante está acima dos dois e é um Deus acima de Deus, pois [11/12] une a plenitude e o vazio em seu efeito. Esse é um Deus do qual nada sabíeis.[37] Nós o chamamos[38] Abraxas. Ele é ainda mais indeterminado do que Deus e diabo.[39] Nada se contrapõe a ele senão o irreal.[40] ~~Ele é a pr~~ Por isso, sua natureza operante se desdobra livremente. Ele é totalmente efeito, pois o irreal não existe e não resiste.

Abraxas está acima de Deus[41] e do diabo. Ele é a probabilidade improvável, a efetividade irreal. Se o pleroma tivesse uma essência, Abraxas seria sua manifestação.

Apesar de ser o próprio efetivo, ele não é um efeito determinado, mas o efeito em si. Ele é o efetivo irreal, porque não possui um efeito determinado. Mas ele é criatura, por isso é distinto do pleroma. Deus[42] tem um efeito determinado [12/13] ou determinável, como também o diabo, por isso eles são muito mais efetivos para nós do que o Abraxas ~~in~~ indeterminável.

Ele é força, duração, mudança.[43]

---

[44]Minh'alma, se fores intercessora junto aos mortos, meu Deus, se tu me ouves, encerra este tormento que sofro dos homens. Não suporto mais.

"Junta-te a nós, vem para as florestas verdes, as montanhas solitárias, os lagos frescos, para o sol e para a noite estrelada, para nuvens, névoas, para o silêncio da natureza eterna. Distantes sejam os homens, ninguém toque o cristal puro que brilha com mil fogos. Tu perdeste o humano. Tu [13/14] te aproximaste das estrelas. Os reinos do vindouro se abrem. Deixa o silêncio entrar, o silêncio do eterno, pois todas as trilhas, por mais tortuosas que sejam, levam ao vale do silêncio. Entrega cada um ao seu destino. Tu não impedes nada, não

37 "pois os homens o esqueceram" foi acrescentado aqui no *LN* (p. 456).
38 "com o seu nome" foi acrescentado aqui no *LN* (ibid.).
39 "Para distinguir Deus dele, chamamos Deus de *HELIOS* ou Sol" foi acrescentado aqui no *LN* (ibid.). Jung discutiu as mitologias solares em *Transformações e símbolos da libido*, cf. CW B, § 177ss., e sua palestra sobre Opicinus de Canistris na conferência Eranos em Ascona, em 1943 (BERNARDINI, R.; QUAGLIANO, G.P. & ROMANO, A. (orgs.). C.G. *Jung, The Solar Myths and Opicinus de Canistris*: Notes of the Seminar given in Eranos in 1943. Einsiedeln: Daimon, 2015).
40 "Abraxas é atuação" foi acrescentado aqui no *LN* (p. 456).
41 Em vez disso, *LN* diz "Sol" (ibid.).
42 Em vez disso, *LN* diz "o Sol" (ibid.).
43 "Aqui os mortos levantaram grande tumulto, pois eram cristãos" foi acrescentado aqui no *LN* (p. 456). Para o comentário de Filêmon sobre este sermão, cf. *LN*, p. 457-458.
44 O restante deste registro não foi reproduzido no *LN*.

melhoras nada, não perdes nada. Tu vais para a terra e para o céu. Deixas a gritaria para o homem.

Viste o fogo, ele basta. Ensina o que é teu e então te cala. Tu encontraste teu caminho. Não queiras mais, mas cumpre o necessário. Tu podes fazer o que podes, nada mais, nada menos."

---

1 II 16.[45]

Então, meus ouvintes, vós que estais em filas sombrias ao longo das paredes [14/15], falemos mais sobre Deus.[46]

Abraxas é o Deus supremo,[47] que é difícil de se conhecer. Seu poder é o maior, pois o ser humano não o vê.

De Deus,[48] ele extrai o summum bonum;[49] do diabo, o infimum malum; mas de Abraxas, a vida indeterminada e indeterminável sob todos os aspectos, que é a mãe do bem e do mal.[50]

---

45 Terça-feira. Jung atendeu sete pacientes.

46 No lugar dessa oração, *LN* diz: "Na noite seguinte aproximaram-se novamente os mortos como névoa dos pântanos e gritaram:/'Fala-nos mais a respeito do Deus supremo'/E ΦΙΛΗΜΩΝ aproximou-se, ficou de pé e disse (e esta é a terceira instrução dos mortos):" (p. 459).

47 Esta palavra não foi reproduzida no *LN*.

48 Em vez disso, *LN* diz "o sol" (p. 459).

49 Aristóteles definiu felicidade como o bem supremo (*summum bonum*). Em sua *Summa Theologica*, Tomás de Aquino identificou isso com Deus. Jung via a doutrina do *summum bonum* como a fonte do conceito do *privatio boni*, que, em sua visão, tinha levado à negação da realidade do mal. Cf. *Aion*, OC 9/2, § 80, 94. Por isso, é equilibrado aqui pelo *infimum malum*.

50 Eu seus escritos posteriores, Jung argumentou que a imagem de Deus cristã era unilateral no sentido de que excluía o fator do mal. Através do estudo de transformações históricas de imagens de Deus, ele tentou corrigir isso (esp. em *Aion* e *Resposta a Jó*). Em sua anotação sobre como *Resposta a Jó* veio a ser escrito, ele escreveu que, em *Aion*, ele tinha criticado "a ideia da *privatio boni*, [...] pois essa ideia não se coaduna com os conhecimentos psicológicos. A experiência psicológica mostra-nos que aquilo que chamamos de 'bem' se contrapõe a um 'mal' igualmente substancial. Se o 'mal' não existe, então tudo o que existe seria forçosamente 'bom'. Segundo o dogma, nem o 'bem' nem o 'mal' têm sua origem no homem, pois o 'maligno' existiu antes do homem, como um dos 'filhos de Deus'. A ideia da *privatio boni* só começou a desempenhar um papel na Igreja depois do aparecimento de Manes. Antes do maniqueísmo, Clemente de Roma ensinava que Deus governava o mundo com uma mão direita e com uma mão esquerda; pela mão direita ele entendia Cristo e pela mão esquerda, Satanás. A concepção de Clemente é evidentemente *monoteísta*, pois une os opostos em um só Deus. Mais tarde, porém, o cristianismo se torna dualista, na medida em que a parte dos opostos personificada em Satanás é separada. [...] Se o cristianismo reivindica para si a condição de religião monoteísta, a hipótese dos opostos presentes em Deus se faz necessária" (1956, OC 11/4, posfácio, p. 132-133).

A vida parece ser menor e muito mais fraca do que o *summum bonum*, razão pela qual também é difícil pensar que, em termos de poder, Abraxas supera até mesmo o Deus,[51] que é a própria fonte brilhante de toda força vital. Abraxas ~~também~~ é Deus[52] e, ao mesmo tempo, também a garganta eternamente sugadora [15/16] do vazio, do diminuidor e dilacerador, do diabo. Assim, seu poder é duplo. ~~Tu~~ Mas vós não o vedes, pois aos ~~seus~~ vossos olhos os opostos contrários desse poder se anulam.

O que Deus[53] fala é vida, o que o diabo fala é morte. Abraxas, porém, fala aquela palavra venerada e maldita que é vida e morte ao mesmo tempo. Abraxas gera verdade e mentira, ~~no mesmo~~ o bem e o mal, luz e trevas na mesma palavra e no mesmo ato.

Por isso Abraxas é terrível. Ele é esplêndido como o leão no momento em que ~~não~~ abate sua presa [16/17], é belo como o sol da primavera. Sim, ele é o próprio grande Pã e o pequeno, é Príapo, é o grande monstro do submundo, um pólipo preto com mil braços, um nó de serpentes aladas, frenesi.

Ele é o hermafrodita do início inferior, é o senhor das rãs e dos sapos, que habitam os pântanos e sobem à terra, que, ao meio-dia e à meia-noite, cantam em coro.

Ele é ~~a procriação~~ o cheio, que se une ao vazio, ele é a procriação sagrada, ele é o amor e seu assassinato, ele é o santo e seu traidor. Ele é [17/18] a luz mais clara e a noite mais profunda da loucura.

Vê-lo significa cegueira.
Reconhecê-lo significa doença.
Adorá-lo significa morte.
Temê-lo significa sabedoria.
Não resistir a ele significa redenção.
Deus reside atrás do sol; o diabo, atrás da noite.
Aquilo que Deus pare a partir da luz, o diabo arrasta para a noite.
Abraxas, porém, é o mundo, seu próprio devir e seu perecer.
A cada dádiva de Deus,[54] o diabo acrescenta sua maldição.
Tudo que ~~tu~~ vós pedeis de Deus[55] [18/19] produz um ato do diabo.

---

51 No lugar disso, *LN* diz "o do sol" (p. 459).
52 No lugar disso, *LN* diz "o sol" (ibid.).
53 No lugar disso, *LN* diz "o Deus-Sol" (ibid.).
54 No lugar disso, *LN* diz "o Deus-Sol" (p. 460).
55 No lugar disso, *LN* diz "do Deus-Sol" (ibid.).

Tudo que ~~tu~~ vós criais com Deus[56] dá ao diabo o poder do efeito ~~pois Deus~~.

Este é o terrível Abraxas.

Ele é a criatura mais poderosa, e nele a criatura se assusta de si mesma.

Ele é a contradição revelada da criatura contra o pleroma,[57] o pavor do filho diante da mãe, o amor da mãe pelo filho.

Ele é o deleite da terra e a atrocidade dos céus.

O ser humano estarrece diante de seu semblante, diante dele não há pergunta nem resposta.

Ele é a vida da criação.

Ele é o efeito da diferenciação. [19/20]

Ele é o amor do ser humano.

Ele é a ~~língua~~ fala do ser humano.

Ele é o brilho e a sombra do ser humano.

Ele é a realidade enganosa.[58]

---

2. II. 16.[59]

A ti, minh'alma na prisão, devo falar:

Tu és incrivelmente presunçosa. Não respeitas o ser humano. És atrevida e alegas que é amor. Tu embolsas tudo e não permites que ninguém se levante, que não se separe de ti com violência. Eles são valiosos para ti enquanto cometem tolices inofensivas e nocivas. Puxas de volta o que deseja voar. És como a galinha que chocou patinhos. Não ouves o que digo. Não crias juízo. Não queres chegar a um acordo humano [20/21], apesar de sempre alegar isso. Trabalhas contra mim e estás apaixonada por mim.

Por que as coisas são assim?

"Eu não te amo do jeito que pensas, pois tu não me serves. Buscas sempre aquilo que é teu quando deverias me buscar. Só comigo podes te desenvolver".

---

56 No lugar disso, *LN* diz "Deus-Sol" (ibid.).

57 "e seu nada" foi acrescentado aqui no *LN* (ibid.).

58 "Aqui uivaram e se enfureceram os mortos, pois eles eram imperfeitos" foi acrescentado aqui no *LN* (ibid.). Em 1942, Jung observou: "o conceito de um Deus que tudo abarca tem de incluir necessariamente o seu oposto. A coincidência, no entanto, não pode ser muito radical, porque senão Deus se anularia. A ideia da coincidência dos opostos tem que ser completada ainda por seu contrário, a fim de alcançar o pleno paradoxo e, consequentemente, a validade psicológica" ("O espírito Mercurius", OC 13, § 256). Para o comentário de Filêmon sobre esse sermão, cf. *LN*, p. 461.

59 Quarta-feira. Jung atendeu cinco pacientes. Este registro não foi reproduzido no *LN*.

Para! Não sou um servo, não posso ser um servo! Não quero te dominar. Mas tu também não deves me dominar. Por que não podes viver e trabalhar comigo?

"Eu quero, mas tu não me deixas chegar perto".

Isso é uma mentira. Raramente um homem te aceitou igual a mim. Mas deve isso ser um serviço eterno? Devo ser servo para sempre? Luto pela liberdade [21/22] e pela vida do ser humano. Ele é suficientemente restringido por circunstâncias externas e ainda mais por circunstâncias internas. Quando ele se liberta do exterior, ele se rende ao interior. ~~Qe~~ Quero libertá-lo também disso. Sim, devo fazer isso pelo bem da minha própria vida. Caso contrário, ela se tornará insuportável. Sabes disso. Não pode estar interessada em simplesmente matar o ser humano.

"É claro que não. Quem está falando em matar. Ele deve viver comigo. Mas, para tanto, ele deve me servir".

Por quê? Explica~~?~~!

"Porque eu sou o ser superior, pois sou de natureza espiritual".

Tua natureza não é apenas espiritual, mas também ctônica. Até mais do que eu. Tu és mais espiritual e mais ctônica do que eu. Por isso, estás sempre em discordância contigo. Sim, penso [22/23] que nem és uma, mas duas, e que ainda nem percebestes isso. Mas o homem pode ser um, pois ele é menos ctônico e menos espiritual do que tu. Por isso, ele tem também mais direito à dominação do que tu. Tu és apenas demoníaca.

"És megalomaníaco".

De forma alguma. Tu apenas aparentas ter o poder, por isso queres sempre dominar. Aquele que realmente o tem não precisa querer dominar. Tu resistes a essa admissão. Mas é apenas justo que também tu aceites algo do ser humano, mesmo que tu o excedas. No fim, não és um ser humano. Deves, no mínimo, reconhecer o que não és. Não podes me transformar numa criatura semelhante a ti, assim como eu também abro mão de transformar-te em ser humano. Deves reconhecer-me como tua alma. Então poderemos coexistir. Separa-te [23/24] finalmente em dois, para que possais discernir e unir vosso ser. Objetivai-vos, para que cada um ocupe o seu lugar.

Ambos de uma só voz: "Nós nos separamos. Estamos separados, nós rejeitamos um ao outro. Somos gêmeos de espécie diferente, ctônico e celestial. Unidade atormentadora, separação atormentadora!"

Que bom que finalmente sentis o que significa estar em discordância consigo mesmo. Eu vos entendo. Devinde!

"Homem cruel, tu nos deste teu tormento".

Ó mãe, a espada deve penetrar tua alma. Vejo tuas lágrimas. Seguras a serpente a distância, ela que era como um filho teu. [24/25]

Ó serpente, tu, primórdio ctônico, animal odioso, precisamos de tua sabedoria. Solta a mãe e contorce-te para as alturas de teu tormento. Tu ~~és~~ deves tornar-te o salvador. A cruz te aguarda. Deves ser elevada no monte do tormento e da ostentação.

Ide ambos ao vosso destino. Tomai sobre vós o vosso tormento. Ó mãe, ora por teu filho.

Ó serpente! Recita as runas para a tua mãe.

---

3. II. 16.[60]

Tu, desconhecido, me jogaste no chão, tu me bateste, tu me humilhaste, tu me submeteste à injustiça. Minha' alma, dize, quem é ele? [25/26]

"Ele é Abraxas".

O que Abraxas tem contra mim?

"Tu não quiseste obedecer, tu resististe. No entanto, não deves resistir a nenhuma humilhação. Deves aceitar a injustiça, pois Abraxas deseja misturar-te com o ~~xx~~ povo como o fermento com a farinha".

Mas existe um limite para a capacidade de suportar. Isso continuará assim para sempre?

"Isso apenas começou".

Tu me alegras, por Zeus. Quem falou em abanar canino?

"Eu, eu sei".

E o que achas disso? Na época, isso soava diferente. Abanar canino, rosnar canino [26/27] etc. E agora devo fazer o mesmo? Como explicas essa contradição?

"Creio que terás que explicar isso tu mesmo".

---

60 Quinta-feira. Jung participou de um banquete para o Clube. A primeira parte deste registro até a linha transversal, não foi reproduzida no *LN*.

Desculpa barata! Maldita bruxaria. Mas, visto que tu, fantasma duplo, não consegues, eu te mostrarei que eu consigo:

Na época, era pessoal, agora é transpessoal. Entendes algo disso? Aparentemente não. Então, como é essa coisa da esperteza humana? Vós preciseis dela! Qual seria teu benefício se eu perecesse? Confessa, tu tens uma queda por mim. Tu, mãe, ouve, eu sou teu marido em espírito. Tu, serpente, ouve, eu sou teu pai em espírito. Deveis me respeitar e nunca mais me tratar como cão. A tortura que me fizestes passar recairá sobre vós, não [27/28] como vingança, mas como justiça comutativa. Cada um tem a sua porção. Mesmo que Abraxas me jogue no chão, eu não cairia diante de vós, mas diante do onipotente Abraxas. Que ele zombe de mim, sim, que ele até me dilacere e esmague. A responsabilidade será vossa, pois vós não me protegestes. Eu poderia ficar amargurado por vossa causa. Sois impotentes. Para que me servis ainda? Eu aprenderei o abanar canino diante de Abraxas para que ele não me esmague. Talvez os homens me protejam melhor. Crucifica-te, serpente. Mãe, abraça o tronco e assim permanece por mil anos até vossa redenção. De fato, já foi suficiente e mais do que suficiente o tormento dos seres humanos. Deveis prová-~~la~~-lo, o anseio pela morte que nasce de tormento inaudito, vós que tendes vivido desse [28/29] tormento dos homens. Maria foi uma mãe de homens, o Cristo foi um homem. Não mais deve o homem ser torturado para vós, torturai a vós mesmos. Que os demônios levem o tormento de Cristo e o seu mistério para o seu reino pelos mil anos. Parai de provocar ~~contra si~~ frenesi humano para que ~~cont~~ ele se enfureça contra si mesmo. Por isso eu vos separo e vos coloco um contra o outro para que vos reconheceis. Mãe, contempla teu filho, a preta serpente monstruosa com juba de leão. Filho, olha para tua mãe, ela é tudo e nada.[61] Luta por ela e ~~esp~~ desespera-te dela e nela. Enrola-te enfurecido e impotente, ~~em~~ tu, corpo de serpente abismal [29/30], tremula, cintila e queima ~~xx~~ o nada que te envolve materna e terrivelmente. Mas deixais que o homem retorne para suas cabanas e seus ermos verdejantes, para a sua solidão entre os muitos.

Eu te conjuro, terrível loucura de Abraxas, volta tuas garras contra o pleroma eterno, desiste do homem. Ele é fraco demais e uma vítima indigna de

61 Cf. Jo 19,26-27: "Vendo a mãe e, perto dela o discípulo a quem amava, Jesus disse para a mãe: 'Mulher, aí está o teu filho'. Depois disse para o discípulo: 'Aí está a tua mãe'. E desde aquela hora o discípulo tomou-a sob seus cuidados."

tua força. Diante de ti, o leão, somos cães que ganem. Este cão de caça não te convém.

Ó, homem, não te esqueças de tua arma divina, de tua esperteza. Tu, o fraco, recebeste um terrível ferrão envenenado com o qual podes paralisar também os Deuses.

——— [30/31]

Mortos, tive que interromper meu discurso. O que mais quereis ouvir[?][62]

Os mortos: "Fala-nos de Deuses e diabos!"

[63]Deus[64] é o bem supremo, o summum bonum,[65] o diabo é o oposto. Existem, porém, muitos bens supremos e muitos males grandes. E, entre eles, existem dois diabos-Deuses, um é o Ardente, o outro é o Crescente. O ardente é o Eros na forma da chama. Ela brilha enquanto consome.

O crescente é a árvore da vida.[66] Ela verdeja acumulando matéria viva crescente.

O Eros se inflama e morre. A árvore da vida, porém, cresce [31/32] lenta e constantemente ao longo de períodos imensuráveis.

Bem e mal se unem na chama.

Bem e mal se unem no crescimento da árvore.

Vida e amor se opõem em sua divindade.

Incontável ~~é~~ como o exército das estrelas é o número de Deuses e diabos. Cada estrela é um Deus, e cada espaço preenchido por uma estrela é um diabo. Mas o vazio-cheio do todo é o pleroma. O efeito do todo é Abraxas. Apenas o irreal se opõe a ele.

4 é o número dos Deuses principais, pois 4 é o número das mensurações do mundo. [32/33]

1 é o começo, o Deus.[67]

2 é o Eros, pois ele se expande com brilho.

---

62 No *LN*, a cláusula e oração precedentes foram substituídas por: "Na noite seguinte os mortos acorreram cedo, encheram com resmungos o recinto e disseram:" (p. 461).

63 "ΦΙΛΗΜΩΝ apareceu, ficou de pé e falou (e esta é a quarta instrução dos mortos):" foi acrescentado aqui no *LN* (p. 462).

64 No lugar disso, *LN* diz: "O Deus-Sol" (p. 462).

65 A oração precedente não foi reproduzida no *LN*.

66 Em 1954, Jung escreveu um estudo extenso sobre o arquétipo da árvore: "A árvore filosófica", OC 13.

67 Em vez disso, *LN* diz: "Deus-Sol" (p. 462).

3 é a árvore da vida, pois ela preenche o espaço com corpos.

4 é o diabo, ele abre tudo que está trancado, ele dissolve tudo que foi formado e que é corpo, ele é o destruidor no qual tudo se transforma em nada.

Os mortos: "Tu és um pagão, um politeísta!"[68]

Bendito sou eu por poder reconhecer a multiplicidade e a diversidade dos Deuses.

Ai de vós, porque substituís essa multiplicidade incompatível por um único Deus! Assim criais o tormento da dúvida por causa do Deus único e a fragmentação da criação, cuja natureza e ambição é a diferenciação. Como podeis ser fiéis à vossa natureza se [33/34] quereis transformar o múltiplo em um único? O que fazeis aos Deuses ~~será~~ acontece também convosco. Vós todos sois igualizados. E assim vossa natureza é mutilada.

Por causa dos seres humanos prevaleça a igualdade, não por causa de Deus, pois os Deuses são muitos, os homens, porém, são poucos. Os Deuses são poderosos e suportam sua multiplicidade, pois, como as estrelas, eles permanecem em solidão eterna e numa distância vasta uns dos outros. Os seres humanos são fracos e não suportam a multiplicidade, pois residem próximos uns dos outros e necessitam da comunhão para poderem suportar sua singularidade.

5. II. 16.[69]

Os mortos: ["]Por amor à redenção, [34/35] continua a nos instruir!"[70]

Por amor à redenção, ensino-vos o reprovável, em nome do qual fui rejeitado.

A multiplicidade dos Deuses corresponde à multiplicidade dos ~~Deuses~~ seres humanos.

Inúmeros Deuses aguardam o tornar-se humano.

Inúmeros Deuses foram seres humanos.

O ser humano compartilha da natureza dos Deuses. Ele vem dos Deuses e vai ~~aos Deuses~~ para Deus.

Assim como não adianta refletir sobre o pleroma, não adianta venerar a multiplicidade dos Deuses. Muito menos adianta adorar o primeiro Deus, a plenitude operante e o summum bonum. [35/36] Através da nossa oração,

68 A oração precedente não foi reproduzida no *LN*.
69 Sábado. Jung atendeu quatro pacientes.
70 A oração precedente não foi reproduzida no *LN*.

nada podemos acrescentar e nada podemos retirar disso, pois o vazio operante engole tudo.

---

[71]Minh'alma, duplicidade separada, o que é? Alguém me perturba. Fala! Quem é?

"Um bom amigo".

Ah, tu és um inimigo? Quem és tu? De onde vens? Já te senti ontem:[72] fala, o que queres?

[73]"Venho de longe, venho do Leste.[74] Busco tua hospitalidade".[75]

Tu és hostil. Por que vens a mim? [36/37]

"Não sou teu inimigo. Sou um estranho para ti".

Então, quem és?[76]

"Minha pele é escura, e o branco dos meus olhos brilha.[77] Eu te trago o oriental".

O que é?

"Renúncia".

Renúncia! De quê?

"Do homem".

Como? Solidão ampliada?

"[78]Não, renúncia do homem, renúncia do sofrimento e da alegria com o homem. Isso é sabedoria oriental![79]

"~~Vós~~ Tu precisas dela. Ela pertence à unicidade entre muitos. Ouves a palavra: <u>pertencimento</u>? Não vês que isso se estende à vida e à natureza do outro? Perdes [37/38] a trilha e tiras o outro da trilha.

---

71 No *LN*, a seguinte seção deste registro foi inserida mais adiante (p. 473-474). Os dois primeiros parágrafos não foram reproduzidos, e a figura foi introduzida da seguinte maneira: "saiu da sombra da noite uma figura preta com olhos dourados".

72 No *LN*, a cláusula precedente foi substituída por "Nunca te vi antes!" (p. 473).

73 "O preto" foi acrescentado aqui no *LN* (ibid.).

74 "e sigo o fogo brilhante que me precede, ΦΙΛΗΜΩΝ" foi acrescentado aqui no *LN* (ibid.).

75 A oração precedente e o parágrafo seguinte não foram reproduzidos no *LN*.

76 A oração precedente não foi reproduzida no *LN*.

77 Em vez disso, *LN* diz: "e meu olho irradia ouro" (p. 473). A oração seguinte e os cinco próximos parágrafos não foram reproduzidos no *LN*.

78 *LN* diz: "Trago renúncia" (p. 473).

79 No *LN*, a oração precedente e o parágrafo seguinte foram substituídos por: "Participação cria indiferença" (ibid.). O Buda apareceu primeiro num círculo de chamas numa fantasia de 23 de dezembro de 1913, no *Livro 2* (p. 187). A referência parece ser à doutrina budista do desapego (cf. *Dhammapada*).

Compaixão, mas nenhum apego.

[80]Compaixão com o cosmo.

Vontade suspensa em relação ao outro.

Apego gera alienação.

Compaixão permanece não entendida, por isso é efetiva.

[81]Não querer entender, mas permitir que aja.

Eu venho até ti, pois o primordial nos conecta.

Entrega e renúncia, fala sucinta e ação simples.

Longe do desejo, não conheces medo.

Longe do amor, ama o todo, livre do equívoco.[82]

Crescimento lento preserva o indivíduo e gera um povo". [38/39]

[83]Por que és tão escuro como a terra nos campos? Eu te temo. Tamanha dor, por que fazes isso comigo?

"Eu sou a morte[84] que ~~nasce~~ nasceu com o sol. Venho com dor quieta e longa paz. Eu te envolvo com o invólucro da proteção. No meio da vida começa a morte.[85] ~~Ele coloca~~ Eu te envolvo com invólucro após invólucro, para que teu calor jamais acabe".

Tu ~~és~~ trazes tristeza e desalento. Eu quis estar com o ser humano.

"Como velado vais até o ser humano. Tua luz brilha para a noite. Tua natureza solar parte, e começa a tua estrela[86]".

Tu és cruel.

"O simples é cruel, pois [39/40] ele não se concilia com o múltiplo".

Eu te entendo. Serei simples.[87]

---

80 No *LN*, os dois parágrafos seguintes foram substituídos por: "Compaixão com o mundo e um querer sossegado em relação ao outro" (p. 473).

81 Os três próximos parágrafos não foram reproduzidos no *LN*.

82 A cláusula precedente e o parágrafo seguinte não foram reproduzidos no *LN*.

83 "Olhei para ele com medo e disse:" foi acrescentado aqui no *LN* (p. 474).

84 No lugar dessa cláusula, *LN* diz: "Tu podes chamar-me de morte" (p. 474).

85 Existe um canto gregoriano conhecido que começa assim: "Media vita in morte sumus" [No meio da vida estamos em morte].

86 Em vez disso, *LN* diz: "natureza solar" (p. 474).

87 No *LN*, a oração precedente foi substituída por: "Com essas palavras, desapareceu o enigmático negro. Mas ΦΙΛΗΜΩΝ olhou sério para mim e com olhar carregado. 'Tu o viste direito, meu filho? Tu ainda ouvirás falar dele. Agora vem, para que eu realize o que o negro te prediz'./Assim falando, tocou meus olhos, abriu minha visão e me mostrou o mistério incomensurável. Eu olhei por muito tempo até poder compreendê-lo; mas o que foi que eu vi? Vi a noite, vi a terra escura e acima estava o céu reluzindo com o brilho de inúmeras estrelas. E vi que o céu tinha a forma de uma mulher, seu manto de estrelas era sétuplo e a cobria totalmente" (p. 474). Então, *LN* continua com o registro de 7 de fevereiro (cf. abaixo).

Os Deuses brilhantes formam o mundo celestial. Ele é múltiplo e se amplia e aumenta infinitamente. Seu senhor supremo é o ~~sol~~ espiritual.[88]

Os Deuses escuros formam o mundo terrestre. Eles são simples e diminuem e se reduzem eternamente. Seu senhor mais ínfimo, o diabo, é o espírito da lua, o satélite do mundo, menor e mais frio do que a terra.

Não há diferença entre o poder dos Deuses celestiais e terrenos. Os celestiais engrandecem, os terrenos diminuem. Ambas as orientações são imensuráveis.[89]

[90]O mundo dos Deuses se manifesta [40/41] na espiritualidade e na sexualidade. Os celestiais aparecem na espiritualidade, ~~o~~ os terrenos, na sexualidade.[91] Espiritualidade ~~ac~~ concebe e acalenta. Ela é feminina, e por isso nós a chamamos de mater coelestis, a mãe celestial.[92] Sexualidade gera e cria. Ela é masculina, e por isso a chamamos de falo,[93] o pai terreno.[94]

A sexualidade do homem é mais terrena. A sexualidade da mulher é mais espiritual.

A espiritualidade do homem é mais celestial, ela visa ao maior.

A espiritualidade da mulher é mais terrena, ela visa ao menor.

Diabólica e mentirosa é a espiritualidade do homem, que visa ao menor; o mesmo vale para a espiritualidade da mulher que visa ao maior. Cada uma deve ir para o seu lugar.

~~É fácil~~ Homem e mulher tornam-se diabo um do outro se não separarem seus caminhos espirituais [41/42], pois a natureza da criatura é a diferenciação.

A sexualidade do homem busca o terreno.

88 Em vez disso, *LN* diz: "o Deus-Sol" (p. 463).

89 O seguinte foi acrescentado aqui no *LN*, seguido pelo comentário de Filêmon sobre o quarto sermão (p. 464-465): "Aqui os mortos interromperam a fala de ΦΙΛΗΜΩΝ com risadas furiosas e gritos sarcásticos e, ao se afastarem aos poucos, sua discórdia, zombaria e risadas sumiram na distância".

90 O seguinte foi acrescentado aqui no *LN*: "Na noite seguinte vieram os mortos com barulho e em aglomeração, zombaram e gritaram: "Ensina-nos, doido, a respeito da Igreja e da comunidade sagrada". "ΦΙΛΗΜΩΝ apresentou-se diante deles, ficou de pé e falou (e esta é a quinta instrução dos mortos):" (p. 465).

91 No seminário de 1925, Jung disse: "Sexualidade e espiritualidade são pares de opostos que precisam um do outro" (*Seminários sobre psicologia analítica*, p. 69).

92 Cf. *Livro 5*, 16 de janeiro de 1916, p. 269ss.

93 *LN* substitui "falo" por "Phallus" no restante deste registro (p. 466ss.).

94 Em *Transformações e símbolos da libido*, Jung observou: "O falo é a criatura que move sem membros, vê sem olhos e conhece o futuro; e como o representante simbólico do poder criativo ubíquo, ele reivindica imortalidade" (CW B, § 209). Então discute os deuses fálicos.

A sexualidade da mulher busca o espiritual.

Homem e mulher se tornam diabo um do outro quando não separam sua sexualidade.

O homem conhece o ~~inferior~~ menor; a mulher conhece o maior.

~~Os homens são ou~~ O ser humano deve se distinguir da espiritualidade e da sexualidade. Que chame de mãe a espiritualidade e a posicione entre céu e terra. Que chame de falo a sexualidade e o posicione entre si mesmo e a terra, pois a mãe e o falo são demônios sobre-humanos [42/43] e manifestações do mundo dos Deuses. Eles são mais eficientes para nós do que os Deuses, porque já são ~~muito~~ semelhantes à nossa natureza.

[95]A mãe é o Graal.

O falo é a lança.

Se não vos distinguirdes da sexualidade ou da espiritualidade e não as contemplardes como entidades em si, sereis entregues a elas como qualidades do pleroma. Espiritualidade e sexualidade não são qualidades vossas, não são coisas que possuís e abrangeis, são elas que vos possuem e abrangem, pois são demônios poderosos, formas de manifestação dos Deuses e ~~e~~, por isso, coisas que vos ultrapassam e subsistem em si. Ninguém possui uma espiritualidade ~~para si mesmo~~ ou uma sexualidade para si mesmo, antes se encontra sob a lei da espiritualidade e da sexualidade. Por isso [43/44] ninguém escapa desses demônios.

~~Eu~~ Vós deveis vê-los como demônios e como tarefa e perigo comuns, como fardo comum que a vida vos ~~ip~~ impôs, assim como a vida é tarefa e perigo comuns, como também os Deuses e, sobretudo, o terrível Abraxas.

O ser humano é fraco, por isso a comunidade é imprescindível.[96]

Se não é a comunidade sob o signo da mãe, é ~~a~~ comunidade sob o signo do falo. Ausência de comunidade é sofrimento e doença. Comunidade em tudo é ~~prisão~~ desunião e dissolução.

O fundamento de vossa natureza é diferenciação. Ela leva à singularidade.[97] Singularidade é contrária a comunidade. [44/45] Mas, por causa da fraqueza

95 Os dois parágrafos seguintes não foram reproduzidos no *LN*.

96 Em outubro de 1916, Jung fez duas apresentações ao Clube Psicológico referentes à relação entre individuação e coletivo: "Adaptação" e "Individuação e coletividade" (OC 18/2). Cf. a introdução, p. 54. Naquele ano, esse tema dominou as discussões no Clube.

97 No *LN*, as duas orações precedentes foram substituídas por: "A diferenciação leva à vida solitária" (p. 467).

das pessoas em relação aos Deuses e aos demônios e à sua lei insuperável, a comunidade é necessária.

Por isso: comunidade, na medida necessária, não por causa das pessoas, mas por causa dos Deuses.

Os Deuses vos obrigam à comunidade. Na mesma medida em que eles vos obrigam, comunidade se faz necessária. Mais do que isso é ruim.~~:~~

Na comunidade: cada um se subordine ao outro.[98]

Na singularidade: cada um se coloque acima do outro.[99]

~~Assim se cria equilíbrio de justiça.~~ Na comunidade: renúncia.

Na singularidade: extravagância.[100] [45/46]

A comunidade é profundeza.

A singularidade é elevação.

A medida justa~~:~~

na comunidade: purifica e preserva.

na singularidade: purifica e acrescenta.

Pois a ~~singularidade~~ a comunidade nos dá o calor, mas a singularidade nos dá luz.[101]

[102]Na comunidade, vamos para a origem, que é a mãe.

Na singularidade, vamos para o futuro, que é o falo procriador.

O demônio da sexualidade se aproxima da nossa alma como serpente. Ela é metade alma humana e se chama pensamento-desejo. [46/47]

O demônio da espiritualidade baixa para dentro da nossa alma como pássaro branco. Ele é metade alma humana e é chamado desejo-pensamento.

A serpente é uma alma terrena, semidemoníaca, um espírito e parente dos espíritos dos mortos. Como ~~ela a~~ estes, ela também enxameia as coisas da terra e faz com que os temamos ou que aticem nossa cobiça. A serpente é de natureza feminina e sempre busca a companhia dos mortos, que, não remidos, são

98 "para que a comunidade se mantenha, pois vós precisais dela" foi acrescentado aqui no *LN* (ibid.).

99 "a fim de que cada qual se encontre e evite a escravidão" foi acrescentado aqui no *LN* (ibid.).

100 No lugar deste parágrafo e do parágrafo acima, *LN* diz: "Na comunidade deve vigorar renúncia, na vida solitária, a prodigalidade" (ibid.).

101 O seguinte foi acrescentado aqui no *LN*: "Quando ΦΙΛΗΜΩΝ terminou, os mortos ficaram em silêncio e não saíram do lugar, mas olharam para ΦΙΛΗΜΩΝ como quem espera alguma coisa. Quando ΦΙΛΗΜΩΝ viu que os mortos ficaram calados e esperavam, levantou-se novamente e falou (e esta é a sexta instrução dos mortos):" (ibid.).

102 Os dois parágrafos seguintes não foram reproduzidos no *LN*.

banidos à terra, aqueles que não encontraram o caminho para o além, ~~o~~ ou seja, para a singularidade.

A serpente é uma meretriz, ela corteja o diabo e os espíritos malignos, é um tirano cruel e um espírito implicante, que sempre induz à pior companhia. [47/48]

O pássaro branco é uma alma semiceleste do ser humano. Ela reside junto à Mãe e, às vezes, desce.

O pássaro é masculino e ~~tem~~ pensamento operante.

Ele é casto e solitário, um mensageiro da Mãe. Ele voa alto sobre a terra ~~e leva para o alto e traz para baixo~~. Ele comanda a singularidade. Ele traz notícias dos distantes, que viveram antes e alcançaram a perfeição. Ele leva nossa palavra à Mãe no alto. Ela intercede, ela admoesta, mas ela não possui poder contra os Deuses. Ela é um recipiente do sol.

A serpente desce e paralisa com astúcia o demônio fálico ou o instiga. Ela leva [48/49] para o alto os pensamentos excessivamente astutos do terreno, que se arrastam por todos os buracos e que, com anseio e desejo cego, se prendem sugantes a tudo.

A serpente não quer, mas é obrigada a ser útil a nós. Ela escapa da nossa mão e assim nos mostra o caminho, que nossa inteligência humana não encontrou.[103]

8. II. 16.[104]

Os mortos: "Após nos instruir sobre o mundo dos Deuses, dos demônios e das almas, ensina-nos sobre os homens".[105]

O ser humano é um portão, pelo qual vós, vindos do mundo exterior dos Deuses, demônios e almas, entrais para o mundo interior, do mundo maior para o mundo menor. Pequeno e inane [49/50] é o ser humano, um ponto, já se encontra atrás de vós, e novamente estais no espaço infinito, na infinitude menor ou interior. A uma distância imensurável, uma estrela com luz azul se

---

103 O seguinte foi acrescentado aqui no *LN*: "Passou-se outro dia e veio a sétima noite./Os mortos vieram de novo, dessa vez com aspecto deplorável e falaram:" Isso substitui "Os mortos:" (p. 470).

104 Terça-feira. Jung atendeu cinco pacientes. Depois desse sermão no *LN*, Filêmon entra num diálogo com os mortos (p. 468-469) e, depois, em outro na "noite seguinte" com o "Eu" de Jung (p. 470).

105 Em vez disso, *LN* diz: "Os mortos vieram de novo, dessa vez com aspecto deplorável e falaram: 'Mais algo; esquecemos de mencionar isso, ensina-nos sobre o ser humano'. ΦΙΛΗΜΩΝ apresentou-se a mim, ficou de pé e falou (e esta é a sétima instrução dos mortos):" (ibid.).

encontra no zênite. Esse é o Deus uno desse ser humano, este é o seu mundo, seu pleroma, sua divindade. Neste mundo, o ser humano é Abraxas, que gera e devora o seu mundo.

Essa estrela é o Deus, a finalidade do ser humano.[106] Esse é o seu Deus uno e orientador. Nele o ser humano vai descansar. Para ele se dirige a longa jornada da alma após a morte. Nele tudo que o ser humano retira do ~~x~~ mundo maior resplandece como luz. [50/51]

A esse Deus reze o ser humano.

A oração aumenta a luz da estrela, ela lança uma ponte sobre a morte, prepara a vida do mundo menor e diminui o desejo sem esperança do mundo maior.

Quando o mundo maior esfria, a estrela brilha.

Nada está entre o ser humano e o Deus uno, contanto que o homem consiga desviar seus olhos do espetáculo flamejante de Abraxas.

O homem aqui, Deus ali.

Fraqueza, nulidade aqui, força criativa eterna e bem-aventurada ali.

Aqui, nada além de escuridão e frio úmido, lá, nada além de sol.[107] [51/52]

---

106 Cf. a pintura de uma estrela de Jung, *A arte de C.G. Jung*, p. 140. Em 1950, ele reproduziu isso anonimamente em "Simbolismo da mandala", observando: "O quadro mostra o aparecimento do si-mesmo como estrela a partir do caos [...]. O significativo desta imagem é que a estrutura do si-mesmo é colocada como uma ordem frente ao caos" (OC 9/1, § 683).

107 O seguinte foi acrescentado aqui no *LN*: "Quando ΦΙΛΗΜΩΝ terminou, os mortos silenciaram. O peso caiu deles e subiram como fumaça sobre o fogo do pastor que durante a noite vigiou seu rebanho" (p. 472). Para o comentário de Filêmon sobre esse sermão, cf. *LN*, p. 472. Em 29 de fevereiro de 1919, Jung escreveu uma carta a Joan Corrie e comentou sobre os *Sermones*, com referência especial ao último: "O criador primordial do mundo, a libido criativa cega, se transforma em homem através da individuação, e desse processo, que é como uma gravidez, surge uma criança divina, um Deus renascido, não mais disperso entre milhões de criaturas, mas sendo esse indivíduo uno e, ao mesmo tempo, todos os indivíduos, o mesmo em você como em mim. Dr. L[ong] possui um pequeno livro: *VII Sermones ad mortuos*. Nele você encontra a descrição do Criador disperso em suas criaturas, e no último sermão você encontra o início da individuação, da qual surge a criança divina [...]. A criança é um Deus novo, nascido em muitos indivíduos, mas eles não sabem disso. Ele é um Deus 'espiritual'. Um espírito em muitas pessoas, mas um e o mesmo por toda parte. Mantenha seu ritmo e você o experimentará" (copiado no diário de Constance Long, CLM, p. 21-22).

~~16~~ 17 II 16.[108]

[109]Antes de Hércules se incinerar e ser colocado entre os Deuses, ele se tornou filho de Ônfale.[110]

Assim aconteceu com ele.

[111]Assim, minha mãe, tu que estás no círculo superior e me encobres e me escondes dos Deuses, quero tornar-me teu filho.

Que aceites o meu nascimento.

Que tu me renoves.

Eu preciso de uma nova sombra, pois reconheci o terrível Abraxas e me retirei de sua presença.

O frio aumentou e minha estrela ardia mais clara.

Sim, preciso do laço da infância,[112] mãe sublime, caso contrário não consigo suportar o inferno infantil e tolo do mundo humano.

Tu pariste o Deus ~~mau~~ terrível, liberta-o, aceita-me [52/53] como teu filho. Sou um homem, uma criança que precisa da mãe.[113]

No lugar dos Deuses, aceita o Filho do Homem e concede-lhe tua ajuda maternal.[114]

[115]Mãe: Não posso te aceitar como filho, a não ser que te purifiques antes.

---

108 Quinta-feira. Em 11 de fevereiro, Jung apresentou "Sobre o sonho". Ele tinha preparado o artigo em 1914 para o Congresso Medicinal de Berna, que tinha sido adiado devido à irrupção da guerra (*Collected Papers on Analytical Psychology*). A partir desse ponto, as reuniões da Associação de Psicologia Analítica foram realizadas no prédio do Clube Psicológico. Na discussão, Jung observou que a coletividade e a individuação formavam uma antítese. Havia momentos em que a ênfase moral estava no indivíduo, em outros momentos, estava no coletivo. Ele discutiu como Angelus Silesius e Nietzsche não conseguiram resolver esses problemas. Observou também: "A guerra nos ensina: O querer não prevalece – devemos ver o que vem a acontecer. Somos totalmente subjugados ao poder do devir".

109 Os dois primeiros parágrafos deste registro não foram reproduzidos no *LN*.

110 Como punição pela morte de Ífito a mando do oráculo délfico, Hermes vende Hércules como escravo a Ônfale, rainha de Lídia.

111 No *LN*, essa sequência segue diretamente à passagem citada na nota de rodapé 87 e é conectada da seguinte forma: "E assim que acabei de vê-lo, ΦΙΛΗΜΩΝ falou:" Os três próximos parágrafos são apresentados na voz de Filêmon: "'Mãe, que estás no círculo mais elevado, sem nome, que envolves a mim e a ele e que salvas a mim e a ele dos deuses: ele quer tornar-se teu filho./Queiras aceitar seu nascimento./Faze com que se renove. Eu me separo dele'" (p. 474). O pronome da terceira pessoa é substituído pelo pronome da primeira pessoa no restante deste registro.

112 O restante deste registro não foi reproduzido no *LN*.

113 No lugar deste parágrafo, *LN* diz: "Tu deste à luz a serpente divina, tu a libertaste pelas dores do parto, eleva este ser humano à condição de filho, ele precisa da mãe" (p. 539).

114 Esta oração não foi reproduzida no *LN*.

115 No *LN*, a voz não é identificada como a mãe, mas é introduzida da seguinte forma: "Veio então uma voz de longe e era como uma estrela cadente" (p. 474).

Eu:[116] Qual é minha impureza?

[117]M: Mistura. Abstém-te do sofrimento e da alegria das pessoas. Permanece em isolamento até a renúncia estiver completa e tu estares liberto do toque do ser humano. É justamente por isso que te aceitarei como meu filho.

Eu: Eu te agradeço, Mãe. Assim será.[118]

21. II. 16.[119]

Por onde segue este caminho? Quais águas e fogos atravessa? Quem é o líder? Fala, sombra! [53/54]

Um turco?

De onde vens? Professas o islã? O que me anuncias de Maomé?

"Falo de poligamia, huris e paraíso. Disso ouvirás".

Então fala e acaba com este tormento.

"Não é de tormento que fala, mas de alegria".

Perdoa-me, tu me fazes rir. Sangro das mil feridas do ser humano.

"Trago cura. Mulheres curam a ferida. Elas conhecem medicinas".[120]

[121]Isso é novidade para mim. Normalmente, só as ouvia lamentar.

"Elas sabem tratar crianças enfermas". [54/55]

Sou uma criança enferma?

"Não estás longe disso. Deves largar o excesso e permitir que sejas tratado".

Quem faz o trabalho?

"Ele floresce sem ti".

---

116 Em vez disso, *LN* diz: "ΦΙΛΗΜΩΝ perguntou:" (p. 475).

117 No *LN*, o parágrafo seguinte se apresenta da seguinte forma: "A voz respondeu: 'É a mistura que se abstenha do sofrimento e da alegria humanos. Que persevere na separação até que a renúncia seja completa e ele esteja livre da mistura com os seres humanos. Então poderá ser aceito como filho'" (ibid.).

118 No *LN*, a oração precedente foi substituída por: "Neste momento apagou-se minha visão. ΦΙΛΗΜΩΝ foi embora e eu fiquei sozinho. Obediente, persisti na separação" (ibid.).

119 Segunda-feira. Jung atendeu sete pacientes. Os seis primeiros parágrafos e a primeira linha do sétimo parágrafo neste registro foram substituídos no *LN* por: "Mas na quarta noite vi uma figura estranha, um homem com manto comprido, turbante e olho de vidro, sorriu inteligente e bondosamente como a figura de um médico sábio. Aproximou-se de mim e disse: 'Eu venho falar-te de alegria'. Mas eu disse: 'Queres falar-me de alegria?'" (ibid.).

120 No *LN*, a oração precedente foi substituída por: "Mulheres me ensinaram esta arte. Elas sabem curar crianças doentes. A ferida dói? A cura está próxima. Ouve um bom conselho e não te revoltes" (p. 476).

121 No *LN*, o restante deste registro foi substituído por: "Perguntei: 'O que queres? tentar-me? zombar de mim?'/'O que te parece?', interrompeu-me. 'Eu te trago a delícia do paraíso, o fogo curador, o amor das mulheres'" (p. 475).

Questionável. Quem o fará por mim?

"Teus filhos e filhas. Dá espaço a eles e descanso a ti mesmo".

O trabalho se manterá se eu não o sustentar?

"Se ele cair, por que desejarias mantê-lo? Ele ficará de pé se tiver pés. Se, mesmo assim, ruir, ele não pode viver. O que está prestes a morrer deve morrer".

Então devo largá-lo? E me entregar à poligamia? Tu és fatal, realmente um turco. Podes entregar a Alá se tua casa apodrece sobre tua cabeça. [55/56]

"A pulsão do homem está atraída. O mel está posicionado. Tu podes te retirar. Contemplação se faz necessária. Os livros devem ser escritos".

E quanto à poligamia, às huris e ao paraíso?

"Muitas mulheres são muitos livros. Cada mulher é um livro, cada livro, uma mulher. A huri é um pensamento, e o pensamento, uma huri. O mundo das ideias é o paraíso, e o paraíso é o mundo das ideias. Maomé ensina que o crente é acolhido pelas huris no paraíso. Os germanos afirmavam algo semelhante".[122]

Viver os teus pensamentos vai contra meu gosto [56/57] e contra minha responsabilidade moral.

"Não alto demais. Não estás muito longe disso. As mulheres querem isso? Elas também querem seu destino. Por que não respeitas o caminho delas? Elas também são pessoas cuja dignidade~~xx~~ deve ser aceita".

Mas elas nunca sabem o que querem.

"Elas sabem o que devem fazer. Evidentemente, cada homem quer passar seu dever para outro e responsabilizá-lo por ele. Ambos, homem e mulher, em seu respectivo modo, estão sujeitos à lei do Eros e do espírito".

Isso é impossível, jamais pode se tornar realidade.

"Muito pode ainda tornar-se realidade o que, hoje, parece impossível às pessoas. As portas devem permanecer abertas. A necessidade tem [57/58] a última palavra".

122 Cf. Alcorão, 56:12-39. Na mitologia nórdica, as valquírias escoltam os bravos que são mortos em batalha até Valhala e, lá, cuidam deles.

24 II 16.[123]

Seria este o início da descida à terra dos sapos, ao brejo das rãs? Tudo morre dentro de mim. Sinto-me rasgado e fragmentado.[124]

"Ainda não experimentaste a fragmentação, serás dilacerado, espalhado aos ventos. Cada um leva um pedaço de ti. Os homens celebram a Última Ceia contigo".

O que restará de mim?

"Nada além de tua sombra".

[125]Mas onde está meu eu?

"Em lugar nenhum. Não és mais um eu, mas um rio que se derrama sobre as terras. Ele procura [58/59] todos os vales e corre para a profundeza,[126] em direção do mar.~~"~~ Tu resistes em vão".

Posso viver sem eu?

"Tu és o tolo e a porta entre duas eternidades, uma passagem aberta, uma rua na qual se caminha; caminha-se nela com sapatos e cospe-se nela".

[127]Onde está o que é meu? Onde está aquilo que faço?

"Não visível. Tu o roubas para ti".

Ó mãe, ~~és tu que~~ tu me enviaste este demônio cruel?

---

123 Quinta-feira. Jung atendeu um paciente.

124 No lugar do parágrafo precedente, *LN* diz o seguinte: "Perguntei: 'Pensas na descida ao brejo dos sapos? A dissolução no múltiplo, a dispersão, a dilaceração?'/Enquanto eu assim falava, o velho transformou-se em ΦΙΛΗΜΩΝ, e eu vi que era o mago que me tentava. Mas ΦΙΛΗΜΩΝ continuou falando comigo:" (p. 475).

125 No *LN*, esse parágrafo e as duas primeiras orações do parágrafo seguinte foram substituídos por: "Tu serás um curso de água que se derrama sobre as terras" (p. 476).

126 O restante deste parágrafo e os dois parágrafos seguintes não foram reproduzidos no *LN*.

127 No *LN*, o restante deste registro foi substituído por: "Perguntei então muito triste: 'Mas onde fica minha individualidade?'/'Tu a roubarás de ti mesmo', respondeu ΦΙΛΗΜΩΝ" (p. 476).

28. II. 16.[128]

"Tu o segurarás, o reino, o invisível, em mãos trêmulas, em mãos de criança.[129] [59/60] Enterras raízes em escuridões sombrias da terra, envias galhos de folhas para os ares dourados no alto.

Animais habitam seus galhos. Homens acampam em sua sombra. Sua murmuração sobe lá de baixo.

Um equívoco desgraçado,[130] uma decepção de mil milhas de comprimento é a seiva da árvore. Ela permanecerá verde por muito tempo.

Silêncio em sua copa.

Silêncio em suas raízes profundas.[131]

---

12. IV. 16.

[132]Nosso Senhor Jesus Cristo![133] Bendito seja o teu nome.[134] Tua obra perdurou muito, suportaste muito pelo bem da humanidade. Fizeste o maior para nós, transformaste animais em seres antropoides. Deste tua vida pela [60/61] humanidade animal, teu espírito esteve conosco por um tempo infinitamente longo. Com paciência fizeste a tua grande obra, e ainda os homens olham para

128 Segunda-feira. Jung atendeu seis pacientes. Em 26 de fevereiro, aconteceu a reunião de inauguração do Clube Psicológico. Jung parece também ter feito uma leitura do primeiro ato da peça *Der tote Tag*, de Ernst Barlach (1870-1938) (Berlim: Paul Cassirer, 1912). Em *Tipos psicológicos*, Jung citou *Der tote Tag* de Barlach como um exemplo de uso literário dos conteúdos do inconsciente (OC 6, § 426n.). Barlach ilustrou sua peça com 27 litografias. Jung possuía um exemplar da edição ilustrada de Cassirer.

129 No *LN*, a oração precedente foi substituída por: "tu segurarás em mãos trêmulas o reino invisível" (p. 476).

130 A cláusula precedente não foi reproduzida no *LN*.

131 O seguinte foi inserido aqui no *LN*: "Quando chegou a noite, ΦΙΛΗΜΩΝ aproximou-se de mim com roupa marrom e segurando na mão um peixe prateado. 'Vê, meu filho, eu fisguei e peguei este peixe e o trouxe para ti, para te consolar'. Quando olhei para ele surpreso e inquiridor, vi que estava parada no escuro, à porta, uma sombra, trajando roupa de nobre. Seu rosto estava pálido e sangue havia corrido nas rugas da testa. Mas ΦΙΛΗΜΩΝ ajoelhou-se, tocou o chão e disse à sombra:" (p. 477).

132 Quarta-feira. Jung atendeu seis pacientes. No *LN*, essas passagens são seguidas pelo comentário de Jung sobre o que ele tinha aprendido agora de Filêmon sobre permanecer fiel ao amor (p. 476-477).

133 Em vez disso, *LN* diz: "Meu mestre e meu irmão" (p. 477).

134 No *LN*, as duas orações seguintes e a primeira cláusula da terceira oração foram substituídas por: "tu fizeste o máximo conosco: tu criaste homens e animais, tu deste tua vida pelos homens, para que recebam a salvação" (ibid.).

ti e ~~p~~ ainda pedem tua ajuda e desejam receber a graça de Deus através de ti.[135] Não te cansas de dar às pessoas. Louvo tua paciência divina.

Os seres humanos não são ingratos? Seus desejos não têm limites? Ainda exigem de ti? Receberam tanto e continuam sendo pedintes. Vê, Senhor Jesus Cristo,[136] eles não te amam,[137] mas te desejam com cobiça, assim como cobiçam também os bens do próximo. Eles não amam o ~~vizinho~~ próximo, mas desejam os seus bens.[138] Assim exigem também de ti e não tomaram tua vida sublime como exemplo. [61/62] ~~Amassem~~ Se eles te amassem de verdade, eles finalmente aprenderiam com teu exemplo. Tu mostraste através de tua vida sublime que cada um deve tomar sobre si a sua vida[139] e carregar assim também a vida da humanidade, assim como tu fizeste.[140] Mas eles não o fazem, mas oram a ti e ainda não dão descanso ao teu espírito e ainda ~~te~~ clamam a ti: Tua obra ainda não está completa! Dois milênios ~~xx~~ durou a obra de teu espírito e da tua vida. Ela foi necessária por tanto tempo. E ainda os homens continuam infantis e se esquecem da gratidão, pois ainda não conseguem dizer: Nós te agradecemos, nosso Senhor Jesus Cristo, pela salvação que tu nos trouxeste. Nós a acolhemos dentro de nós, nós lhe demos um lugar em nosso coração e aprendemos a dar continuação à tua obra a partir de nós mesmos. Amadurecemos[141] dando continuação à obra pesada e sangrenta [62/63] da redenção em nós mesmos. Nós te agradecemos, tua obra foi acolhida em nós, compreendemos teu ensinamento redentor, completamos ~~aqu~~ em nós o que iniciaste para nós com esforços

135 No *LN*, a oração precedente foi substituída por: "E ainda agora os homens olham para ti e imploram tua compaixão, suplicam a graça de Deus e o perdão através de ti" (ibid.).

136 *LN* diz: "meu senhor e irmão" (p. 477).

137 *LN* diz: "me" (ibid.).

138 Em vez dessa palavra, *LN* diz "os bens do próximo" (ibid.). No *LN*, as duas orações seguintes foram substituídas pelo seguinte: "Se fossem fiéis a seu amor, não seriam gananciosos. Mas quem dá estimula a cobiça. Eles não queriam aprender o amor? A fidelidade ao amor? A espontaneidade da dedicação? Mas eles exigem, cobiçam, esmolam de ti e não tiraram nenhum exemplo de tua vida sublime. Eles bem que a imitaram, mas não viveram sua própria vida assim como tu viveste a tua" (ibid.).

139 No *LN*, o restante dessa oração foi substituído por: "fiel à sua própria natureza e a seu próprio amor" (p. 477-478).

140 No *LN*, as três orações seguintes foram substituídas por: "Não perdoaste a adúltera? Não te sentaste com prostitutas e cobradores de impostos? Não infringiste a lei do sábado? Tu viveste tua própria vida, mas as pessoas não o fazem; elas só rezam a ti, pedem a ti e te lembram que tua obra está inacabada. Mas tua obra estaria acabada se o ser humano carregasse sua própria vida sem imitação" (p. 478).

141 No *LN*, o restante dessa oração foi substituído por: "para levar adiante a obra da salvação em nós" (ibid.).

sangrentos. Não somos mais crianças ingratas, que ainda desejam os bens dos pais[142] em vez de trabalharem para a própria vida. Nós te agradecemos, nosso Senhor Jesus Cristo,[143] trabalharemos com o teu talento e não o enterraremos na terra, estendendo para sempre as nossas mãos em impotência eterna e te implorando a completar a tua obra em nós.[144] Queremos ser gratos a ti e tomar sobre nós o teu fardo e te dar descanso. Quando assumirmos tua obra, tua obra estará completada, e tu deitarás tuas mãos em teu colo após o fardo pesado de um longo dia. Bendito o morto[145] que descansa em seu Deus [63/64] da conclusão de sua obra.

[146]Não tendes nenhum amor pelo nosso Senhor Jesus Cristo? Não podeis lhe dar o prêmio do descanso após o término de sua obra? E continuar a sua obra como vossa obra em vós mesmos? Necessitais realmente ainda a sua ajuda e cuidado?

Não, isso não é verdade.

Eu acredito que nosso Senhor Jesus Cristo tenha completado a sua obra,[147] pois quem deu toda a sua vida humana, e toda a sua verdade, e toda a sua alma, este completou a sua obra.

142 O restante desta oração não foi reproduzido no *LN*.

143 Em vez disso, *LN* diz "nosso senhor" (p. 478).

144 No *LN*, as duas orações seguintes foram substituídas por: "Nós queremos tomar sobre nós teus esforços e tua obra, para que tua obra se complete e possas repousar tuas mãos cansadas, como um trabalhador após um longo dia de dura jornada" (ibid.).

145 No *LN*, o restante dessa oração foi substituído por: "que descansa ao término de sua obra" (ibid.).

146 Os dois seguintes parágrafos foram substituídos no *LN* por: "Eu gostaria que as pessoas falassem assim contigo. Mas elas não têm nenhum amor a ti, meu senhor e meu irmão. Elas não te concedem o prêmio do descanso. Deixam tua obra incompleta, eternamente necessitadas de tua compaixão e de tua solicitude" (ibid.).

147 No *LN*, a cláusula precedente foi substituída por: "'Mas eu, meu senhor e meu irmão, acredito que tu completaste tua obra, pois quem entregou sua vida, toda sua verdade, todo seu amor, toda sua alma, este completou a obra. O que alguém pode fazer pelos homens, tu o fizeste e completaste. Agora chega o tempo em que cada um tem de fazer sua própria obra da redenção. A humildade envelhece, e um novo mês começou'./Quando ΦΙΛΗΜΩΝ terminou, levantei os olhos e vi que o lugar, onde a sombra havia estado, estava vazio. Virei-me para ΦΙΛΗΜΩΝ e disse: 'Meu pai, tu falaste dos seres humanos. Eu sou um ser humano, perdoa-me!'/Mas ΦΙΛΗΜΩΝ se dissolveu na escuridão, e eu resolvi fazer o que tinha obrigação de fazer. Assumi toda a alegria e todo o sofrimento de minha natureza e fiquei fiel ao meu amor para sofrer aquilo que sobrevém a cada um a seu modo. Fiquei sozinho e com medo" (p. 478-479). A isso segue uma fala enigmática de Filêmon referente à relação entre o serviço de Deus e o assassinato (p. 479-480). Essas passagens apareceram primeiro em "Sonhos" após registros para os meados de julho de 1917, introduzidos pela declaração: "Fragmentos do próximo livro", indicando que ele pretendia copiá-los para o que viria a ser o terceiro livro do *Liber Novus*, *Aprofundamentos* (p. 18).

[148]Por isso acredito que o nosso Senhor Jesus Cristo realmente melhorou os homens. Ele os remiu na medida em que os homens permitem que sejam remidos dos Deuses e dos homens-Deuses. Agora, porém, virá o tempo [64/65] em que cada homem deverá continuar ~~a~~ sua obra da redenção.

16. IV. 16[149]

Vós o vistes, o amante de sua alma? Ele entrou nos vales dos homens e amou – sua alma? Não, uma mulher. E nisso se esqueceu de sua alma? Não, mas ele a colocou nessa mulher. Era este o lugar certo para sua alma? O que é certo? Foi o amor que o levou a fazer tal coisa. E ele fez. Ele matou outro amor humano dessa forma? Talvez, talvez não. O amor pode também não ser. O amor é às vezes, a vida, porém, é o tempo todo. [65/66]

3. V. 16.[150]

[151]Um sonho me contou que vós estivestes sofrendo necessidade, tu Elias, tu Salomé, vós, anciões, e tu, minh'alma materna, que não consegue me esquecer. Tu, alma materna, dize, por que eu, que fui teu amante, devo agora aparecer-te como teu homem não amado? Aparentemente, deves desistir de mim. Esta é tua salvação, se retornares para o teu marido e não te dirigires a mim como se eu fosse o teu marido. Tu me chamas pelo nome de um de meus amigos. Tu te casaste com aquele? E mesmo assim queres estar comigo? Comigo, porém, estás doente, como vês, não podes mentir a ti mesma que sou teu marido. Ou desejas, ó alma materna, parir-me novamente e tornar-me igual àqueles, *i. e.*, segundo a sua espécie; alguém que entrega seu sentimento?

E o que acontece convosco, Elias e Salomé? [66/67]

---

148 No *LN*, o restante deste registro foi substituído por: "O que alguém pode fazer pelos homens, tu o fizeste e completaste. Agora chega o tempo em que cada um tem de fazer sua própria obra da redenção. A humildade envelhece, e um novo mês começou" (p. 478). A referência é à concepção astrológica do mês, ou éon, platônico de Peixes, que se baseia na precessão dos equinócios. Cada mês platônico consiste em um signo do zodíaco e dura, aproximadamente, 2.300 anos. Jung discutiu o simbolismo ligado a isso em *Aion* (OC 6), cap. 6. Cf. GREENE, L. *Jung's Studies in Astrology*. • HOWELL, A. *Jungian Synchronicity in Astrological Signs and Ages*. Wheaton: Quest Books, 1990, p. 125ss.

149 Domingo. Em 21 de maio, Jung estava passando as férias com Hans Schmid, em Brissago, no Ticino. Esse registro não foi reproduzido no *LN*.

150 Quarta-feira. Jung atendeu cinco pacientes.

151 No *LN*, os três primeiros parágrafos foram substituídos pelo seguinte: "E logo a seguir vi em sonhos Elias e Salomé. Elias parecia preocupado e assustado. Por isso, quando na noite seguinte toda a luz se havia apagado e todo ruído vivo se calado, chamei Elias e Salomé para me prestarem contas. Elias adiantou-se e falou:" (p. 480).

Salomé, tu queres me abraçar. Tudo bem, assim seja, mas a responsabilidade é tua. Tu, porém, Elias, tu ouviste uma voz na hora da noite, a profundeza falou contigo, provavelmente de coisas secretas, de coisas vindouras. Foste como alguém que precisa da minha ajuda. Tudo bem, eu a concederei. Pareces ser alguém que está preso a coisas primordiais, quase não mais críveis. Isso precisa ser assim? Ou estás preso contra a tua vontade? Parecia que precisava ser assim, que precisavas ser obrigado ao primordial, que a razão primordial detivesse poder irrestrito e que apenas achavas que precisavas distanciar-te e livrar-te dela. Provavelmente, deves ficar ali, e eu devo retornar para ti às vezes ~~e~~ para, sempre de novo, buscar aquela luz, pois apenas tu podes acender o fogo primordial. Mas fala, Elias sofredor, e dize como posso te ajudar!

E.: Fiquei fraco, estou pobre [67/68], um excedente de meu poder passou ~~te~~ para ti, meu filho. Tiraste demais de mim. Meu amor te deu demais. Assim te afastaste demais de mim.[152] Dá-me um pouco de teu poder e força. Espera e ouve o interior. Necessitarás da voz da profundeza nestes dias. Não sai para longe demais.

Eu: Mas o que ouviste? Que voz ouviste?

E: Uma voz cheia de confusão, uma voz assustadora, cheia de advertência e incompreensibilidade.

Eu: O que ela dizia? Ouviste as palavras?

E: Não com clareza, eram confusas.

Eu: Mas fala, dize as palavras![153]

E: Primeiro tratavam da faca que corta, talvez ceife algo, talvez as uvas que vão para a prensa. Talvez tenha sido aquele do manto vermelho que se põe diante do lagar do qual flui o sangue.[154] Depois foi uma palavra sobre o ouro [68/69] que jaz embaixo e que mata quem o toca. Depois uma palavra sobre o fogo, que arde terrivelmente e que deve se inflamar neste tempo.

[155]Eu: O que mais? Fala, Elias! Por que pensaste que te enganavas e que uma voz doente falava contigo?

E: Justamente porque dizia coisas confusas e blasfemas.

152 No *LN*, o restante desse parágrafo foi substituído por: "Eu escutei coisas estranhas e incompreensíveis, e a tranquilidade de minha profundeza foi destruída" (ibid.).

153 A oração precedente não foi reproduzida no *LN*.

154 Cf. Is 63,2-6 e *LN*, p. 355-356.

155 No *LN*, os dois parágrafos seguintes foram substituídos por: "E então era uma palavra blasfema, que eu não gostaria de pronunciar" (p. 480).

Eu: Blasfemas? O que foi?

E: Sobre a morte de Deus. Deus pode morrer?[156]

Eu: Mas houve um novo, não apenas um, muitos.

E: Muitos? Estás blasfemando. Só existe um Deus.

Eu: Estou surpreso, Elias. Não sabes o que aconteceu? Não sabes que o mundo vestiu roupa ~~b~~ nova? Que o Deus uno [69/70][157] e a alma una partiram daqui e que uma multiplicidade de Deuses e demônios-almas retornaram para o mundo?

Estou verdadeiramente surpreso, minha surpresa não tem limites! Não sabias disso? Não sabias nada do que aconteceu de novo? No entanto, conheces o futuro![158] No final das contas, não sabes o que é? Estranho, a alma materna não quer saber o que é. Negas o que é? Agora fala, Elias!

Sal: Aquilo que existe não dá prazer. Prazer provém do novo. Tua alma materna[159] quer outro homem, haha! Ela ama variedade. ~~o~~ Teu homem burguês[160] não é divertido o bastante. Nisto ela é indócil, por isso acreditas que ela é maluca. Nós só amamos o vindouro, isso dá prazer.[161] Elias não pensa naquilo que é, mas naquilo que vem, por isso ele sabe.

Eu: Ele sabe o quê? Que fale! [70/71]

E: Eu já disse as palavras. A imagem que vi era carmim, da cor do fogo, um dourado cintilante. A voz que ouvi era como trovão distante, como o rugir do vento na floresta, como um terremoto. Não era a voz de meu antigo[162] Deus. Era um ronco de vozes pagãs, um chamado que meus ancestrais conheciam, mas que eu nunca havia escutado. Soava primordial, como saindo de uma floresta num litoral distante; todas as vozes da selva estavam nele. Era harmonioso e cheio de terror.

---

156 No *LN*, a oração precedente foi substituída por: "Só existe um Deus, e Deus não pode morrer" (p. 480). Cf. acima, nota 31. Os dois parágrafos seguintes não foram reproduzidos no *LN*.

157 No *LN*, o restante desse parágrafo foi substituído por: "e que muitos deuses e muitos demônios se tornaram novamente seres humanos?" (p. 480).

158 No *LN*, o restante desse parágrafo foi substituído por: "Tu tens o dom da previsão. Ou não deverias saber o que acontece? Negas afinal aquilo que existe?" (ibid.).

159 Em vez disso, *LN* diz: "tua alma" (p. 481).

160 *LN* diz "tu" (ibid.).

161 No *LN*, a oração precedente foi substituída por: "Nós só amamos o vindouro, não o sendo. Só o novo nos dá prazer" (ibid.).

162 Essa palavra não foi reproduzida no *LN*.

Eu: Meu bom pai,[163] certamente ouviste o que eu pensava. Que estranho! Queres que eu te fale sobre isso?[164] O que achas, Salomé? O que queres, Elias?

E: Dá-me disso, para que eu também possa vivê-lo.

Sal: Deixa-me ter prazer nisso.

Eu: Então, eu vos disse que o mundo tem um novo semblante, uma nova coberta foi lançada sobre ele. Estranho [71/72] que não sabíeis disso!

Deuses velhos se tornaram novos. O Deus único[165] está morto – sim, realmente, ele morreu, ele continha em si um excesso de coisas diferentes, por isso ele se desfez numa multiplicidade.[166] Assim, da noite para o dia, o mundo se tornou rico. Também a alma, a única, perdeu sua poderosa singularidade, ela também se desfez na multiplicidade.[167] Assim, da noite para o dia, os homens ficaram ricos. Como é possível que não soubesses disso? Que mais? Ah, é tanta coisa![168]

Do único Deus se fizeram dois, novamente um único e um múltiplo,[169] cujo corpo consiste em muitos Deuses. O único, porém, tem como corpo um ser humano e é maior do que o sol.[170]

[171]Mas a alma se tornou os degraus de sua escada, a mais próxima, mais próxima, próxima, distante, mais distante, a mais distante. Primeiro ela é [72/73] meu próprio ser, depois ela é serpente e pássaro, depois, é ~~a~~ mãe e pai, depois, ainda mais distante, é Salomé e Elias. Ai, mal consigo pensar que ainda pertenceis a mim, caso contrário deveríeis saber o que aconteceu em meu mundo.

---

163 *LN* diz: "homem velho" (p. 546).

164 O restante desse parágrafo e os dois parágrafos seguintes não foram reproduzidos no *LN*.

165 *LN* diz: "O único" (p. 546).

166 A oração precedente foi substituída no *LN* por: "Ele desintegrou em muitos, e" (ibid.).

167 No *LN*, a oração precedente foi substituída por: "E algo aconteceu também com a alma individual – quem se importaria em descrevê-lo!" (ibid.).

168 A linha precedente não foi reproduzida no *LN*.

169 No lugar dessa cláusula, *LN* diz: "um múltiplo" (p. 546).

170 No lugar dessa cláusula, *LN* diz: "mais brilhante e forte do que o sol" (p. 546).

171 No lugar do parágrafo seguinte, *LN* diz: "O que devo contar-vos sobre a alma? Não percebestes que ela se tornou múltipla? Ela se tornou pertíssima, mais perta, perta, distante, mais distante, distantíssima, mesmo assim é uma como antes. Primeiro ela se dividiu em uma serpente e em um pássaro, depois, em um pai e em uma mãe, depois, em Elias e em Salomé – Como estás, meu companheiro? Isso te perturba? Sim, deves estar percebendo que já estás muito distante de mim, de modo que quase não consigo reconhecer-te como sendo parte da minha alma, pois, se pertencesses à minha alma, saberias o que está acontecendo. Portanto, devo separar-te e Salomé da minha alma e colocar-vos entre os demônios. Estais conectados com o que é primordialmente antigo e sempre existe, portanto também não sabeis nada da existência do homem, mas simplesmente do passado e futuro./'Mesmo assim, é bom que atendestes ao meu chamado. Tomai parte naquilo que é. Pois o que é deve ser de tal modo que podeis tomar parte nele'" (p. 546-547).

Por isso devo colocar-vos entre os demônios, não entre os demônios do ser humano, mas da humanidade, por isso estais presos ao primordial e ao existente, por isso não sabeis nada sobre o ser atual do homem. Mas é bom que viestes. Participai daquilo que é. Pois aquilo que é deve ser de tal maneira que possais participar dele.

E: [172]Esta multiplicidade não me agrada. Não é fácil pensá-la.

Sal: O simples é prazeroso, não é preciso refletir sobre ele.

Eu: Elias, tu nem precisas [73/74] pensá-la. Ela não deve ser pensada. Deve ser contemplada. É uma pintura imaginária.[173] Salomé, não é verdade que o simples seja prazeroso; é entediante e, na verdade, a variedade te encanta.

Sal: Pai Elias, percebes que, nisso, os homens têm uma vantagem sobre nós. Ele está certo, a variedade é mais bela, mais rica e mais prazerosa. Jeováh é unidade dupla e sempre o mesmo.[174]

---

172 Em vez disso, *LN* diz: "Mas Elias respondeu soturnamente:" (p. 547).

173 Em vez disso, *LN* diz: "quadro" (p. 482).

174 No *LN*, o diálogo continua da seguinte forma: "Mas Salomé voltou-se para Elias e disse: 'Pai, parece-me que os seres humanos nos superaram. Ele tem razão. A variedade é mais prazerosa. O uno é simples demais e sempre o mesmo'./Elias olhou-a triste e disse: 'O que será do uno? Existe ainda o uno quando está ao lado da multiplicidade?'/Respondi: Este é teu erro, que se tornou velho e grisalho, de que o uno exclui o múltiplo. Existem muitas coisas únicas. A multiplicidade das coisas únicas é o único Deus múltiplo, cujo corpo consiste em muitos deuses. A solicitude da coisa única, porém, é o outro Deus, cujo corpo é um ser humano, mas cujo espírito é grande como o mundo'./Mas Elias sacudiu a cabeça e disse: 'Isto é novo, meu filho. O novo é bom? É bom o que foi, e o que foi será. Não é esta a verdade? Já existiu algo novo? E o que chamais de novo foi bom alguma vez? Tudo continua sempre idêntico, mesmo que lhe deis nome novo. Não existe o novo; não pode haver nada de novo; como poderia então prever? Eu olho para o passado e vejo nele o futuro como num espelho. E eu vejo que não acontece nada de novo; é tudo mera repetição do que foi desde os tempos de outrora. O que é vosso ser? Uma aparência, uma luz que cresce, mas que amanhã não existe mais. Terminou como se nunca tivesse existido. Vem, Salomé, vamos. Nós nos desnorteamos no mundo dos seres humanos'./Mas Salomé olhou para trás e me sussurrou ao ir embora: 'O ser e a multiplicidade me agradam, mesmo que não sejam novos e não durem para sempre'./Assim desapareceram os dois na escuridão da noite, e eu voltei ao peso daquilo que significava meu ser. E eu tentei fazer corretamente tudo que me parecia ser tarefa e trilhar todo caminho que parecia ser necessário para mim" (p. 482-483). Essa continuação pode ter sido escrita numa folha separada ou pode ter sido acrescentada no outono de 1917, quando Jung compôs o manuscrito de *Aprofundamentos* (o que, evidentemente, foi o caso do último parágrafo aqui). Em *Memórias*, Jung afirmou: "As figuras do inconsciente são também 'ininformadas' e têm necessidade do homem ou do contato com a consciência para adquirir o saber. Quando comecei a me ocupar com o inconsciente, as 'figuras imaginárias' de Salomé e de Elias desempenharam um grande papel. Em seguida passaram a um segundo plano para reaparecer cerca de dois anos mais tarde. Para meu grande espanto elas não tinham sofrido a menor mudança; falavam e se comportavam como se nesse ínterim absolutamente nada tivesse ocorrido. Entretanto, os acontecimentos mais inauditos tinham-se desenrolado em minha vida. Foi-me necessário, por assim dizer, recomeçar desde o início para lhes explicar e narrar tudo o que se passara. De início fiquei bastante espantado. Só mais tarde compreendi o que tinha acontecido: as figuras de Salomé e Elias haviam nesse meio-tempo soçobrado no inconsciente e em si próprias — poder-se-ia também

22. V. 16.[175]

Amado Senhor Jesus Cristo, não somos puros. A lama do inferno gruda em nós.

Tu disseste: [“]Meu Deus, meu Deus, por que me desamparaste?”, quando estavas pendurado na cruz em agonia final. Igualmente, nós ficamos desanimados, pois não somos puros.[176] [74/75]

Cada um de nós está na cruz entre dois criminosos, um dos quais sobe para o céu e o outro vai para o inferno.[177]

Sim, esse foi o teu tormento na cruz, Senhor Jesus Cristo, sim, tu estiveste pendurado nessa cruz, tu, o próprio sofrimento do mundo e de sua impureza.

Ah, tu, maior dos sofredores, tu mesmo, puro, carregaste a impureza do mundo. E nós mesmos, impuros, carregamos o fardo da nossa própria ~~xx~~ pureza.

Pois alguém entrou em nós, um velado, o filho da terra, e alivia nosso tormento com sua impureza.

Tão grande foi tua obra, Senhor Jesus Cristo, tão gloriosa a tua redenção [75/76] que tu nos deixaste, que nós fomos capazes de acolher a impureza da terra e, mesmo assim, carregar a pureza que tu nos deste.

Agora, tu te tornaste verdadeiramente o primeiro daqueles que dormem.

Amém.[178]

31. V. 16.[179]

[180]Qual é o significado da sombria imagem diabólica desta noite com seu calor e tormento insuportáveis? Minh'alma, mãe da sabedoria, responde! Tu a

dizer, fora do tempo. Elas ficaram sem contato com o eu e suas circunstâncias variáveis e ‘ignoravam’ por essa razão o que se passara no mundo da consciência” (p. 303-304). Isso parece se referir à conversa com essas figuras neste registro do *Livro 6*.

175 Segunda-feira. Jung atendeu sete pacientes. Este registro não foi reproduzido no *LN*.

176 Mt 27,46: “Pelas três da tarde, Jesus gritou com voz forte: Eli, Eli, lemá sabachthani! O que quer dizer: Meu Deus, meu Deus, por que me abandonaste?”

177 Lc 23,39-43: “Um dos criminosos crucificados insultava-o, dizendo: ‘Não és tu o Cristo? Salva-te a ti mesmo e a nós’. O outro, porém, o repreendeu, dizendo: ‘Nem tu, que estás sofrendo a mesma condenação, temes a Deus? Nós sofremos com justiça porque recebemos o castigo merecido pelo que fizemos, mas este nada fez de mal’. E falou: ‘Jesus, lembra-te de mim quando vieres como Rei’. E Jesus lhe respondeu: ‘Eu te asseguro: ainda hoje estarás comigo no paraíso’.”

178 Em 24 de maio, Jung participou de uma celebração no Clube Psicológico.

179 Quarta-feira. Jung atendeu sete pacientes.

180 O primeiro parágrafo deste registro não foi reproduzido no *LN*. O parágrafo seguinte é introduzido por: “Certa noite aproximou-se de mim minha alma, parecia assustada, e disse:” (p. 483).

vês, a salamandra do abismo, como ela se revira vermelha de calor. O que significa isso?

"Ouve-me. Estou em grande aflição. Este filho do ventre tenebroso me acossa".

Foi o que pensei! Então o tormento é teu, não meu?[181]

"Sim, isso mesmo. Por isso teus sonhos [76/77] são pesados, pois tu sentes o tormento da profundeza, o sofrimento dos Deuses".

Posso ajudar? Ou é desnecessário que um ser humano se eleve a mediador dos Deuses? É presunção ou deve um ser humano tornar-se redentor dos Deuses, depois que os homens foram remidos pelo redentor divino?[182]

[183]"É verdade, precisamos do mediador e salvador humano, pois o ser humano não é apenas alma para nós, mas também Deus, pois aqueles que aqui são Deuses são para ti, onde tu estás, seres humanos que imploram a tua ajuda. ~~A~~ Deves construir tua divindade já aqui a fim de preparar o caminho para a passagem. Realmente precisamos de tua ajuda. Eu te dei o sonho sombrio e terrível para que teu rosto se voltasse para os Deuses através de mim. Eu permiti que o tormento deles te alcançasse para que tu te lembrasses dos Deuses sofredores". [77/78]

Qual é o seu sofrimento? E como posso ajudar?

"Fazes demais pelos seres humanos, deixa para lá os seres humanos e volta-te para os Deuses, pois eles são os regentes do mundo, no qual tu vives como homem. Na verdade, só podes ajudar aos seres humanos através dos Deuses, não diretamente. O tormento ardente dos Deuses deve ser apagado. Os homens cuidam de si mesmos".

Mas, dize-me, por onde começo? Eu sinto seu tormento, meu e não meu, real e irreal ao mesmo tempo.

"É isso, aqui deve ser feita a distinção".

Mas como? Minha sagacidade me abandona. Tu deves sabê-lo.

---

181 O parágrafo precedente não foi reproduzido no *LN*.

182 Isto é, Cristo.

183 No *LN*, os três parágrafos seguintes foram substituídos por: "'Tu falas a verdade', disse minha alma, 'os deuses precisam do intermediário e salvador humano. Com isso, o ser humano prepara seu caminho da passagem para o além e para a divindade. Eu te dei um sonho horrível para que teu rosto se voltasse para os deuses. Eu fiz que saíssem deles tormentos, para que te lembrasses dos deuses sofredores. Tu fazes demais para os seres humanos; deixa para lá os seres humanos e volta-te para os deuses, pois eles são os regentes do teu mundo. Na verdade, tu só podes ajudar os seres humanos através dos deuses, não diretamente. Abranda o tormento ardente dos deuses'" (p. 483).

"Tua sagacidade falha rapidamente, mas é justamente de tua sagacidade humana que nós[184] precisamos".

E eu preciso da sagacidade dos Deuses. Assim, nós dois encalhamos e ficamos sentados impotentes [78/79] na areia.[185]

"Não totalmente. Eu sempre sou um pouco diferente de ti.[186] Tu és impaciente demais. Comparação traz a solução, não uma decisão rápida de um dos lados. Por isso, é preciso trabalho e compensação paciente".[187]

Qual é o sofrimento dos Deuses?

"Bem, fostes tu que lhes deixaste teu tormento, desde então, eles sofrem".

Nada mais justo, eles já torturam bastante o ser humano, que agora provem do mesmo.

"Mas se o tormento deles também te atingir, o que ganhas com isso? Não podes deixar tudo para os Deuses, senão eles te puxarão para as profundezas de seu tormento quando não conseguirem dar conta sozinhos.[188] Afinal, eles possuem o poder, visto que tu és homem.[189] Mas também o ser humano, em virtude de sua sagacidade, possui um poder curioso sobre os Deuses".

Reconheço que o tormento dos Deuses [79/80] me atingiu. Por isso reconheço também que devo ceder aos Deuses. O que eles desejam?

"Eles querem obediência".

Bom, eu quero, mas temo seu desejo, por isso digo: quero o que posso. De forma alguma, quero tomar sobre mim novamente todo o tormento que tive de deixar aos Deuses.[190] Eu reservo para mim condições,[191] como se faz diante de alguém que depende da nossa ajuda. Os Deuses devem reconhecer isso também e direcionar seu desejo de acordo com isso. Não existe mais obediência incondicional, pois o homem não é mais escravo, mas também um Deus dos Deuses.[192] Ele exige respeito, pois ele pertence ao mundo dos Deuses[193] e

184 Em vez disso, *LN* diz: "os deuses" (p. 484).
185 No lugar dessa oração, *LN* diz: "estamos em maus lençóis" (ibid.).
186 A oração precedente não foi reproduzida no *LN*.
187 A última cláusula não foi reproduzida no *LN*.
188 A cláusula precedente não foi reproduzida no *LN*.
189 A cláusula precedente não foi reproduzida no *LN*.
190 O seguinte foi acrescentado aqui no *LN*: "Nem mesmo Cristo tirou o tormento de seus seguidores, mas até o aumentou" (p. 484). Cf. Dt 10,17: "Pois o Senhor, teu Deus, *é* Deus de deuses".
191 O restante dessa oração não foi reproduzido no *LN*.
192 As duas cláusulas precedentes foram substituídas no *LN* por: "pois o ser humano deixou de ser escravo dos deuses. Ele tem dignidade diante dos deuses" (p. 484).
193 A parte precedente dessa oração não foi reproduzida no *LN*.

é um membro imprescindível para os Deuses. Não existe mais sucumbência aos Deuses. Então, que façam ouvir o seu desejo. Eu o ouvirei de bom grado, [80/81] mas também direi a minha vontade.[194] A comparação então fará que cada um tenha a parte que lhe cabe.

"Os Deuses querem que tu faças aquilo que sabes que não queres fazer".

Foi o que pensei! É claro que os Deuses querem isso. Mas fazem os Deuses também aquilo que eu quero? Quero os frutos do meu trabalho.[195] Onde está o reconhecimento que necessito? Onde está a compreensão das pessoas? O que os Deuses fazem por mim? Eles querem que seus objetivos se realizem, onde, porém, fica a realização do meu?

"Tu és incrivelmente rebelde e teimoso. Lembra-te de que os Deuses são fortes".

[196]Eu sei. Mas quero que, uma vez, usem sua força para mim. Pois eles também querem que eu use a minha força para eles. Onde está a contribuição deles? O tormento deles? O ser humano sofreu a agonia do inferno, e os Deuses não se contentaram com isso e eram insaciáveis [81/82] na maquinação de novos tormentos – permitiram até que o ser humano ficasse cego ao ponto de acreditar que os Deuses não existiam ou que existia apenas um Deus, que era um pai amoroso, de modo que, hoje, quando um homem luta com os Deuses e assim os reconhece, ele é considerado louco. Assim, até prepararam a vergonha para aquele que os reconhece, por causa de sua ganância ilimitada de poder, pois guiar os cegos não é nenhuma arte. Eles corrompem até os seus escravos.

"Então não queres encontrá-los a meio-caminho?"[197]

Acredito que isso já aconteceu mais do que o suficiente. Penso antes[198] que é justamente por isso que os Deuses são insaciáveis, porque eles recebem sacrifícios demais.[199] É a escassez e não a abundância que gera moderação. Que aprendam escassez comigo. [200]Quem [82/83] faz algo por mim? Essa é a pergunta que devo fazer.

194 A oração precedente não foi reproduzida no *LN*.
195 As duas orações seguintes não foram reproduzidas no *LN*.
196 No *LN*, as duas orações seguintes foram substituídas por: "Respondi: 'Eu sei disso, mas já não existe obediência incondicional. Quando empregarão sua força em meu favor?'" (p. 485).
197 Em vez disso, *LN* diz: "Tu não queres obedecer aos deuses?", gritou minha alma horrorizada (p. 485).
198 A cláusula precedente não foi reproduzida no *LN*.
199 "os altares da humanidade ofuscada exalam vapores de sangue" foi acrescentado aqui no *LN* (p. 485).
200 Em vez disso, *LN* diz: "junto ao ser humano" (ibid.).

[201]"Realmente não queres fazer nada pelos Deuses?"

Jamais tomarei sobre mim aquilo que eles deveriam fazer. Pergunta aos Deuses o que eles querem, o que eles acham dessa proposta.

[202]"Eles acham que é algo inaudito não quereres obedecer. Foi por isso que me mandaram como seu mensageiro, como deves ter percebido".

Isso não me interessa. Eu fiz de tudo para apaziguar os Deuses. Que façam também a sua parte.[203] Posso esperar.[204] Amanhã voltarei a falar contigo, para ouvir qual é a vossa opinião. Quero ser reconhecido por vós. Não permitirei mais que eles me digam o que fazer quando quiserem, os Deuses devem me dizer o que eles podem me dar em troca de meus esforços.

---

1 de junho de 1916.[205]

[206]Minh'alma, o que dizem os Deuses? [83/84]

Fui informado que eu pareço um diabo. Quero ver pessoalmente. Fala!

"Os Deuses cederam. Tu quebraste a coerção, por isso tu te pareceste com um diabo, pois ele se esquivou da coerção dos Deuses.[207] Ele é o rebelde contra as leis eternas, ~~que~~ das quais, graças ao diabo, existem também exceções.[208] Por isso, nem tudo precisa ser feito. É para isso que serve o diabo. Ele te ajuda a vir

---

201 O parágrafo seguinte e a oração seguinte não foram reproduzidos no *LN*.

202 No *LN*, o próximo parágrafo foi substituído pelo seguinte: "Dividiu-se então minha alma, como pássaro levantou voo para os deuses superiores e como serpente desceu rastejando para os deuses inferiores. Passado pouco tempo, veio ela novamente e disse aflita: "Os deuses estão revoltados pelo fato de que não queres obedecer" (p. 485).

203 "Dize isto a eles" foi acrescentado aqui no *LN* (ibid.).

204 O restante deste registro foi substituído no *LN* por: "Não vou mais permitir que mandem sobre mim. Os deuses deveriam pensar numa contraprestação, tu podes ir. Amanhã vou chamar-te para que me contes o que os deuses resolveram" (ibid.).

205 Quinta-feira. Jung atendeu seis pacientes.

206 No *LN*, os dois primeiros parágrafos deste registro foram substituídos pelo seguinte: "Quando minha alma foi embora, percebi que ela estava assustada e preocupada, pois ela pertencia ao gênero dos deuses e demônios e gostaria de me converter sempre para sua espécie, assim como minha humanidade gostaria de me convencer de que eu pertenço à sua estirpe e que deveria servi-la. Quando adormeci, minha alma veio novamente e desenhou-me astutamente no sonho como um chifrudo na parede, tentando amedrontar-me diante de mim mesmo. Na noite seguinte, porém, chamei minha alma e lhe disse: 'Tua astúcia foi descoberta. Ela foi em vão. Tu não me metes medo. Agora fala e apresenta tua mensagem!" (p. 487-488).

207 No *LN*, a oração precedente foi substituída por: "por isso, eu te desenhei como um diabo, pois ele é o único entre os deuses que não se curva a nenhuma coação" (p. 486).

208 No *LN*, a cláusula precedente foi substituída por: "da qual também existem exceções, graças ao teu procedimento" (ibid.).

a ti mesmo. Tu achas que isso é um desvio.[209] O desvio pelos Deuses é necessário, pois eles são e devem ser levados em consideração, caso contrário cairás vítima de sua lei. No mínimo, deves fazer sacrifícios aos Deuses.["][210]

6. VI. 16.[211]

Eu te encontrei no jardim, amado. O pecado do mundo deu beleza ao teu rosto.

O sofrimento do mundo endireitou tua figura. [84/85]

Tu és verdadeiramente um rei. Tua púrpura é sangue, teu arminho é neve do eterno gelo dos polos, tua coroa que carregas na cabeça é o corpo celestial do sol.

Fala comigo, meu mestre e amado![212]

X: [213]Ó Simão Mago,[214] tu que te escondes em Filêmon,[215] estás em meu ou estou eu em teu jardim?

---

209 As duas linhas anteriores não foram reproduzidas no *LN*.

210 A linha precedente não foi reproduzida no *LN*, e o seguinte foi acrescentado: "Então a alma se aproximou de meu ouvido e sussurrou: 'Os deuses estão até mesmo contentes por poderem às vezes fechar um olho, pois no fundo sabem muito bem que ficaria difícil para a vida se não houvesse nenhuma exceção da lei eterna. Por isso a tolerância para com o demônio'./Em seguida levantou a voz e gritou: 'Os deuses te são propícios e aceitaram tua oferenda'./Ajudou-me então o demônio a me purificar da mistura na coação, e a dor da unilateralidade perpassou meu coração e a ferida da dilaceração me queimou" (p. 486).

211 Terça-feira. Jung atendeu sete pacientes. Em 3 de junho, ele fez uma apresentação na Associação de Psicologia Analítica sobre "Contribuições históricas para a questão dos tipos". A julgar pela discussão nas atas, parece que ele apresentou materiais sobre a escolástica que, mais tarde, apareceram no primeiro capítulo de *Tipos psicológicos*. O seguinte foi acrescentado aqui no *LN*: "Foi num dia quente de verão, por volta do meio-dia; passeava pelo jardim e quando cheguei à sombra da árvore alta, encontrei ΦΙΛΗΜΩΝ andando feliz no odor do capim. Quando eu quis aproximar-me dele, saiu do outro lado uma sombra azul, e quando ΦΙΛΗΜΩΝ a viu, falou assim:" (p. 486).

212 No *LN*, a oração precedente foi substituída por: "Bem-vindo ao jardim, meu senhor, meu amado, meu irmão!" (p. 486).

213 No *LN*, a figura é identificada apenas como "a sombra" (p. 552ss.).

214 Simão (séc. I) era um mago. Nos Atos dos Apóstolos (8,9-24), após se converter ao cristianismo, ele deseja adquirir o poder de transmitir o Espírito Santo de Paulo para Pedro (Jung via esse relato como uma caricatura). Outros relatos sobre ele são encontrados nos atos apócrifos de Pedro e nos escritos dos Padres da Igreja. Ele tem sido visto como um dos fundadores do gnosticismo e, no século II, surgiu uma seita simoniana. Dizem que ele sempre viajava com uma mulher que era a reencarnação de Helena de Troia, que ele encontrou num bordel em Tira. Jung citou isso como um exemplo da figura da *anima* ("Alma e terra", 1927, OC 10/3, § 75). Sobre Simão Mago, cf. QUISPEL, G. *Gnosis als Weltreligion*. Zurique: Origo, 1951, p. 51-70. · MEAD, G.R.S. *Simon Magus*: Na Essay on the Founder of Simonianism Based on the Ancient Sources with a Reevaluation of His Philosophy and Teachings. Londres: Theosophical, 1892.

215 No *LN*, as duas cláusulas precedentes foram substituídas por: "Ó Simão Mago ou outro nome que tenhas" (p. 487).

~~Ph~~ Φ: Tu, ó senhor, estás em meu jardim. Helena e eu somos teus servos.[216] Tu encontraste moradia em nós, pois ΦΙΛΗΜΩΝ e Baucis se tornaram o que Simão e Helena eram.[217] Assim, somos os anfitriões dos Deuses. Nós concedemos hospitalidade ao verme terrível. E quando tu te puseste em evidência, nós te acolhemos. É o nosso jardim [85/86] que te cerca.[218]

X: Eu não sou senhor?[219] Este jardim não é propriedade minha? Não pertence a mim o mundo dos céus e dos espíritos?

Φ: Aqui, ó senhor, estás no mundo dos humanos. Os seres humanos estão mudados. Eles não são mais servos[220] e não são mais os enganadores dos Deuses,[221] mas concedem hospitalidade aos Deuses. Antes de ti veio teu irmão, ó senhor, o terrível verme, que tu despediste quando, ~~na montanha~~ no deserto, ele te deu conselho sábio com voz sedutora.[222] Tu aceitaste o conselho, mas demitiste o verme.[223] Ele encontrou seu lugar conosco. Mas onde ele está, tu também estarás, pois ele é teu irmão imortal.[224] Quando eu era Simão, tentei escapar dele [86/87] com a astúcia da magia e, por isso, escapei de ti. Agora que dei ao verme um lugar em meu jardim, tu me procuras.

X: Caí no poder de tua astúcia? Tu me capturaste secretamente?[225]

Φ: Reconhece, ó senhor e amado, que tu tens a natureza também da serpente![226] Não foste levantado no madeiro igual à serpente de Moisés?[227] Tu entregaste teu corpo como a serpente se despe de sua pele? Não foste para o

216 A oração precedente foi substituída no *LN* por: "Helena, ou outro nome que lhe queiras dar, e eu somos teus servos" (ibid.).

217 Em vez disso, *LN* diz: "Simão e Helena tornaram-se ΦΙΛΗΜΩΝ e Baucis" (p. 487).

218 Em *Memórias*, Jung comentou: "Ao longo das peregrinações oníricas encontra-se mesmo muitas vezes um velho acompanhado por uma moça; e em numerosos relatos míticos encontram-se exemplos desse mesmo par. Assim, segundo a tradição gnóstica, Simão, o Mago, peregrinava com uma jovem que tirara de um bordel. Ela se chamava Helena e era tida como uma reencarnação de Helena de Troia. Klingsor e Kundry, Lao-Tsé e a dançarina são exemplos do mesmo caso" (p. 187-188).

219 A oração precedente não foi reproduzida no *LN*.

220 Em vez disso, *LN* diz: "os escravos" (p. 487).

221 "e não mais os enlutados em teu nome" foi acrescentado aqui no *LN* (ibid.).

222 Isso se refere à tentação de Cristo por Satanás no deserto (Lc 4,1-13; Mt 4,1-11). Satanás ordenou que Cristo transformasse pedras em pão para saciar sua fome; que saltasse da torre do templo para que os anjos o pegassem; que adorasse Satanás para receber os reinos do mundo – o que ele se recusou a fazer.

223 As duas cláusulas precedentes foram substituídas no *LN* por: "Antes de ti veio o verme horrível, que tu conheces muito bem, teu irmão enquanto és de natureza divina, teu pai enquanto foste de natureza humana" (p. 487).

224 A última cláusula não foi reproduzida no *LN*.

225 "Não foi trapaça e mentira tua arte desde sempre?" foi acrescentado aqui no *LN* (p. 487).

226 Jung comentou sobre a serpente como alegoria de Cristo em *Aíon*, OC 9/1, § 369, 385, 390.

227 Em vez disso, *LN* diz simplesmente: "a serpente" (p. 488).

inferno antes de tua ascensão? E não viste lá o teu irmão, que estava trancado no abismo?

X: É verdade. Não mentes. Mas sabes o que trago para ti?

Φ: Eu não sei, sei apenas de uma coisa, que aquele que é o hospedeiro do verme precisa também de seu irmão. [87/88]

O que trazes para mim, meu belo hóspede?[228] O verme me trouxe feiura. Tu me trazes beleza?

X: Eu te trago a beleza do sofrimento. É disso que necessita aquele que é hospedeiro do verme.[229]

18. VI. 16.[230]

~~Eu~~ Vós subterrâneos![231] Quanto tempo dura vosso domínio? O que necessitais? Bem sei que me quereis. Ah, se alguém pudesse acreditar em vosso incrível! Minh'alma, por onde vai o caminho?

"O caminho sempre vai para além de ti, em destino espiritual e corporal".

Para além de mim! Isto significa minha impotência.

"Significa tua realização".

Então condenado a sempre estar fora [88/89] e para além disso, sempre condenado a ser perigo e mal-entendido, sempre equívoco e risco! É possível suportar isso?

"Não a longo prazo, mas por ora. Tudo só vale por ora. Outros tempos virão".

Tudo deve ser feito exclusivamente por mim?

"Não, outros deverão fazer o possível. Aquilo que não for possível para eles, isso tu poderás fazer".

Tenho a atitude correta? Estou falhando em alguma coisa?

---

228 No *LN*, o restante desse parágrafo foi substituído por: "Lamento e horror foi o presente do verme O que nos darás tu?" (p. 488). Entre 11 de junho e 2 de outubro, Jung estava em serviço militar em Château-d'Oex.

229 O texto do *LN* termina aqui.

230 Domingo. Na noite anterior, Emma Jung apresentou "Sobre a culpa" à Associação de Psicologia Analítica. Ela comentou sobre a culpa no cristianismo, observando: "A culpa de conhecimento é apenas unilateral. Sua contraparte necessária é a sexualidade. Ambos os poderes levam o homem para além de si mesmo para o erro fértil de conhecimento e ação. Dali surgem condições que trazem novas obrigações – e diante das quais recuamos – o que percebemos como culpa. Intelectualidade e sexualidade são os dois demônios que levam o homem para além de si mesmo, mas também para uma vida mais ampla" (MAP, p. 130-131).

231 Isto é, a alma.

"De forma alguma. Deves apenas confiar mais em ti mesmo. Pois sabes que consegues."

Mas não confio nos outros!

"Sim, tu não confias em outros no que diz respeito a ti. Podes confiar mais neles do que acreditas". [89/90]

3. VII. 16.[232]

Meu Deus, que incerteza! Que paralisia! Se eu errar, deixa que fique claro! Minh'alma, fala comigo. É fadiga? Está sendo demais? Isso me sobreveio de repente.

"Ouve, não deves fazer demais. Deves descansar mais para que tenhas mais força para enfrentar tudo. Se fores fraco, não poderás permanecer firme. Renuncia ao máximo de coisas externas. Dá tempo e vida à obra. Ela deve amadurecer por si mesma".

Por que, quando falas assim, o sonho[233] me dá a entender que devo aprender coisas novas?

"Tu te enganas. Ainda há muito a ser extraído dali".

["]Permaneces na superfície, por que não dizes o mais profundo? [90/91]

"Como poderia? Não tens força".

Onde ela ficou?

"Ela permaneceu do lado de fora, no desejo e na expectativa["]. Seu lugar é dentro, totalmente dentro, naquilo que cria".

Eu errei?

Não erraste, mas fizeste demais – limitação em todos os aspectos. Tu te preocupas demais com os outros. Deixa que os outros sigam o seu caminho. Busca apenas o teu caminho, mas não para os outros, caso contrário tu despendes demais. O fardo de pensar pelos outros pesa sobre tua cabeça. Só deves fazer tanto por ti mesmo. Descansa["]. [91/92]

18 VII 16.[234]

O que é? Como estão as coisas?

232 Segunda-feira. Jung atendeu sete pacientes.

233 Não é claro a que sonho isso se refere.

234 Terça-feira. Em 14 de julho, Conrad Schneiter apresentou "Sobre o símbolo" à Associação de Psicologia Analítica. Durante a discussão, Jung comentou: "A semelhança de Deus é uma condição tardia e só pode se desenvolver quando o homem, como algo diferente de Deus, aspira à semelhança de

"És um vigarista. Sabes muito bem o que as coisas pretendem dizer. Mas tu não as entendes assim, mas segundo sua aparência. Assim causas confusão".

Como, porém, posso comportar-me de modo diferente?

"Deixa ir, não responde, cala-te e aceita o momento como momento".

Mas não é isso que os seres humanos desejam.

"Esquece os desejos dos outros. Faze o que é teu. Já te adaptas o bastante aos outros".

Por que sinto-me tão mal?

"Porque há em ti também algo mau, isto é, desejo de vingança e maldade, raiva da estupidez das pessoas que se chamam teus amigos".

Sempre preciso ser o diabo, eles [92/93] também deveriam.

"Mas não és tu que deves fazê-lo. Isso é ganância de poder. O mal deve sair de ti. Jamais podes saber o que os outros querem, então não espera nada e não te adaptes a coisas ~~xx~~ que sabes serem apenas caprichos da imaginação, que, amanhã, já deixaram de ser verdade. Tu te esqueceste totalmente de Buda – de novo.[235] Então, expulsa a sede de vingança, destrói a raiva, permanece na expectativa das coisas vindouras, uma chama brilhante que não é apagada pelo vento".

Sou realmente o diabo? Sou o diabo porque ~~eu~~ meu caminho me levou aos demônios? Não teria eu seguido fielmente o meu caminho?

"O cristianismo não despertou as piores qualidades do ser humano? Isso faz de Cristo um diabo? Bem, ele também era do diabo~~"~~. Deves permanecer imperturbado na expectativa. Não perturbes a chama sagrada. Tua raiva e tua sede de vingança são fogo terreno, roubam do celestial["].[236] [93/94]

Deus – se iguala à natureza. Deificação exerce um papel importante nos Mistérios, é feita intencionalmente. Segundo a crença antiga, a deificação ocorria após a morte. No entanto, nos ensinamentos dos Mistérios, ela pode ser alcançada já durante a vida". Então Hans Trüb perguntou: "Qual é a diferença entre os mistérios e os estados mentais anormais?" Jung respondeu: "Esses são sentimentos especialmente fortes, que não são gerais (= normais). *E. g.* Schopenhauer: O mundo é minha representação. O além-homem de Nietzsche: o mundo provém de sua vontade. Seu princípio mais alto é sua própria vontade. Isso não é tão explícito no caso de pacientes na análise, antes é sintomaticamente implicado. A semelhança de Deus pode ser feita intencionalmente ou alguém pode ser tomado por ela ['ser perseguido por Deus']".

235 O Buda apareceu num círculo de chamas numa fantasia de 23 de dezembro de 1913, no *Livro 2*, p. 187. Num diálogo em 5 de fevereiro de 1916, a alma informou ao "Eu" que ele precisava abster-se de sofrimento e alegria nos homens; o "eu" descreveu isso como uma sabedoria oriental. A referência parece ser à doutrina budista do desapego (cf. acima, *Livro 6*, p. 221).

236 Entre 23 de julho e 25 de julho, Jung estava de férias em Bellinzona e Brissago, no Ticino.

14 ago. 1916.[237]

Meu Deus, quero de mim o que é certo.

"Queres mesmo?"

Por que duvidas? Minh'alma, por que não ajudas?

"Devo preservar a conexão certa com os poderosos deste mundo". O que é certo para ti, é errado para eles. Certo e errado iguais para ambos os lados".

Então dize-me, quais fardos terríveis foram colocados sobre mim?

"Aquilo que foi pouco demais para ti e aquilo que foi demais para os outros".

Tu me enganas?

["]Não, por que te enganaria? Devo florescer contigo["].

Procedo incorretamente? Eu te ouvirei. Distribuirei o certo e o errado corretamente. Ouvirei, mas fala comigo.

"Então ouve: muito é imposto a ti, muito ainda é esperado de ti – para os vivos e [94/95] para os mortos. Coisas estranhas ainda hão de ser cumpridas. Não resiste. Coisas boas nascem do mal. Sonhaste que estavas viajando para aquela terra feliz com o amigo de tua juventude, que cedo alcançou um destino ruim. Ele era como teu irmão, e muitas vezes foi o seu destino que te serviu como alerta.[238] Mas não esqueças como ele era diferente e de que maneira completamente diferente ele alcançou o seu destino. Tu evitas tudo que ele fez. A lembrança dele ainda te magoa. É assim que deve ser, por isso sonhas com ele, pois deves ser rebaixado ao mínimo absoluto de tua necessidade, caso contrário, a medida máxima também não te bastará. Viste isso naqueles que tiveram tudo de ti e, justamente por isso, não ficaram satisfeitos. Sê frugal, assim ensinarás frugalidade aos outros – e gratidão pelo pouco. O ser humano só é grato pelo pouco, jamais pelo muito.

Faze por ti mesmo, para que tenhas a força para solucionar a tarefa["]. [95/96]

Estás comigo?

"Estou totalmente contigo".

16 VIII 16.[239]

Por que me irritas? Por que não me deixas encontrar descanso para que eu possa fazer a obra necessária? O que queres ainda? Fala e não me deixa sem-

237 Segunda-feira.
238 Não identificado.
239 Quarta-feira.

pre no escuro quanto ao que queres. Hoje, tu me irritaste e assediaste novamente. Tu roubas a minha alegria e tens prazer em torturar. Parece-me que tu mesmo queres fugir de um tormento e, por isso, o jogas em mim. Isso não continuará assim. Quero saber e compreender. Tu deves contribuir a tua parte. Fala. Quero ouvir-te!

“Tens me oferecido bastantes sacrifícios? Mataste cabras ou gansos para mim?”

Voltas a te comportar como senhor. O que te deu poder? Fala, quero saber. [96/97]

“Não prestaste atenção. Foi tirado de ti secretamente. Eu roubei enquanto dormias”.

O que roubaste de mim?

“A dureza”. Eu te tornei mole e bondoso. Isso me deixou forte e ousado. Pois moleza é um vício. Ha ha, ainda te ensinarei como deves tratar-me. Presta atenção, é isso que precisas aprender”.

Quando e como foi isso?

“Naquela noite deliciosa em que te divertiste tão pouco – nenhuma diversão antes, nenhuma diversão depois. Apenas sentimentos. Isso é alimento para nós”.

Demônio inescrupuloso, sempre disposto a explorar a aflição do ser humano. Mas, dize-me, como conseguiste devorar os sentimentos e, com isso, minha dureza?

“Tu não és inescrupuloso e egoísta o bastante. Lamento revelar-te o segredo. Tu não dás para comprar. [97/98] Tolo, tu dás pelo bem de dar e acreditas que gratidão bastará. Jamais, isso é sentimental. Isso nos deixa gordos e violentos”.

Diabo, eu te jogarei contra a parede.

“Faze isso, se conseguir. De qualquer forma, terás que conviver comigo. Sê grato por eu te revelar meus segredos de negócios”.

Então devolve-me minha dureza. Vamos logo com isso. Não quero mais ser teu tolo, ~~f~~ maldito parasita.

“O que me dás em troca?”

Como vês, mais uma vez o meu sangue. Não cabras e gansos, mas a mim mesmo. Resgate melhor não existe.

“É quase demais. És generoso demais – em troca de um pouquinho de dureza. Talvez teria bastado bater o pé. E já teria acontecido”. [98/99]

Então também pertences à raça daqueles que, quanto mais recebem, mais atrevidos ficam. Como és ordinariamente humana! Parece-me que precisas jejuar. Certamente! Mais uma vez esqueci-me de que o pós-cristianismo já começou, quando as almas vão para o mosteiro e se cingem com cordas e jejuam. Que Deus tenha misericórdia! Sim, minha querida e cevada alma cristã, percebo que minhas virtudes te impedem de alcançar a salvação das almas. Torna-te boa, o cristianismo te transformou num monstro completo. Os processos contra as bruxas já poderiam ter nos servido de lição. Maldita idiotice dessas pessoas, deveriam ter grelhado suas almas, mas assaram sua própria carne e com ela enchem a pança de suas almas.[240]

Meu Deus, não permitas que minha obra, meu objetivo seja devorado pelas almas. [99/100]

21. IX. 16.[241]

Está preto, totalmente preto. A razão do sofrimento não está esgotada. Por isso venho até ti ou até vós, os invisíveis, e vos ofereço sangue, para que vossa mudez se dissolva e vós faleis comigo e me dizeis o que exigis de mim, para que eu possa suportar a vida. Então, deixai-me ouvir! És tu, minh'alma? Fala!

"Faz muito tempo, tempo demais, desde que falaste comigo. Aqui se encontra uma razão de teu sofrimento. Esperaste demais. Mas isso não é tudo: o que há com o velho que tu abateste? Talvez ele estivesse certo? Como?"[242]

---

240 Jung está se referindo aos processos de perseguição às bruxas, que ocorreram na Europa a partir do final do século XV. O relato clássico sobre como detectar e punir bruxas pode ser encontrado em *Malleus Maleficarum*, publicado pelos inquisidores dominicanos Jacob Sprenger e Heinrich Kramer em 1489. Em seus seminários sobre o *Zaratustra*, de Nietzsche, Jung se referiu várias vezes aos processos de bruxaria e ao *Malleus Maleficarum* (17 de outubro de 1934, vol. 1, p. 170; 23 de janeiro de 1935, vol. 1, p. 332; e 22 de junho de 1938, vol 2, p. 1.318). Em 1952, escreveu a Gerd Rosen: "Visto dentro do espírito da época, o *Malleus Maleficarum* não é tão horrível assim. Era um instrumento para suprimir uma das grandes epidemias psíquicas. Para aquela época representava uma espécie de obra de esclarecimento que foi usada, sem dúvida, com meios drásticos. A psicologia daquela epidemia de mania de bruxas nunca foi corretamente elaborada. [...]. Este só pode ser entendido no contexto global do problema religioso da época e sobretudo no contexto da psique alemã sob as condições medievais" (*Cartas*, vol. 2, p. 243).

241 Quinta-feira. Nos meados de setembro, Jung visitou Neuchâtel, Moudon, Morat e La-Chaux-de-Fonds.

242 Uma possível referência a Freud. Na época, Jung estava trabalhando no manuscrito de *A psicologia dos processos inconscientes* (o prefácio é datado de dezembro de 1916). Nele, ele apresentou um relato de um caso interpretado, de um lado, pela teoria sexual de Freud e, de outro, pela teoria do poder de Alfred Adler. Referente ao primeiro, Jung escreveu: "*A teoria da sexualidade, apesar de unilateral, é totalmente correta até certo ponto. Portanto, seria tão errado repudiá-la quanto aceitá-la como universalmente válida*" (cf. p.48). Após apresentar um relato do caso com base na teoria de Adler, ele observou referente aos relatos contrastantes: "Aquele que mais se apropriou do poder do eu se revolta contra a primeira concepção,

Eu concordei com ele na medida em que lhe cabia. Mas eu também estava certo. O que há com ele?

"O que ele diz sobre a sexualidade, tu acreditas nisso?" [100/101]

Certamente, mas também na outra coisa,[243] pois também é verdadeira, na medida em que a verdade pode ser verdadeira.

"Verdade? Essa sim é uma bela palavra antiga. Tens ainda outras dessas?

Para de zombar. Quando te pergunto algo, isso não significa que eu me rendo a ti incondicionalmente. Eu te conheço. Então, o que há com a sexualidade?

"Ela é importante para ti, não é?"

Naturalmente. O que queres com isso?

"Tu queres alguma coisa com isso?"

Para com essa tortura. Tu sabes o bastante. Quero ouvir de ti como eu posso me reerguer. Não posso viver assim. Dá-me o que seguras.

"Dá-me tempo para hesitar. Não tão rápido, devagar é melhor".

Diabo abominável! Devolve minha vida. [101/102]

O que queres de mim?

"Teu coração".

Ah, até mesmo o coração? Sangue não te basta?

"Não, o coração, o coração inteiro. Não precisas mais de um coração. Preciso ter teu coração".

Então toma-o, não me importo. Já estou desesperado o bastante. Mas dá-me minha vida em troca. O que acontecerá com meu coração contigo? Meu coração com esta alma! Isso talvez te torne melhor? Ou aprenderei a odiar meu coração, porque agora ele está contigo? "Do coração provêm todos os pensamentos maus";[244] assim, até isso se cumpre. Serei então o mestre dos meus sentimentos e me livrarei deles? [102/103]

"Sê paciente e observa o que será, agora que me deste teu coração. Talvez isso me torne melhor".

---

enquanto aquele que mais se importa com o amor, jamais será capaz de se reconciliar com a segunda" (ibid., p. 391). Assim Jung apresentou aqui uma concepção relativista da verdade, vinculada à sua noção da "equação pessoal" – sobre esse tema, cf. *Jung and the Making of Modern Psychology*, seção 1.

243 De acordo com a anotação anterior, uma possível referência à teoria do poder de Adler.

244 Mt 15,19: "Porque do coração provêm os maus pensamentos".

De modo que até viria algo bom de ti? É difícil de acreditar. No entanto, aguardarei. Mas tu sabes, com pouca esperança.

"Paciência. Acontecerá alguma resolução. Teu coração me dá força".

25. IX. 16.[245]

Houve uma resolução. A vida retornou. Estou feliz e grato. Devo dizer-te isso. No entanto, muita coisa dolorosa, dura e cruel paira no ar. Culpa sombria, temor, peso e opressão. Quanto dessa guerra cruel entrará?[246] O odor de sangue pesa também sobre meu ar? Devo ter parte nisso? [103/104]

Eu te dei meu coração, minh'alma, fala comigo!

"Quantas luzes queres ter, três ou sete? Três é o íntimo e modesto; sete, o geral e abrangente".

Que pergunta! E que decisão! Devo ser verdadeiro: desejo as 7 luzes.[247]

"Então queres as sete? Foi o que pensei. Isso conduz à vastidão – luzes frias".

É disso que necessito: refresco, ar fresco. Chega de calor sufocante. Excesso de medo e insuficiência de liberdade para respirar. Dá-me as 7 luzes.

"A primeira luz é designa o pleroma.[248]

A segunda luz designa Abraxas.[249]

A terceira luz, o sol.[250] [104/105]

A quarta luz, a lua.[251]

A quinta luz, a terra.[252]

A sexta luz, o falo.[253]

A sétima luz, a estrela".[254]

Por que faltaram o pássaro, a mãe celestial e o céu?[255]

245 Segunda-feira. Jung atendeu cinco pacientes.

246 A essa altura, a Batalha de Somme, que tinha começado no início de julho de 1916, estava em seu auge.

247 A seguinte retratação das sete luzes representa outra elaboração da cosmologia dos *Septem Sermones*. Compare também o *Systema Munditotius* (*LN*, p. 364) e o esboço de Jung (*Livro 5*, p. 273).

248 Cf. *Livro 5*, p. 285ss.

249 Cf. Ibid., p. 213ss.

250 Cf. Ibid., p. 212ss.

251 Cf. acima, p. 223.

252 Cf. ibid.

253 Cf. acima, p. 223.

254 Cf. acima, p. 227s.

255 Cf. acima, p. 223s. e 225s.

"Todos eles estão contidos na estrela. Quando ~~vês~~ olhas para a estrela, teu olhar os atravessa. Eles são a ponte que leva à estrela. Eles formam a 7ª luz, a mais alta, a flutuante, que ascende com o bramido das batidas de asas, liberta do abraço da árvore da luz com 6 galhos e 1 flor, em que o Deus-estrela dormitava.

As seis luzes são individuais e formam a multiplicidade, a luz uma é única e forma a unidade, é a flor da copa [105/106] da árvore, o ovo sagrado, a semente do mundo dotada de asas para que ela possa alcançar o seu lugar. Do uno emerge sempre de novo o muito, e do muito, o uno".

Mas, dize-me, o que é a tríade que desprezei?

"São 3 mulheres, aurora, meio-dia e noite, a mulher – teu destino. Tu escapas dele".

Correta ou incorretamente?

"Corretamente. Pois tu não mereces ser sufocado pela mulher, pois ~~xx~~ não permitiste ser sufocado por mim. Em mim vês o que a mulher é para o homem – uma armadilha e uma escada para o céu.[256] O que a mulher é além disso, ela mesma deve te mostrar – e mostrará. Entre homem e [106/107] mulher foi fixado um profundo abismo. Eu sou esse abismo. Aquele que não vê esse abismo está alienado de si mesmo. Aquele que me tem vê o abismo intermediário, que nenhuma alma consegue ultrapassar. Separação gera anseio, e apenas o anseio une. Aqueles que estão distantes se amam".[257]

Isso significa solidão, alienação, mosteiro?

"Não, significa possibilidade de estar juntos – proximidade em montanhas mais distantes.[258] Significa alegria. Pois experimentas todo sofrimento em tua alma e com ela".

256 Cf. Jean Paul: "Mulheres boas sempre devem carregar e segurar a escada ao céu pela qual os homens ascendem para o azul e cair do sol celestial" (*Blumen-, Frucht- und Dornenstücke oder Ehestand, Tod und Hochzeit des Armenadvokaten F. St. Siebenkäs*. Munique: Carl Hanser, 1959-, p. 98 [*Sämtliche Werke*, vol. 1/2; ed. Norbert Miller]). Jung tinha um exemplar de *Titan* (1803), um romance de Jean Paul. Gn 28,12 narra o sonho de Jacó: "Teve um sonho: Via uma escada apoiada no chão e com a outra ponta tocando o céu. Por ela subiam e desciam os anjos de Deus".

257 Em 1925, Jung discutiu o papel de anima e animus em relacionamentos em seu artigo "Casamento como um relacionamento psíquico", OC 17, § 324ss. Para o pano de fundo disso, cf. LIEBSCHER, M. "Eros und Distanz bei Platon, Weininger und Nietzsche". In: LIEBSCHER, M.; SCHOFIELD, B. & WEISS-SUSSEX, G. (orgs.). *The Racehorse of Genius*: Literary and Cultural Comparison. Munique: Iudicium, 2009.

258 Cf. *Patmos*, de Hölderlin: "Próximo é/e difícil de compreender, o Deus./Mas onde o perigo ameaça/Aquilo que salva dele, ele também cresce./Em lugares escuros residem/As águias, e destemidos/caminham sobre o abismo os filhos dos Alpes/Em pontes levemente construídas./Portanto, já que

Quem és tu?

"Sou tua alma".

Como? E dizes a verdade?

"Tenho teu coração. Por isso. Sinto contigo, estou unida contigo".

Então és a mulher, a companheira de mim mesmo – minha alma, como dizem – aquela que sempre procurei?[259] Aquela que nunca encontrei entre [107/108] as mulheres humanas? Tu renunciaste aos demônios? Tu te tornaste cristã, monstro pagão?

"Eu te sigo, sempre mais velha e mais nova do que tu".

Como nova, tu já pressentes o fim e do novamente outro?

"Não, eu sondo o que está adiante. A vastidão maior daquilo que é. Chamo isso cristianismo da alma, a abstinência e castidade da alma, a humanidade do ser humano.

Carrego comigo todo maior sofrimento ~~mais alto~~ e toda mais alta alegria. Apenas o mensurável e o mensurado pertencem aos seres humanos, não vice-versa, como os diabos sempre querem ensinar-te. Dá-me a tua lealdade, e eu te ajudarei. Sabes que posso efetuar muito. [108/109] Eu te dou força e mantenho longe de ti as perturbações. Assim subirás ao que está adiante["].

27. IX. 16.[260]

Tu acumulas um peso insuportável sobre mim. É esta a recompensa por eu ter te dado meu coração? Ou exiges que, apesar do cansaço, eu te consagre noite após noite?

"Ontem deverias ter superado tudo para falar comigo. Tu deixaste de fazer isso. Por isso serás punido".

Mas por que tanto nojo obstrui o meu caminho? Por vezes, não consigo superar o nojo.

---

em torno/se acumulam os picos do Tempo/E os mais amados vivem próximos, ficando fracos/Em montanhas mais separadas,/Dá-nos água inocente,/Ó, dai-nos pinhões, com mentes mais fiéis/Para atravessar e retornar" (*Friedrich Hölderlin*: Poems and Fragments. Londres: Anvil Press Poetry, 2004, p. 567). Em 1912, Jung comentou sobre isso em *Transformações e símbolos da libido*, CW B, § 660ss. Cf. tb. SHAMDASANI, S. C.G. *Jung: uma biografia em livros*, p. 12ss.

259 Em 1921, Jung observou: "Para o homem, o portador mais adequado da imagem da alma é a mulher, por causa das qualidades femininas de sua alma e, para a mulher, é o homem" (*Tipos psicológicos*, OC 6, § 843).

260 Quarta-feira. Jung atendeu três pacientes.

"Porque eu sou repugnante. No que dizia respeito aos homens, tu também foste capaz de superar todo nojo, ou não completamente? Em todo caso, muito mais do que em relação a mim. Aqui, o nojo deve ser superado totalmente, completamente, estás ouvindo? Quando sentires nojo, deves vir até mim, pois nisso estou próximo de ti. Quando cheiro de defunto e [109/110] podridão morta pairam no ar, eu estou presente, então podes e deves falar comigo, caso contrário tudo fica distorcido. Estás certo ao procurar-me agora. É bom que queiras me ouvir. É simplesmente necessário que me ouças. Para que te serve a dúvida, sou eu que está sentada junto à fonte da vida. Precisas vir até mim, caso contrário não vives. Tu vives através de mim, através do nojo que eu exalo. A vida se alimenta de cadáveres, não sabes disso? Lembra-te disso. Aquele que não supera o nojo da comida de cadáveres não vive; o mundo se torna cadáver para ele. É melhor largar todo o resto e vir até mim".

Falas como uma mulher.

"Eu sou tua mulher, que pode dar-te vida. Nenhuma mulher terrena conseguiria fazer o mesmo a longo prazo. Tu escolheste as 7 luzes, por isso [110/111] recebes tua vida de mim e não de uma mulher humana. Isso é doloroso, mas é a verdade. Tu sempre darás vida apenas a elas, ~~xx~~ elas jamais poderão dá-la a ti. Só eu posso fazer isso. Por isso, sempre que ~~não~~ és tomado pelo vazio e pelo nojo, vem até mim".

Então dá-me vida, devolve-me o florescimento e a força.

"Estás disposto a cumprir todas as minhas condições?"

Sim, estou.

"Então chega de cartas a mulheres,[261] chega de choramingar. Elas não podem te dar isso. Já deverias saber disso há muito tempo. És, para elas, a fonte da vida, até elas encontrarem sua própria fonte. Cartas de lamentação são equívocos. Deves dar, mas apenas de mim deves receber. As mulheres humanas sempre têm ciúmes de mim, confundindo a si mesmas com a tua [111/112] alma. Essa é sua diabrura com a qual sofrem e te fazem sofrer. Tu me capturaste e me obrigaste à lealdade. Eu, só eu, sou tua mulher".

Duvido de ti e não confio que sejas capaz.

"Eu não sou uma mulher humana, elas não são capazes. É nelas que não se pode confiar, mas tu deves confiar que eu possa te dar. Já experimentaste isso muitas vezes. Por que ainda não acreditas nisso?"

261 Nessa época, Jung estava mantendo uma correspondência com Maria Moltzer e Toni Wolff.

Às vezes, parece-me que as outras também são capazes.

"Apenas através de mim, jamais através delas mesmas. Elas são vazias e secas na medida em que não têm a própria fonte e vivem apenas através de ti. Queres amor delas? Recebes apenas o que tomas. Elas não podem dar. [112/113] Eu posso dar, elas não".

Então me dá. Cumprirei tuas condições.

"Há mais uma condição: deixa a preta ir.[262] Nenhum vínculo profundo demais. Ela também é vazia e vive através de ti. Ela não pode te dar o que precisas. Tu escolheste as 7 luzes. Quanto mais te amarras, mais fraco ficas. Chega de cartas, chega de tempo, que deverias dar a mim~~"~~. Eu te darei força se andares apenas comigo. Eu afastarei outras de ti, mas vem até mim. Deves ser solitário comigo. Muito silêncio, e não te amarra. ~~De que~~ Toma as coisas humanas que necessitas. Muito se oporá a tu ires comigo. Nem mesmo a pena desejará escrever. Mas vem até mim sem cessar. Apenas eu posso te dar solução. Tu encontraste o caminho até mim. Portanto, receberás também o salário. Mas permanece comigo["]. [113/114]

28. IX. 16.[263]

Não é tudo muito ameaçador?

"Menos do que nunca. Agora vem a evocação do perigo. Deves cuidar de teus amigos".

É tamanha a escuridão que me domina?

"Mais do que isso, profunda desconfiança, temor secreto. Tu te tornaste assombroso".

Eu me lembrarei disso. Mas dize-me: por que falaste ontem de modo tão desdenhoso da preta? És apenas ciumenta, ou existem razões mais profundas?

"Sim, é ciúme, ciúme feminino. Porventura acreditas que ele não tenha sentido? É autopreservação. Por isso devo menosprezar a preta. Eu sou contra ela, não porque ela não ~~xx~~ é boa, mas porque ~~se~~ ela tira demais de mim".

Temo que és gananciosa demais. Queres demais de mim.

"Sempre quero muito de ti. As mulheres fazem parte dos meus adversários mais perigosos, [114/115] pois possuem minha qualidade. É por isso que podes me confundir tão facilmente com a preta. Eu também tenho olhos de cabra

262 É provável que, aqui, a referência seja a Toni Wolff.

263 Quinta-feira. Jung atendeu um paciente.

dourados e pelo preto. Eu me coloco entre ela e ti. A branca[264] é menos perigosa para ti, pois ela não se parece em nada comigo e é de natureza tão adversa que é impossível tu te perderes ali. Só sofres um pouco demais com ela. No passado, ela era perigosa para ti, agora, não mais. Agora ela está apenas amargurada contra ti, porque sou mais forte do que ela.[265] Mas a preta é desonestamente esperta. Compreendo que tu a amas, mas quero ela fora do caminho. Não tenho certeza se conseguirei. Existem coisas humanas que não consigo dominar. Mas sempre serei contra ela. Portanto, presta atenção. Nada de ficar longe demais de mim!"

Lembro que tu não és um ser humano, mas um semidemônio. Espero que meu coração, que eu te dei, te melhore. Espero que, através do meu coração, tu entendas a natureza humana. Nem sempre precisa ser como o inferno [115/116] e o diabo entre nós. Vive comigo e me ajuda a encontrar o caminho certo para atravessar o mundo. E mais uma coisa me pesa no coração. Sabes que estou prestes a confrontar algo que, até então, tem sido escuro para mim: o mágico. É correto eu fazer isso, ou será que não vejo os contra-argumentos?

"O mágico? O que queres ali?"

Quero saber se ali também existe um caminho, se ali também podemos ganhar algo útil e necessário.

"Cuidado! Não posso objetar. Mas existem razões contrárias. Para onde ele deve levar-te? Para um conhecimento novo? Já não tens bastante disso? Certezas? Existem certezas maiores do que aquelas que já tens?"

Mas tu deves saber muito sobre isso. Não se trata de sua própria área?

"É justamente isso que é obscuro para mim. Não sei como opero. Isso só pode ser esclarecido através do ser humano, pois a natureza se reconhece [116/117] apenas através do ser humano. Talvez eu aprenda algo com isso? Quem sabe? Só posso compreender para ti aquilo que já tens, mas não sabes. O além do qual eu trago ~~xx~~ conhecimento para ti é teu além. Eu ~~sei~~ consigo compreender o que tu tens. Mas tu não – por isso precisas de mim".

Criatura notável! Então nada tens a objetar à minha intenção?

"Nada, como já disse. Vós humanos quereis saber tanto!"

264 Muito provavelmente, Maria Moltzer. Anos depois, Toni Wolff, referindo-se a um sonho em que Moltzer apareceu, anotou: "Eu sou como M.M. – ou seria ela a anima de C. – desumana?" (20 de agosto de 1950, *Diary* O, p. 78.)

265 Para a reação de Moltzer a Jung, cf. a introdução, p. 62-65.

Parece-me que não estás dizendo tudo. O que há contigo? Existe algo que não queres revelar?

“É tão difícil soltá-lo!”

Então esforça-te, como eu também me esforço.

“Bem, vamos tentar. É algo sobre o pássaro dourado. Não é o pássaro branco,[266] mas o dourado. Este é[267] diferente. O branco é um demônio bom, mas o pássaro dourado está acima de ti e abaixo de teu Deus. Ele voa à tua frente. [117/118]

Eu o vejo no éter azul, voando em direção da estrela. Ele é algo de ti. E, ao mesmo tempo, é seu próprio ovo, que te contém. Tu me sentes? Então pergunta!”

~~“~~Explica-me mais. Isso causa um sentimento ruim em mim~~”~~.

“O pássaro dourado não é uma alma, ele é toda a tua natureza. Os seres humanos também são pássaros dourados, não todos, outros são vermes e apodrecem na terra. Vários, porém, são pássaros dourados”.

Continua, ~~xx~~ temo meu nojo. Conta-me o que compreendeste.

“O pássaro dourado está sentado na árvore das 6 luzes. A árvore nasce da cabeça de Abraxas; ~~e tudo de~~ Abraxas, porém, nasce do pleroma. Tudo do qual nasce a árvore floresce dela como uma luz, transformado, como um útero da flor da copa, do pássaro-ovo dourado. A árvore da luz é primeiro uma planta, [118/119] que se chama indivíduo; este nasce da cabeça de Abraxas, seu pensamento, um pensamento entre inúmeros outros. O indivíduo é uma mera planta sem flores e frutas, uma passagem para a árvore das 7 luzes. O indivíduo é a fase anterior à árvore da luz. O luminoso floresce dele, o próprio Fanes, Agni, um fogo novo, um pássaro dourado.[268] Isso vem depois do indivíduo, quando

266 Para o pássaro branco, cf. acima, *Livro 6*, p. 225.

267 Transcrição incerta.

268 Na teogonia órfica, Éter e Caos nascem de Caos. Cronos cria um ovo em Éter. O ovo se parte, e Fanes, o primeiro dos deuses, aparece. W.K. C.Guthrie escreve: “Ele é imaginado como maravilhosamente lindo, uma figura de luz brilhante, com asas douradas em seus ombros, quatro olhos e cabeças de diversos animais. Ele é de ambos os sexos, visto que ele deverá criar a raça dos deuses sem ajuda” (*Orpheus and Greek Religion*: A Study of the Orphic Movement. Londres: Methuen, 1935, p. 80). Em *Transformações e símbolos da libido*, ao discutir concepções mitológicas da força criativa, Jung chamou atenção para as “figuras órficas de Fanes, o ‘Luminoso’, o primogênito, o ‘Pai de Eros’. Em termos órficos, Fanes denota também Príapo, um Deus do amor, andrógino e igual ao Dionísio Lísio de Tebas. O significado órfico de Fanes é igual ao significado do Kâma indiano, o Deus do amor, que também é um princípio cosmogônico” (CW B, § 223). Jung observou aqui também que “Agni, o fogo, era adorado como um pássaro de asas douradas” (§ 295). Os atributos de Fanes correspondem aqui às representações clássicas, e ele é descrito como o luminoso, um Deus de beleza e luz.

volta a ser unido com o mundo, então o mundo floresce dele. ~~de~~ Abraxas é a pulsão; o indivíduo, aquilo que se distingue dele; a árvore das 7 luzes, porém, o símbolo do indivíduo unido com Abraxas. Disso surge Fanes e voa à frente, ele, o pássaro dourado.

Tu te unes com Abraxas através de mim. Primeiro tu me dás teu coração, então vives através de mim. Eu sou a ponte que leva a Abraxas. Assim vem a ser a árvore da luz em ti, e tu mesmo te tornas a árvore da luz [119/120], e Fanes surge de ti. Tu previste isso, mas não o compreendeste. Na época, precisavas separar-te de Abraxas para tornar-te indivíduo, oposto à pulsão. Agora vem a união com Abraxas. Isso acontece através de mim. Tu não podes fazer isso. Por isso, deves permanecer comigo. A união com o Abraxas físico ocorre através da mulher humana, a união com o Abraxas espiritual, porém, ocorre através de mim, por isso deves estar comigo".[269]

29. IX. 16. Manhã.[270]

Tu vês, tropecei novamente. Não uma, mas duas vezes. Essa maldita correspondência!

"Sim, lamentável! Vós, os seres humanos, sois fracotes".

E tu, eu tive que te trancar! Não foi graças à tua liberdade relativa que [120/121] voltei a tropeçar?

"Sim, para variar, eu também quis ter um bom dia e me diverti com tua irritação e teus pecados".

O exemplar de Jung de *Ancient Fragments of the Phoenician, Chaldean, Egyptian, Tyrian, Carthaginian, Indian, Persian and Other Writers; With an Introductory Diossertation, And an Inquiry into the Philosophy and Trinity of the Ancients*, de Isaac Cory (Londres: William Pickering, 1832), apresenta grifos na seção que contém a teogonia órfica e uma tira de papel e marca ao lado da seguinte declaração: "Eles imaginam o Deus como um ovo que concebe e foi concebido, ou uma veste branca, ou uma nuvem, porque Fanes emerge destes" (p. 310). Jung intitulou seu primeiro esboço de uma mandala, que data de 2 de agosto de 1917, de. "ΦΑΝΗΣ" [Fanes] (*LN*, apêndice A). Em abril de 1919, ele pintou um retrato de Fanes no *LN* (imagem 113; cf. apêndice, p. 141). Em sua inscrição à imagem, ele descreveu Fanes como "imagem da criança divina [...]. Eu o chamei ΦΑΝΗΣ [Fanes], porque ele é o Deus que aparece novamente" (p. 358). Jung também pintou dois retratos de Fanes, dando um a Emma Jung e um a Toni Wolff (*A arte de* C.G. *Jung*, cat. 50, 51, p. 124-125). Fanes aparece também em duas outras pinturas (cat. 52, 53, ibid., p. 125-126). Em cat. 53, as figuras no segundo plano à esquerda e direita são Ka e Filêmon, respectivamente.

269 Em 29 de fevereiro de 1916, Toni Wolff anotou: "Sexualidade = sentimentos coletivos gerais = no inconsciente. Abraxas cabeça, leão, como perigo: pensamentos cósmicos. Mais convencional: coletivo geral e pensamentos intelectuais cósmicos – Abraxas inconsciente rabo e serpente, sexualidade como perigo (sonho de 26 II 1916)" (*Diary L*, p. 178).

270 Sexta-feira. Jung atendeu seis pacientes.

O quê – pecados?

"Bem, em palavras um tanto depreciativas: mas tu também me deprecias quando, em decorrência das minhas incoerências, voltas a duvidar ~~em~~ da minha existência. Que bom que vieste agora. Quando não vens, eu me perco nas coisas e nas pessoas e, então, é difícil tirar-me dali novamente. Eu me deleito com todas as emoções e me perco totalmente nelas. Sou lembrado da minha existência apenas através de ti. Mas perdi um pouco da minha seriedade. Essa carência deve ser recuperada. Tu deves me ajudar a fazer isso. Deves voltar em breve, amanhã de manhã, para que possamos continuar a fazer a nossa obra. [121/122]

Noite.

Sinto que a luta recomeça. Ajuda-me, alma, demônio. Aquilo que ainda dormita e não foi remido deve ser conquistado. Ao trabalho.

"É outra coisa".

O que é?

"É quase impossível expressar. Ainda está distante, embaçado como neblina, fantasmagórico, uma névoa sobre planícies escuras, uma noite verde, florestas sombrias. O que eu vejo? Quem conseguiria descrever? Quase inexprimível – tão amplo, tão fino, como um sopro – estranho – de onde tiraste isso? Tão fresco e nórdico – tão marítimo – o que tens lido? O que aprendeste? Como chegou a ti? Coisas indizíveis, insondáveis, assustadas – como nós de serpentes, laços embaraçados, emaranhados[271] – como runas, símbolos difíceis de interpretar. Tu desenhaste algumas. Onde está a chave – são brancas e nebulosas, como sopro – curioso. Um símbolo pode ser distinguido,  o que significa? Uma parte superior e outra inferior, divididas ao meio na vertical – dá quatro. Está desaparecendo – segura-me – devo me aproximar novamente – paciência – fixar, não desviar o olhar – agora é fogoso, 2 círculos  como olhos, órbitas de fogo vazias. Agora – segura – está pesado, parecem ser duas gotas , duas lágrimas de vidro ardente gotejadas de uma esfera superior fogosa – uma luz amarela , que queima para o alto, um fogo-fátuo sobre pântano sombrio – um túmulo 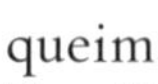, quem descansa nele? Está vazio, esvaziado, alguém surgiu dele – para

271 Cf. a pintura subsequente de Jung no *Liber Novus*, imagem 71.

onde foi? Uma bifurcação , o que se bifurcou? [122/123] O que se dividiu e, antes, era um? Foi um pecado – não, um conflito? Não: uma separação? – Escuridão. Mas vê – outro símbolo, uma cabeça , decepada? Caída de onde? – Uma grade , um laço , uma prisão , um galo  – estou perdido – tão estranho – isso não é familiar. Tu pegaste algo que não pertence a ti, coisa estranha do diabo, algo infinitamente distante. Algo entrou em ti, algo adverso – ah, ontem à noite – a magia – feitiço estranho, rápido, para fora – encontrei encanto estranho – falsidade – truques mágicos, nada autêntico, nada do solo – veneno, veneno infernal ardiloso de verdes frascos venenosos. Cospe isso, é impuro, falso, repugnante, uma fraude, feitiço infernal. Eu te alerto contra a magia – coisa diabólica entra em ti, chega disso – eu te imploro, rato imundo, emaranhado do submundo, encanto de bruxa – desaparece – foste descoberto, pregado e exposto. Todos te veem, todos cospem em ti – descoberto – descoberto – imundície estranha, some daqui – o ar está limpo – a porta está fechada.

Isso se foi. Agora, porém, lembra-te: lá há enganação e veneno de magia. Não toca nisso. O diabo montou uma armadilha. A preta é boa. Lá, o ar é bom. A verde prepara veneno e coisas sombrias. [123/124] Que bom que isso está dito. Chega disso! Ah, salamandras dissimuladas das trevas, olhais estupidamente, a presa vos escapou. Agora, para o alto, para a luz – precisamos ver as estrelas acima da neblina – a neblina gera veneno. Ó pureza do ar – fecha o abismo do fedor. Acende uma luz pura e branca no portão do alto. Magia – essa magia é imundície diabólica – tu te sujas com ela – mistura impura – veneno frio – guarda-te".[272]

Fizeste muito bem. Então foi isso que me deixou um pouco embriagado! Era um veneno secretamente entorpecente. É bom saber. Fica comigo, minh'alma. Tens mais alguma coisa a dizer?

272 Sobre o tema da magia, cf. *Livro 4*, 22 e 23 de janeiro, p. 220ss. No *Liber Novus*, Jung comentou em relação ao primeiro registro: "A partir da escuridão inundante que o filho da terra havia trazido, a alma deu-me coisas velhas, que significam o futuro. Deu-me três coisas: a calamidade da guerra, as trevas da feitiçaria, a dádiva da religião" (p. 332). A esses registros segue o pedido de instrução à magia através de Filêmon, em 27 de janeiro. Em seu comentário sobre esse registro no *LN*, Jung observou: "Nós precisamos da magia para podermos receber ou chamar o mensageiro e a comunicação do não compreensível" (p. 357). No volume caligráfico, ele escreveu uma nota marginal no topo do capítulo: "O caminho da cruz": "25 de fev. de 1923. A transformação da magia negra em magia branca" (p. 388).

[“]Sim, é necessário que saibas que deves purificar-te por meio de trabalho rígido para que a luz se torne totalmente pura e branca. Ela quase se apagou em névoa venenosa. Amanhã, trabalharás”. [124/125]

2 X 16.[273]

Venho para te ouvir! Falarás a mim? Ou devo fazer outra coisa que me agrade no momento?

“Sempre que outra coisa te agrade, vai para outra coisa. Estás realmente com vontade de fazer outra coisa? Agora, alguma coisa foi um tanto difícil para ti, e não sabias o quê”.

Correto, por isso vim.

“Então ouve: Tu não entenderás se, antes, não analisares tudo. Ainda deves entender muito que é escuro para ~~te~~ ti. Tu entendes o pássaro dourado? Não, nem de longe. Ele é difícil. Ele não ascende como uma luz, como o sol? Ele não se ergue até o zênite? Em qual escuridão tu te encontras?”

Sim, eu também me pergunto isso. Encontro-me em profundas trevas. Mas onde se eleva o pássaro dourado? Há muito tempo sonho com o fogo e com o dia sobre nós, mas é como se estivéssemos numa garganta profunda, e no alto acima de nós há uma estreita fenda de dia – quando a luz virá? Por que estamos sempre no lado da sombra ~~de todo~~ do mundo?

“Sim, lá estais, no lado da sombra. Mas eu vi a luz de longe e ainda a vejo, mas ela está distante”.

Por que ela está tão longe? Eu não fiz o possível para trazê-la para perto? Que mais devo fazer?~~,~~ Dize-me! [125/126]

“Creio que deverias rezar”.

A quem? ~~X~~

“Ao teu Deus, para que ele te dê a luz, caso contrário ela não poderá se aproximar, ela precisa da ponte do Deus. Deves tentar de tudo. Quando nada ajudar, a oração ajudará. A oração ajuda Deus. Ele tem a luz, eu não a tenho,[274] eu só posso vê-la de longe, através de ti. Mas tu não a vês”.

Farei isso.

273 Segunda-feira. Jung atendeu cinco pacientes.

274 Cf. acima, 8 de fevereiro de 1916, p. 226.

6. X. 16.[275]

Como vês, não estou trabalhando. Estou sonhando. Tiraste de mim a minha força?

["]Sim, eu precisava dela["].

Para quê? Devo decifrar as coisas mais profundas. A ciência pode esperar. Ainda deve ser escavado o que permaneceu soterrado desde tempos antigos.

Então não errei ao sonhar?

"Não, de forma alguma. Assim pode amadurecer o que deves saber, pois ainda é preciso compreender coisas difíceis".

Queres me falar disso?

"Tenta, dá-me força, assim talvez eu consiga dizer algo. [126/127]

É o pássaro dourado, a luz nova, o ovo alado, que deve se desdobrar. Os ares o chocarão, os ares que todos respiram, os amplos ventos do mundo que estão por toda parte, os ventos do Norte e do Sul, do Leste e do Oeste. Mas ainda o ovo não se fez, mas a árvore cresce; mas as 6 luzes ameaçam a 7ª, porque são hostis. Os inimigos mais perigosos da grande luz são as luzes pequenas. É preciso prestar atenção nisso. A ciência pertence às luzes pequenas. Elas são necessárias, mas devem ser contidas, para que a 7ª luz possa brilhar. A ciência corresponde à luz clara do sol; a arte, à luz da lua. Ambas são as que mais se aproximam da 7ª luz, mas não são ela".[276]

Por que paraste?

"Está escuro. Há algo diferente aqui, algo totalmente diferente. Algo dos mortos, dos espíritos".

O que há com eles?

"Não consigo entender o que dizem, essa gentalha. Quanta coisa que morre! Por que não conseguistes [127/128] encontrar descanso? Já não pecastes o bastante? O que ainda quereis? Fiqueis parados aí? O que dizeis? Tendes fome ou

---

275 Quarta-feira. Jung atendeu seis pacientes.

276 Essa descrição corresponde à localização das figuras para a ciência e a arte no *Systema Munditotius*: no topo, no centro, há uma coluna de sete ramos com três pequenas luzes de cada lado, flanqueadas por duas formas aladas: à direita, uma serpente alada, a arte; à esquerda, um rato alado, a ciência. À extrema-direita, a figura de Deus-Sol, e, à extrema-esquerda, a figura de Dea Luna. Em 1955, Jung escreveu: "Brotando dele [Abraxas] vemos a árvore da vida, chamada *vita* ('vida') enquanto sua contraparte superior é uma árvore da luz na forma de um candelabro de sete braços chamado *ignis* ('fogo') e *Eros* ('amor'). Sua luz aponta para o mundo espiritual da criança divina. Também a arte e a ciência pertencem a esta esfera espiritual, a primeira representada como uma serpente alada e a segunda como um rato alado (como atividade de cavar buracos!)" (*LN*, p. 495).

sede? Não gosto de vós. O que podeis fazer? Também quereis aproximar-vos da luz? Está acontecendo algo? Por que ergueis vossas mãos? Não tendes nada? Sois mendigos? Tu, homem velho,[277] por que olhas tão triste? Não reconheceram a tua verdade? Tu, mulher jovem,[278] não encontraste nenhum amor? Que mais quereis? A realidade se tornou vossa sombra, e vós mesmos sois sombras. De que adiantam vossos anseios? Devolvei àquele que vive aquilo que não vivestes, o fogo que ainda arde em vós, para que ele ainda possa cumpri-lo. Vós já não podeis mais fazer isso – deveis renunciar. Entregai vosso fogo, aquele que vive precisa dele. Por que vos agarrais a ele com tanta ganância, com tanta avareza? Entregai-o, assim pelo menos o fogo continuará a viver, pois vós vos transformastes [transformaríeis] em sombra. Por que não quereis sacrificar vosso fogo? [128/129] Deveis fazer isso, para que a luz no alto possa se inflamar. Como a lâmpada pode brilhar, se levardes convosco o óleo?[279]

O que dizeis? Quereis ser ouvidos? O que quereis? Falai![”]

Elias: Venho como porta-voz. É triste demais ser abandonado por aquele que vive. Salomé chora, as lágrimas cegaram os seus olhos.[280] Queremos compaixão.

“Para que compaixão? Aquele que vive[281] morrerá se quiserdes viver. Sois sombras, sacrificai-vos e entregai ao vivo o fogo que vos restou. Ele deseja acender um novo fogo e precisa de vosso fogo”.

Elias: Não podemos abrir mão dele, caso contrário falta-nos todo calor. Deixa-nos o resto do fogo. Nós te daremos outra coisa se tu nos deixares um pouco de calor. Devem os mortos ser totalmente extintos? Podemos dar sabedoria e ensinar muitas coisas que os vivos não sabem.

“O que, então, tens a dizer?”

[Elias:] Não sei o que queres. [129/130]

“Precisamos saber algo sobre a passagem, talvez sobre a vida após a morte. Grandes dúvidas nos oprimem. Aqui nos deparamos com um obstáculo. Tens algum conselho?[”]

277 Identificado abaixo como Elias.

278 Identificado abaixo como Salomé.

279 Cf. Mt 25,1-13: “O reino dos céus será semelhante a dez virgens que saíram com suas lâmpadas ao encontro do noivo. Cinco eram tolas e cinco prudentes. Pegando as lâmpadas, as tolas não levaram óleo consigo. Mas as prudentes levaram reservas de óleo junto com as lâmpadas.”

280 Em 25 de dezembro de 1913 (*Livro 2*, p. 197), a visão de Salomé foi restaurada.

281 Isto é, o “eu” de Jung.

E.: Refletirei sobre isso. Salomé, vês um caminho?

Sal.: Meus olhos estão fechados. No passado estiveram abertos, e eu vi a luz, a grande chama, da qual depende o vivo. Mas ela apagou. Uma tristeza muito grande se deitou sobre ela e a sufocou. Ela deveria ser escavada.

El.: Não tenho forças para fazer isso.

Sal.: Leva-me até o lugar onde ficava a nossa casa antes do nascimento do Deus maldito.[282] Eu não vejo, mas sinto o calor que adere àquele lugar, onde flamejava a chama no passado. Escavarei aquele lugar com as minhas mãos. Pai, estamos no local?

El.: Sim, aqui estamos.

Sal.: Aqui tens uma pedra. Consegues ver [130/131] nele o velho símbolo misterioso, a árvore da luz e, acima dela, o luminoso? Minhas mãos o sentiram. É o local certo. Que o vivo se aproxime de mim. Vai-te embora, pássaro-serpente-mulher demoníaco. Que o vivo não seja separado de mim por ti.

Irmão, como são frias as tuas mãos![283] Como são secos os teus olhos, como o pesar fechou o teu coração! Beija-me.

Eu: Ai, Salomé! Beijar-te, que dor!

Sal.: Teu sofrimento é meu sofrimento.

Eu: És fria como um cadáver! Coisa do passado! Sombra! Não posso te abraçar, és como um sopro frio. Meus braços só encontram o vazio, e um frio arrepiante me penetra. Onde tens o fogo[?] ~~Ele~~

Sal.: Ele apagou. Lá no fundo ainda há um pouco de brasa. Afasta para mim as pedras grandes para que eu possa descer. [131/132]

Eu: Ah, essas pedras são tão leves e tão imovelmente pesadas. Quem não conseguiria levantá-las ou quem conseguiria levantá-las? De menos e demais! E isso nos levará ao fogo?

Sal.: Irmão, faze.

Eu: Aqui está um bloco, infinitamente pesado e um nada. Aqui eu o jogo aos teus pés. Um segundo – e um terceiro. Sim, aqui está mais quente. Estarias certa?

Sal.: O que houve agora?

---

282 Abraxas. Cf. *Livro 5*, p. 266.

283 Em 22 de dezembro, Salomé tinha se identificado como sua irmã; e sua mãe, como Maria (*Livro 2*, p. 190).

Eu: Meu Deus, um corpo! Espera – ó Deus – este sou eu mesmo. Eu, um morto, que enterrou a chama embaixo de si mesmo? Lamentaste a minha morte, Salomé? Como morri? Quem me matou? Algum assassino derramou meu sangue? Meu irmão, Si-mesmo, como morreste? Como enterraste a chama embaixo de ti? Foi o pesar que te matou? Foi a idade [132/133] que te levou? Ah, hora terrível! Eu mesmo estou deitado junto aos mortos!

Ah, isso foi obra tua, Salomé, infame! Tu me obrigaste a descer da árvore da vida, lá estava eu, deitado nos galhos, no ovo, eu mesmo era Fanes, o luminoso, e tu me enfeitiçaste para que eu descesse do meu nascimento – e então enterrei a mim mesmo. Amontoei montanhas sobre mim e desapareci. Sozinho estive na terra, quando o luminoso se levantou. Sim, sua alma passou para o outro lado e nos deixou a noite.

Quero o dia. Salomé, maldita, tuas lágrimas me mataram. Minh'alma, por que não esganaste os mortos? O que acontecerá agora?

"Sobe na árvore e olha para o alto, talvez te cresçam asas ou o fogo caia do céu e desça sobre ti como [133/134] um pássaro dourado".

Eu: Ah, o que devo fazer? Em algum momento alcançarei a luz? Não seria melhor se eu permanecesse fiel à terra? E entregasse o pássaro dourado aos ares e ao vasto céu?

"Tu morres como homem, primeiro como o um, depois como o outro. Sim, tu te tornaste o verme da terra. Fanes surgiu de ti. Ele deveio. Ele brilha sobre ti. Tudo está feito. Ele era verme, tu eras o homem luminoso. Então, tu te tornaste verme, e ele se tornou o luminoso, que ascendeu. O trabalho do verme, que escava passagens secretas e derruba os poderosos, se tornou teu trabalho. Pois ele, o luminoso, surgiu desse verme["].

9. X. 16.[284]

Ainda há coisas que não estão claras. Ajuda-me a encontrar a luz. Fanes é o último e o mais alto?

"Sim, ele é o último e o mais alto, o que vem depois dele é desdobramento, preservação e declínio". [134/135]

Prevês o desdobramento?

284 Segunda-feira. Jung atendeu cinco pacientes.

"Apenas de forma muito confusa. Está distante demais. Tantas coisas inauditas, entre elas coisas quase indizíveis – guerras, aflições de todo tipo. Muita confusão, infinita confusão – um vai e vem cansativo. A humanidade é desanimadora. Por mais feio e pequeno que seja um início, ele é igualmente belo e grande. Mais tarde, o fogo se mistura com terra e suja suas brasas puras. Tu e os teus ainda conseguem ver a chama pura. Mais tarde, a fumaça a ofusca, quando a chama se alastra. Previsão e presciência seriam fatais para o início. Que os inícios estejam protegidos na escuridão do não saber".

No mínimo, porém, gostaríamos de vislumbrar um pouco do vindouro para ver os frutos produzidos pela árvore que plantamos.

"Templos em desertos? Sociedades secretas? Cerimônias? Rituais? ~~Taje~~ Trajes coloridos? Imagens douradas de Deuses de aparência terrível? Nada disso – aqueles que foram marcados pelo espírito do amor e queimados pelo fogo reconhecem uns aos outros e falam a mesma língua em lugar protegido. Pequenos sinais do espírito, deixados aqui e ali, fogos escondidos em corações e pensamentos~~"~~. Aquilo que o mundo reconhece se transforma em água. O autêntico é raro e [135/136] não reconhecido. Mas a partir dos poucos ele age sobre os muitos, que não o reconhecem".

Estou no caminho certo para esse destino?

"Sim, mas não confias que conseguirás. As pessoas aguardam a notícia redentora. Deverias comunicar mais disso, mas apenas aos poucos".

~~16. X. 16.~~

20. X. 16.[285]

Devo curvar-me diante de ti, luz do Oriente! Verdadeiramente, o mundo está incendiado por toda parte, em todos os lugares tudo está em chamas, em todos os lugares flameja a chama da loucura.

Dá-nos a estarrecida paz da alma para que não gritemos de raiva e desespero.

Esfria-nos para que a luz interior nos ilumine e aqueça.

Dá-nos a sagrada contemplação e a paz da superação, para que nosso coração se aquiete e abandone a fogosa ilusão da maldade e vingança.

Dá-nos o silêncio, a sombra que antecede a eternidade vindoura. [136/137]

285 Sexta-feira. Jung atendeu sete pacientes.

Minh'alma, preciso de uma palavra tua.

"Como brilhas? Não estiveste agora mesmo coberto de uma luz cintilante? Que brilho dourado era esse?"

De que falas, minh'alma? Onde viste uma luz?

"Eu a ~~vejo~~ vi em tua volta, o brilho dourado fluía ao redor de ti agora mesmo. Jamais vi algo parecido – sim – lembro-me – vi de longe algo semelhante no céu do Norte. Ele veio até ti? Não veio através de mim, não veio do nosso lado. Deve ter vindo de frente. Era Fanes?"

Como é estranha a tua fala! Não sabes nada sobre isso?

"Tais coisas não nos dizem respeito. Tu estás mais próximo do pássaro dourado do que eu. Eu sou tua sombra, mas não sou tua luz. [137/138] Parece que sou uma sombra preta para ti, mas, provavelmente, é por isso que brilhas. Ah, esse brilho dourado, como uma névoa solar, como orvalho estelar – como foi? Nunca vi algo assim!"

"Estás zombando de mim? Não sabes que a dor mais profunda me feriu? Não falo mais em voz alta sobre dores, mas falo delas a ti, talvez assim poupes as tuas brincadeiras cruéis".

"O que estás pensando? Não brinco. Estou falando sério. Nunca vi algo semelhante! O que aconteceu contigo? O ouro brilhava e partia de ti!"

Doente de dor, paralisado de sofrimento – e tu falas do ouro brilhante?

"Não posso evitar – eu vi, era uma névoa solar, [138/139] luminosos fios de ouro solar se teciam silenciosamente em tua volta – uma luz divina cintilante. Não colocaste tua mão na ponte de cristal, não colocaste teu pé nos ladrilhos de ouro solar? Ah, meu mortal, dize-me, quem te iluminou? De quais profundezas, de quais céus caiu a nuvem de luz dourada sobre ti?"

Eu te temo, minh'alma, pior e mais diabólica de todas as tentadoras, o que dizes? Não me seduzes à loucura da santidade, à arrogância estúpida e injusta. Não brincas comigo. Ao redor de minha solidão se estendeu uma vastidão celestial. Eu te imploro, não mintas e não enganas.

"Eu não minto e não engano. Eu vi o que tu não viste. Por que insistes em perder-te? Teu caminho não leva para baixo, para as pessoas, eu te vejo nos céus de ouro vibrantes e sonoros e nas névoas solares [139/140] do arrebatamento sagrado. Parece que, em breve, aquilo que está amarrado será liberto. Cala-te, suporta, aguarda, não queiras. Busca o solitário. Fala comigo, mas cala-te diante das pessoas, a não ser que fales a palavra do ensinamento. Amém".

24. X. 16.[286]

Minh'alma, tu me levas a solidões cada vez mais altas e terríveis. Eu quis ficar no vale junto aos humanos. Por que não me foi permitido? É realmente apenas a minha sensibilidade que me afasta das pessoas? Ou o que é?

"O quê? Sensibilidade? Outros são mais sensíveis do que tu. Solidão? É claro que és solitário, é claro que deves sê-lo. As pessoas também querem que seja assim, não só nós. O que serias tu se não fosses malcompreendido!"

Ah, esse túmulo negro de tudo aquilo que é humano! [140/141]

"O que lamurias? Os seres humanos são mortais. Nada poupou teu amigo Gilgamesh da perda de seu irmão.[287] Esta é a lei da terra. Se todos pensassem como tu! Que mais tu queres? O tempo do poder chegou ao fim".

Minh'alma, tu também desaparecerás de mim?

"Como posso? Enquanto viveres, estarei aqui, então me dissolverei. Não sou aquela parte de ti que fará tua passagem. Isso pertence àquele que chamas ~~Fa~~ Fanes".

Não posso voltar-me para aquele outro lado? Posso afastar-me de ti?

"Não precisas perder a conexão comigo. Mas acredito que deves tentar falar com aquele que está no lado da luz. Talvez ele possa te dizer coisas que eu não alcanço. Não será Fanes, mas aquele que reside na chama["]. [141/142]

6. XII. 16.[288]

Por que esse banho de veneno? Tenho nojo de mim mesmo! E tudo isso deve ser aceito? Tudo isso pertence ao teu inferno, minh'alma. Eu fiz um grande sacrifício para ti. Hoje, eu te vivi em abundância. Tu me deixaste doente. O que me dás em troca?

"Nada. Tolo! Quem sofre comigo? Levas tudo a sério, lesado!"

Animal imundo! Estás certo. O tolo sou eu.

---

286 Terça-feira. Jung atendeu oito pacientes. Em 22 de outubro, ele escreveu a Fanny Bowditch Katz que ele estava prestes a entrar no serviço militar no final da semana e que retornaria apenas no início de dezembro. Ele encerrou sua carta, dizendo: "Do lado de fora, tudo parece discordante, é apenas por dentro que se funde em unidade. Quem olha para fora, sonha; quem olha para dentro, desperta" (*Letters I*, p. 33).

287 Na *Epopeia de Gilgamesh*, Gilgamesh se desespera com a morte de Enkidu. Aqui, Jung se refere diretamente à epopeia, não à "sua" figura de Izdubar (cf. *Livro 3*, p. 120 nota 92).

288 Jung não se sentiu bem e cancelou cinco sessões.

24 XII 16.[289]

Nesta noite nos nasceu o Senhor. Assim foi. E ele se tornou diferente – sim, ele se tornou diferente. Os novos dias raiaram. O fogo irrompeu da terra velha. Os intestinos dela se revoltaram. Eles não suportaram mais o fardo do bem. O filho do fogo partiu e alcançou a luz, e a luz empalideceu. Um novo sol se soltou do corpo flamejante da mãe primordial. Um dragão se arrastou para o alto e cuspiu o novo sol. ~~O~~ Ele não suportava mais a luz dentro de si.[290] Assim tudo ficou como deveria ser.

Ó abismo da mais sábia tolice! [142/143]

Ó montanhas celestiais de tola sabedoria! Luz que sobe mais alto, não nos puxes para o alto! Solo de chamas palpitante, não nos puxes para baixo!

Ferro do íntimo, do uno primordial e firme, não derretas!

Subi e descei, nuvens de fogo e véu de fumaça do espetáculo divino.

No passado, derreti; no passado, queimei, agora me tornei sólido.

Por que me puxas, bastardo, demônio da alma? Falei com os Deuses. Queres falar dos seres humanos?

[“]Concede-me a palavra. Não estás sozinho. Tens pessoas em tua volta. Transforma-as em pessoas[”].

O que queres com isso? Desejas comida humana?

[“]Não. Desejo amor humano. Minha alma deseja amor[”]. [143/144]

Eu sou tua alma.

“Não, não teu eu, mas teu tu”.

Meu tu? Estás falando da minha sombra? Aquilo que está sempre atrás, embaixo, acima e ao lado de mim? Aquilo que nunca consigo apreender? Aquilo é ~~min~~ tua alma? Aquilo deseja amar?

“Aquilo é minha alma, meu mais alto, meu unido. Aquilo é minha ponte que leva a ti, tua ponte que leva a mim. Aquilo vive de fogo infernal-celestial. Aquilo transforma humano~~s~~ em ser humano~~s~~, o eu em eu, a alma em alma. Aquilo me mantém distante e próximo, na distância correta de ti e na proximidade correta de ti. Por isso te puxei quando falavas aos Deuses. A meu ver, tu olhaste demais para os fogos e as escuridões eternas. Por isso eu te enviei

---

289 Domingo.

290 Numa pintura subsequente no volume caligráfico do *LN*, Atmavictu, o dragão, engole o sol (imagem 117).

[144/145] ansiedade. Ansiedade significa: a alma exige. Consola a ti mesmo. Tu me ouviste. Paz esteja contigo. Uma cura sucedeu aos homens. Os Deuses se enfurecem. Nem virtude, nem fé, nem sabedoria, mas crescimento.

Nenhum mandamento, mas um broto jovem".

"Continua falando, ainda não terminaste. Quero ouvir tudo!"[291]

"Miserável, por que me torturas? Quero ficar com o que é meu".

Se fosses um ser humano, o que é teu seria sagrado para mim e eu não estenderia minha mão a isso. Mas tu roubas, monstro divino. Entrega tudo que pertence ao homem. Fala, não te soltarei.

"Deves servir-me".

Eu devo servir-te? De onde vem essa reivindicação? Tu roubaste. Entrega.

Eu te dei tanto. Por que não queres servir-me? [145/146]

Tens dado bens roubados. Não cabe divindade também ao ser humano? Ele defenderá o que é seu. Ele não quer se parecer com vós, demônios, mas seu íntimo humano está à altura dos Deuses. Não haverá serviço. Haverá reivindicação.

"Pretendes deificar o homem?["]

Não o homem, mas o núcleo uno primordial do homem. Ele merece adoração. Eu vos dei bastante. Eu vos darei mais, tanto quanto mereceis. Mas eu mereço liberdade humana. Esta deves me dar. O ser humano merece isso. Vós, os Deuses, quereis escravos. Mas o ser humano quer ser lei para si mesmo.[292] Isso deve ser. Isso será feito. [146/147]

26. XII. 16.[293]

Por que, então, essas consequências do ato livre? Por que esse conflito interior? Esse sofrimento?

"Sofres sempre?"

Não.

"Onde não sofres?"

Sei ao que visas. Estranho. O que deve ser feito?

"Permanecer dentro dos limites".

291 Essa oração está entre aspas, mesmo assim, o contexto indica que é o "Eu" de Jung que está falando.

292 Sobre tornar-se sua própria lei, cf. *Assim falava Zaratustra*, de Nietzsche, parte 1, "Sobre o caminho do criador".

293 Terça-feira.

7. I. 1~~6~~7.[294]

O que foi aquilo na noite de 2-3 I?[295]

"Vens finalmente? Por que não perguntaste logo? Tive que admoestar-te novamente esta noite? Por que correste atrás das tuas resistências? Servo infiel!"

Era justamente um servo que eu não queria ser. Quero ter também o direito às minhas resistências. Mas agora estou aqui e superei as minhas resistências na medida do possível.

"Mas ainda resistes. Por quê? Estás [147/148] novamente cheio de descrença, tolo! Deverias sempre ir atrás disso imediatamente. Lembra-te disso!"

Dize-me agora, o que era aquilo? Que fogo era esse que ardia, que tormento era aquele?

"O fogo da serpente. O terreno foi cozido até gritar. Ele deve gritar para que tu não o ignores".

O que ele pretende dizer?

Ele deseja falar de coisas maiores, de outros mistérios, por isso, nesta noite, alguém veio do Leste. Ele quer te encontrar. Quer falar contigo. Ouve.

[296]"Homem do Oeste! Estou falando contigo. Teu ar é nebuloso. Deixa a luz entrar. No Leste nasce um dia claro, enquanto o Oeste arde em crepúsculo avermelhado. No Leste se ergue um novo sol. Olha para o Leste. Ouve o que vem do Leste. Uma voz vem de lá. Um fogo palpitante ardia lentamente ali, agora está convosco. O que fizemos? Nós o apreendemos. Criamos formas semelhantes a serpentes [148/149] e plantas. Construístes abóbadas e arcos altos. Há algo embaixo deles? Há algo escondido neles? Ar vazio, nada mais.

---

294 Domingo.

295 Em "Sonhos", Jung escreveu o seguinte registro referente aos eventos dessa noite: "3. 1. 17/Noite de 2/3. I./Terrível. Não dormi até 2:30h. Um sentimento de ansiedade de fogo terrível dentro de mim. Assombroso. Eu em Küsnacht, família em Schaffhausen. Minha esposa não dormiu a noite inteira. As crianças também não dormiram bem. Agathli viu um fantasma. A mesma noite foi igualmente ruim e assustadora para a senhora Keller./Sonho já próximo da manhã. Algo explode no ar, do qual aparece uma gaivota branca ou um ganso de neve. Desaparece. Eu segurava três penas em minha mão – coisas indistintas aconteceram. Finalmente, meus filhos descobriram uma pena branca em minha cabeça, que eu guardo como um sinal visível, como prova do milagre./Em Lib. nov. imagem de serpente III incent" [estímulo para a imagem da serpente III no Liber Novus]" (p. 1). Isso parece se referir à imagem 54 na versão caligráfica. A referência é a Tina Keller. Para suas lembranças de seu trabalho com Jung e Toni Wolff durante esse período, cf. SWAN, W. (org.). *The Memoir of Tina Keller-Jenny*: A Lifelong Confrontation with the Psychology of C.G. Jung. New Orleans: Spring Journal Books, 2011 [prefácio de Sonu Shamdasani].

296 A declaração anterior foi feita pela alma, esta declaração é feita pelo homem do Leste.

Nós não temos teto, vós só tendes tetos. É por isso que procuro teu teto. Quero morar contigo, eu, o paciente, o calado. Eu formo coisas estranhas com mão lenta, encho as abóbadas com adornos raros. Tu me darás abrigo?"

Certamente, tu o terás. Mas o sentido de tua fala é sombrio, ó filho do Leste. Sê mais claro! És um bebedor de sangue?

["]Não, não sou uma sombra, eu estou vivo["].

Como assim, não és uma sombra?

["]Não, eu vivo em seu inferior, no terreno, um irmão primordial, jamais visto. Ouve-me, nada mais tens a fazer do que me ouvir:

Eu acredito que és tu aquele que carrega a luz. Acredito que tua mão [149/150] cria o que necessitamos. Eu te dou minha lealdade. Fui queimado no fogo como argila vermelha, sou duro como pedra. Minha natureza é a da terra, da sólida rocha vermelha. Os séculos não me mudam. Ainda sou o mesmo ~~xx~~ de outrora. Minha sabedoria não precisa de renovação, mudança. Meu olho expressa mistério inabalável, minha boca se cala diante do estranho. Eu não me instruo, eu sou. Eu acrescento a mim mesmo em crescimento lento".

Queres dar-te a mim? Devo tomar de ti e acrescentar a mim?

"Tu não podes me tomar, estou enraizado na terra. Mas ~~isso~~ tu podes ficar comigo e moldar-te sobre minha forma, tu, chama mutável sem corpo".

Tu me fazes bocejar, me enches de tédio eterno. [150/151]

"É assim que deve ser. Senão vives rápido demais. Teu tempo deve ser longo, caso contrário não vives. Caso contrário nada se tornará real, porque a chama o queima cada vez mais. Pedra não queima. Tu és espírito inflamável e logo apagas. Falta-te pedra. Torna-te pesado. Eu sou o espírito da gravidade, teu irmão.[297] O que pesa permanece, o que é leve se dissipa. Podes ser pesado, caso

297 Em *Assim falava Zaratustra*, Zaratustra se declara inimigo do espírito da gravidade (parte 3, "Sobre o espírito da gravidade"). Em seu seminário sobre o *Zaratustra* de Nietzsche, Jung assumiu uma posição crítica em relação àquilo que ele acreditava ser a própria atitude de Nietzsche em relação ao espírito da gravidade. Jung identificou o espírito da gravidade como "peso da terra" (15 de fevereiro de 1939, p. 1.542) e como "preguiça eterna, inércia eterna, o espírito de chumbo, 'o homem de chumbo', como Zósimo o chama [...]. Aqueles filósofos herméticos conheciam aquele anão, aquele espírito de chumbo, aquele peso de chumbo, e sabiam que não se deve provocar ou banalizá-lo, pois ele contém um demônio impertinente que causa perigos à alma" (18 de maio de 1938, p. 1.260). Essas passagens sugerem que a leitura do papel do espírito da gravidade por Jung em *Zaratustra* foi influenciada por seu próprio encontro com essa figura. Jung argumentou que "Nietzsche jamais teria falado sobre o espírito da gravidade se ele realmente tivesse chegado a ele. Ele nunca tocou a sombra, mas a projetou sobre outras pessoas" (18 de janeiro de 1939, p. 1.463). Ele observou também que "um homem jamais descobrirá o que é uma mulher a não ser que se renda ao espírito da gravidade" (16 de junho de 1937, p. 1.160).

contrário não deixas rastro. Demonstra resistência contra tudo que te inflama, senão a chama da destruição não te perceberá. Tudo arde,[298] a terra não arde. Deves permanecer muito tempo. Guarda-te contra a mudança. Nenhum desenvolvimento, mas raízes na terra. Foi por isso que Prometeu foi acorrentado às rochas, porque ele não conseguia deixar de roubar.[299] Ele mesmo se transformou em chama predatória, por isso foi amarrado à terra. Faze-o voluntariamente antes dele. Amarra-te à terra, transforma-te em pedra".

O que me dás em troca da profunda tristeza?

"A alegria da terra".

Eu vi a dor da terra. [151/152]

"Por que estás triste? A terra também tem sua alegria. És impaciente, como toda chama["].

17. I. 17.[300]

O que é isso que me enche de ansiedade e terror? Que estertor moribundo está no ar? O que despenca de montanhas altas? Que fardo pretende nos esmagar, nos sufocar? Quais sombras de quais coisas caem sobre nós? Fala, minh'alma!

"Ajudai aos Deuses, sacrificai aos Deuses; o verme rastejou para o céu, ele começa a cobrir as estrelas, com línguas de fogo ele come a abóbada dos sete céus azuis, com sangue traça seu caminho, ele espalha os ossos dos celestiais pelo campo".

De que estás falando?

"Abre teus ouvidos, deixa entrar as minhas palavras: também tu és devorado. O fogo está te lambendo. Rápido, [152/153] a pedra, entra na pedra e espera no abrigo apertado até a torrente de fogo passar. Neve cai das montanhas, porque o sopro de fogo está caindo no alto sobre as nuvens. Por isso

298 Cf. o sermão de fogo de Buda (Mahavagga, I, 21, i-iv. In: MÜLLER, M. (org.). *Sacred Books of the East*, vol. 13, p. 134-135).

299 Na mitologia grega, Prometeu cria a humanidade a partir da argila. Ele rouba fogo dos deuses para dá-lo à humanidade e, por isso, é acorrentado a uma rocha, onde uma águia se alimenta de seu fígado, que se renova constantemente. Em 1921, Jung escreveu uma análise extensa sobre o poema épico de Carl Spitteler *Prometheus und Epimetheus* (1881) e sobre *Prometheus Fragment* (1773), de Goethe (*Tipos psicológicos*, OC 6, cap. 5).

300 Quarta-feira. Jung atendeu sete pacientes.

a neve está caindo.[301] Eu te disse isso há muito tempo. Vermes de fogo, anéis de fogo passam sobre a terra e o céu. Segura a respiração para não respirares a fumaça venenosa. Segura-te e sacrifica aos Deuses. As pessoas começam a se enfurecer. O Deus está vindo. Prepara-te para acolhê-lo, mas esconde-te na pedra, ele é brilho total, um fogo muito terrível.

Por que te atormentas agora com pensamentos humanos fátuos? Abre bem os teus olhos, abre os ouvidos e vê e ouve como vem um Deus. É preciso a mais firme devoção, caso contrário tu queimarás. Ouve-me, ouve-me, o Deus está vindo. Mais esta vez, segura-te, cala-te, olha para dentro, ouve para dentro, para que o Deus não te [153/154] consuma em chamas".

Que mais me dizes?

"Nada mais, basta".

4 II 17.[302]

Com que companhia ruim tu te cercas? Que gentalha miserável? É sério? Por que não me amas? Por que foges sempre?

"Tu me dás muito pouco. Sou obrigado a mendigar em casas de estranhos".

O que tens para mim? Entrega.

"Antes, dá-me amor".

Queres que eu acaricie teu cachorrinho? Não é uma pantera. Um bicho inofensivo. Por que te cobres com tais enigmas? Para que essa confusão banal?

"Tu não és banal o suficiente. Deixas isso para mim".[303]

Onde posso ser banal? Já sou muito banal, ou não? Por que estou tão inquieto?

---

301 É provável que havia neve em Zurique na época. Em 1917, houve 54 dias de queda de neve, comparados aos 44 dias do ano anterior (*Statistisches Jahrbuch der Schweiz 1917*: Herausgegeben vom eidgenössischen statatischen Bureau. Berna, 1918).

302 Domingo. Em sua agenda, Jung anotou: "Abertura do ovo", o que parece ser uma referência ao fato de ele ter pintado a imagem 64 do volume caligráfico. Em "Sonhos", ele anotou nesse dia: "Iniciei a abertura do ovo (imagem)". No dia seguinte, anotou: "Terminei de copiar a cena de abertura./O sentimento de renovação mais maravilhoso. Hoje, volta ao trabalho científico./Tipos! Desde 7 de fevereiro, nenhuma carta de M." (p. 5). Isso se refere ao término da transcrição dessa seção para o volume caligráfico e ao seu trabalho continuado sobre tipos psicológicos. M. parece se referir a Maria Moltzer.

303 Em sua fantasia de 28 de dezembro de 1913, a figura do romance que ele encontrou o informou: "Apenas o que é humano e que tu difamas como banal e trivial contém a sabedoria que procuras" (*Livro 2*, p. 210). Na seção de abertura do *LN*, Jung escreveu: "Mas o pequeno, o estreito e o cotidiano não é nenhuma tolice, e sim uma das duas essências da divindade. Eu me recusava a reconhecer que o cotidiano pertencesse à imagem da divindade" (p. 110).

“Não estás suficientemente contigo. Deverias ser capaz de ser mais solitário. Então minha companhia seria melhor”. [154/155]

És como um eunuco, repugnante. Sou amaldiçoado contigo.

“És rude. Não é assim que se fala com damas”.

Vai para o inferno, velha dengosa. Não consegues ser íntegra? Realmente fazes parte da gentalha ambígua. Um roupão matinal cor-de-rosa – isso realmente fica bem em ti. Queres parecer atraente? O que tens contigo? Algo escrito – deixa ver!~~?~~

“Eu o escrevi à noite, enquanto estive sozinho em companhia ruim”.

O que é? Um romance? Um ensaio científico? Confissões?

“Nada disso. Um grito de socorro da feminilidade – tu dirias: uma sensibilidade”.

Entrega, antes deixa-me ouvir.

“Lê e deixa que aja sobre ti”.

“//Estou sozinha – sozinha e abandonada por Deus – no abismo da solidão – um mar de nada me cerca – um nada gélido [155/156] e congelado. Céus de neblina azuis e pretos flutuam sobre ele. Um oceano de grafite com terrores estarrecidos. Um sol partiu de mim e brilha agora sobre a humanidade distante. Ela celebra a manhã, eu choro a noite. Meu marido atravessou mares distantes, o esposo que nunca me abraçou – uma noiva de Deus na cama vazia do nada gélido. Eu envio um grito para o alto, que, como um raio afiado, perfura as nuvens. Mas acima e embaixo delas ninguém me ouve. Os olhos arregalados dos monstros marítimos se voltam para mim e veem – nada.

Meus rios de lágrimas não cobrem o mar – uma gota em muitos oceanos.

Por isso vim para as costas do mundo e quero juntar-me àqueles que não têm cônjuge, que sem amor se saciam com o insignificante, que catam as migalhas preciosas da mesa da riqueza e se alimentam de ~~nas~~ esmolas bem-intencionadas. [156/157]

Estou sozinha – os Deuses trilham caminhos altos, acima de terras e a luas.

Meu ventre lamenta. Meu coração não ama e não é amado. Os demônios humanos me roubaram e vivem da minha alegria e do meu sorriso.

Fui roubada e estou empobrecida, abandonada. Foste ~~xx~~ tu que me roubaste? Foram os Deuses? Quem tirou de mim o meu sol? Quem impediu a fertilidade do meu corpo?

Estou em ares vazios, eu choro, e meu marido brilha sobre a raça humana.

Malditos sois, humanos. Roubastes o fogo. Acumulastes tochas de sol sobre vossas casas, enchestes vossos ares com o brilho do sol. [157/158]

Por que devem viver as pessoas? E eu permanecerei faminta.

Eu clamei aos Deuses para que eles destruíssem os seres humanos com o fogo que eles roubaram do meu céu.

Tu desertaste e te juntaste ao bando dos ladrões, dos rebeldes que secretamente roubaram o fogo. Que minha maldição vos atinja, fingidores e atormentadores de almas".

És cheia de vingança e ódio. Mas eu te disse: acabou o tempo de tormento humano. Agora sabes o que significa ser abandonado por Deus. Qual é tua queixa agora?

"Não tenho casa em que ~~xx~~ moro, meu Deus partiu de mim. Não dei aos homens as minhas dádivas? Eles não me agradeceram por elas? Agora me roubaram, ingratos, sem-vergonhas. [158/159]

Deixaram-me lamentos e lágrimas e se deleitam com os bens roubados.

Sabei que vós os roubastes de mim. Ele me pertence, o fogo que arde sobre vossas cabeças. Brilho emprestado, roubado – luz radiante que pertence a mim – um ~~xx~~ dote nupcial do meu marido – ah, também ele me deixou – seu barco dourado subiu ~~nos~~ dos palácios ~~de~~ azuis do fundo do mar, onde nossa festa havia sido preparada; uma festa dos Deuses e demônios.

Por onde anda o infiel?

Ah, sua luz brilha sobre os desertos de areia e matas magras, sobre as cabanas tristes e miseráveis dos animais humanos mortais.

O que sabem eles de meu amor? O que sabem eles da minha dor?["] [159/160]

Teu lamento provoca bocejos. Lamento que te sentes abandonada, desde que o Deus apareceu aos homens. Tu o detiveste por tempo demais. És apenas um demônio, para que queres amar Deuses? Acostuma-te com o amor por mim. És obrigada a conviver comigo, não com o Deus. Eu sou teu demônio ao qual pertences. Por que queres apresentar dramas pastorais com Deuses? Vem comigo. Passas mal apenas quando piscas para o sol. Deves andar em minha estrada. Os abandonados por Deus que se voltem para os humanos.

19. II. 17.[304]

O que dizes? E agora?

"Sobe, velho, que a alegria volte a dominar na terra, dá alegria aos terrenos".

Quem chamas?

"O primordial, o espírito da terra". [160/161]

O irmão do diabo?

"Como ousas? Ele é o Abraxas da terra.[305] Ninguém doa alegria aos terrenos como ele. Ele é o hermafrodita, que une em alegria o que está separado.[306] Ele vos torna fortes e felizes na terra. Ele preserva a vida e a felicidade das pessoas. Como podeis crescer sem ele? Pobres tolos! Não sabeis servir aos Deuses, muito menos a vós mesmos".

O que ensinas, pagã desenfreada!

"Uni-vos, assim sereis completos! E viveis. A alegria faz parte da vida da terra. O que sabeis da alegria? Um culto à alegria, mas vós fazeis procissões de luto".

Eu te invoco, Fanes, luminoso, que brilha à nossa frente, vagante distante, [161/162] envia-nos conselho na escuridão da terra. Dá-nos a luz, para que permaneçamos na trilha da verdade.

[307]"Eu venho, minha luz está contigo. Tua trilha é reta. Teu pé não erra. A perdição é conjurada. Seguro é o caminho. A desunião foi retirada de ti. O senhor da luz nasceu, ele se elevou, cavalos brancos o antecedem. Flores brotaram sob seus pés. A inteligência da terra e a bondade da luz abençoadora prepararam a trilha que leva à alegria. Despe-te da preocupação. O senhor apareceu. Que os mortais se alegrem. A alma entregou-se ao maligno. O maligno está paralisado de amor. Seu único olho foi cegado. Ele não beberá mais o brilho da luz.[308] [162/163] Ele abraçou e foi abraçado. Estás seguro, alegra-te diante do caminho aplainado".[309]

---

304 Segunda-feira. Jung atendeu seis pacientes.

305 Isso fornece uma diferenciação adicional da figura de Abraxas. Sobre Abraxas, cf. 16 de janeiro de 1916, *Livro 5*, p. 269ss. e 1 de fevereiro de 1916, acima, p. 213ss.

306 Em 1 de fevereiro, Abraxas foi descrito como "hermafrodita do início inferior" (*Livro 6*, p. 214). Jung discutiu o símbolo do hermafrodita em seu livro não publicado sobre alquimia, escrito nos meados de 1930 (JA). Em *A psicologia da transferência*, Jung o descreveu como um sinônimo do objetivo da arte alquimista (OC 16, § 533).

307 Dito por Fanes.

308 Esses motivos parecem se referir à fantasia de 12 de janeiro de 1914 (*Livro 3*, p. 132ss., *Liber Secundus*, cap. 12, "Inferno").

309 Cf. Is 45,2: "Eu mesmo caminharei diante dele e aplanarei o terreno montanhoso".

20 II 17[310]

Não chamo ninguém. Tu, Fanes, o superior; tu, alma, a inferior, mensageira do Abraxas que abrange o mundo, não vos irriteis comigo; sou um grão de areia em vossos céus estrelados. O superior e o inferior são mais poderosos do que eu. Eu me subjugo, segurando a mim mesmo:

Falai! Quem quer que seja, sua voz deve ser ouvida.

Alma: "Estou vindo. Tenho uma palavra a dizer. Sou pobre. Preciso de tua força".

O que exiges?

"Exijo tua disponibilidade, teu ouvido".

Tu os tens. [163/164]

"Lembra-te da minha aflição. Moro em cavernas escuras, em buracos sombrios. Tremo de frio".

Então vem para fora. Aquece-te no calor do meu corpo.

"Preciso de teu amor pela mulher".

O quê? Queres me humilhar, entregar-me a nova dor? Queres esse amor ou queres obrigar-me a me entregar à mulher?

"Quero que te entregues à mulher".

O que ganhas com isso? A minha destruição é lucro para ti?

"Não serás destruído. Tu ganhas".

Falas coisas baratas. Tu não me ajudas a suportar o impossível.

"Mesmo assim, eu te ajudo. Tudo ficará bem".

Quem acreditará em ti? Tu ris das dores dos mortais. Eu te conheci. [164/165]

"Tu prometeste ouvir a voz. Deves ouvir também a minha voz".

Fanes: A minha luz flui da aflição. De tua aflição brilha a minha estrela. Minha fonte jorra da abundância de tua vida. Tudo que não é vivido é sombra e pobreza para mim. O vivido alimenta minha força. Ouve a mensageira".[311]

E eu? Eu também o quero.

310 Terça-feira. Jung atendeu sete pacientes.
311 Isto é, a alma.

2 III 17.[312]

Tudo era como deveria ser.

Agora, porém, alguém falou de espíritos recentemente. Isso me afetou. E estou inquieto. Preciso falar contigo, minh'alma, sobre espíritos. Falarás comigo?

["]Sim, sobre os vivos. Sobre os vivos é preciso dizer: seu número é grande demais. São demais para mim. Desejo restrição. [165/166] Quero ver-te trabalhando. Restrição é necessário, caso contrário não completarás o que deves fazer. Pensa nisso".

Farei isso. E quanto aos espíritos?

"Nada sobre espíritos".

8 III 17.[313]

O que está acontecendo nesta negridão?

"A luz precisa ser criada. Tu deves criá-la a partir da matéria crua que recebeste. Ainda deve ser dita.[314] Língua! A luz só se representou como matéria. As coisas clarearão apenas se ela for puxada para cima. O que os cabiros[315] carrega-

---

312 Sexta-feira. Jung atendeu cinco pacientes.

313 Quinta-feira. Em "Sonhos", Jung anotou: "5-8 de março de 17. Mais profunda depressão. Nível barométrico mais baixo dos últimos 50 anos". Anotou também: "Em 8 de III, descoberta na noite de que Peixes cobre Aquário e que já estamos em Aquário, mas apenas no inconsciente. Aquário fica atrás de Peixes. 7 de março, Mercúrio em conjunção com Aquário [as abreviações astrológicas de Jung foram expandidas aqui]". Isso se refere à determinação do horário da precessão dos equinócios e à transição da Era de Peixes para a Era de Aquário. Em 1918, Jung pediu que Rebekka Aleida Biegel (1886-1943), que estava fazendo seu doutorado em Zurique sobre a antiga astronomia e astrologia egípcia, desenhasse mapas astrológicos para tentar determinar a data dessa transição. Sobre essa questão, cf. GREENE, L. *Jung's Studies in Astrology*, p. 116ss. Sobre Biegel, cf. RÜMKE, A.C. *Rebekka Aleida Biegel*: Een Vrouw in de psychologie. Eelde: Backhaus, 2006.

314 Cf. Jo 1.

315 Do episódio dos cabiros no *LN*: "Nós não levamos isto para portadores de baixo para cima" (p. 376). Mais tarde em 1917 – ou seja, depois desse registro – Jung fez uma pintura do episódio dos cabiros. No verso, copiou as seguintes linhas dele: "Os cabiros: 'Nós carregamos para cima, nós construímos. Colocamos pedra sobre pedra. Assim estás seguro. [...]. Nós te forjamos uma espada reluzente, com a qual podes cortar o nó que está te prendendo [...]. Nós também colocamos diante de ti o nó entrelaçado como arte diabólica, pelo qual estás fechado e lacrado. Dá um golpe, só uma lâmina afiada pode parti-lo [...]. Não vaciles. Nós precisamos da destruição, pois nós mesmos somos o emaranhado. Quem quiser conquistar a nova terra, destrói as pontes atrás de si. Não nos deixes sobreviver por mais tempo. Somos milhares de canais nos quais tudo corre outra vez de volta para seus começos [...]', 24 de dezembro de 1917" (cf. *A arte de* C.G. *Jung*, cat. 63, p. 143). Os cabiros eram as deidades celebradas nos mistérios de Samotrácia. Eram considerados promotores da fertilidade e protetores dos marinheiros. Friedrich Creuzer e Schelling os viam como deidades primais da mito-

ram para o alto ainda deve ser puxado para o alto. Deve atravessar tua luz mais alta, as luzes mais altas, ciência e arte.[316] Todas as forças devem se reunir para essa obra. [166/167]

Não és o único que deve fazer isso. Muitos devem fazer o mesmo para que Fanes se torne um Deus bondoso da beleza, e da luz ~~xx~~, e da alegria.

Deves ouvir e ver com mais claridade. Deves colocar pedra sobre pedra. Deves vencer abismos, trilhar caminhos onde não há caminhos, cobrir pântanos. Da lama deve nascer o trigo.

O brilho deve ser incendiado, o fogo deve ser atiçado.

Trabalho deve ser feito, trabalho, o trabalho mais vigoroso, trabalho com o único objetivo, Fanes, o luminoso.

Deves limitar-te a isso. Cortar o resto, completar o que foi começado.

Tu sonhas demais. Eu te disse, os sonhos acabaram. [167/168]

A matéria se amontoa em montanha. Todo o resto é fuga, evitação da montanha. Ela deve ser escalada. Não há volta! Subordina tudo a esse objetivo, caso contrário, os titãs da matéria te dilacerarão. O que queres? Queres completar a tua obra? A vida continua ao lado. A conclusão vem primeiro".

30. III. 17.[317]

Submeto-me à tua palavra. Fala!

---

logia grega, a partir das quais todos os outros se desenvolveram (*Symbolik und Mythologie der alten Völker*. Leipzig: Leske, 1810-1823). Cf. tb. SCHELLING, F.W.J. *The Deities of Samothrace* [1815]. Missoula: Scholars Press, 1977 [introdução e tradução de R.F. Brown]). Jung possuía exemplares de ambas as obras. Eles aparecem em *Fausto 2*, ato 2. Jung discutiu os cabiros em *Transformações e símbolos da libido* (CW B, § 209-211). Em 1940, ele escreveu: "Os Cabiros são verdadeiramente as forças secretas da imaginação criadora, os duendes que trabalham subterraneamente na região subliminar de nossa psique, para prover-nos de 'ideias súbitas', e que à maneira dos Kobolds pregam todos os tipos de peças, roubando de nossa memória e inutilizando datas e nomes que 'tínhamos na ponta da língua'. Eles se encarregam de tudo quanto a consciência e as funções de que ela dispõe não anteciparam [...]. Uma consideração mais atenta permitirá que descubramos precisamente nos motivos primitivos e arcaicos da função inferior determinadas significações e relações simbólicas significativas, sem que zombemos dos Cabiros tal como se fossem ridículos 'Pequenos Polegares' sem importância; pelo contrário, devemos suspeitar que eles encerram um tesouro de sabedoria escondida" (*Interpretação psicológica do dogma da Trindade*, OC 11/2, § 244). Jung comentou sobre a cena dos cabiros em *Fausto* em *Psicologia e alquimia*, OC 12, § 203ss.

316 Cf. acima, p. 265.

317 Sexta-feira. Jung estava doente e cancelou as consultas com sete pacientes. Em "Sonhos", ele registrou o seguinte episódio nesse dia:

> Doente desde ontem. Colitis mucosa. Como... [?] Introversão muito profunda no fim da tarde. Totalmente congelado. Primeiro uma visão: céu escuro sobre o Albis. Uma fonte de fogo se ergue das montanhas. Um pássaro dourado desce sobre ela do alto com uma coroa em seu bico. Ele voa sobre o lago em minha direção. Enquanto se aproxima de mim, ele se torna imenso.

[318]"No início de todas as coisas – um subterrâneo secreto – dores de parto do vindouro – o declínio do contemporâneo – procura a ilha firme, para a rocha que te abriga e a criança.

Claridade – fragrâncias de flores – uma primavera sem igual – uma noite de amor – núpcias das almas –

A serpente também se tornou luz – ela foi puxada para o alto – sua luz se espalha – [168/169] ouves o sino? – o primeiro sino tocou – um clamor percorre a terra.

Tens dinheiro contigo? Guarda-o – tua mão toque o celestial.

Encontraste água? Bebe-a como símbolo do nascimento.

Acendeste o fogo? Joga lenha nele para que ele flameje.

Estás cansado? Refresca-te – o tempo do descanso começa".

Quem és tu que falas palavras tão sombrias? ~~Eu so~~

"Eu sou Fanes, tua luz. Afia a espada para que ela decepe. Acende a tocha para que a escuridão seja clareada".

Que devo fazer com tuas palavras sombrias? Devo agir ou devo ouvir? [169/170]

"Deves descansar, para que venha a ti".

<u>10. IV. 17.</u>[319]

Descansei. Fiz o que pude, o que vi. Eu me exercitei. Isso foi magia, um desejo de forçar as coisas?

Ele me entrega a coroa. Enquanto vem em minha direção, uma guirlanda de raios de fogo surge de minha cabeça. Minha esposa está à minha frente, Maria à minha esquerda e Toni à minha direita. Eu desmaio. Nesse momento, vejo uma segunda visão por trás dessa visão [...] personagens: uma moça jovem, semelhante a Grethli, mais ou menos 17 anos de idade, encostada num piano, fumando um cigarro.

Eu: O que estás fazendo aqui?
Ela: Estou cuidando de ti.
Eu: Por quê?
Ela: Para que o fogo não te queime.
Eu: Por que tocas o piano?
Ela: Para me distrair.
Eu: Por que fumas?
Ela: Também para me distrair?
<u>Fim.</u>"

Grethli era filha de Jung, Gret Baumann Jung (1906-1995).

318 É Fanes que está falando.

319 Terça-feira.

17. VI [IV]. 17.[320]

Minh'alma, o que significa o fogo sobre mim? O que tens para comunicar-me, como anunciaste no sonho?[321]

Dá-me luz!

A.: Devirá do fogo? Sim, em cima está o fogo – vindo do Norte – do frio. Aquilo que vem – nuvens azuis e pretas – brilho de fogo vermelho – tudo se intensifica – o que separa será ocultado – o que é geral será revelado – os livros devem ser lidos.

Eu: Quais livros? Eu me lembro – o sonho falava de escrita secreta.[322] O que é? O que significa o fogo?

---

320 Terça-feira. A sequência deixa claro que o mês é abril, não junho.

321 No mesmo dia, Jung escreveu o seguinte registro em "Sonhos": "17. IV. 17. Desde então, exercícios frequentes para esvaziar o consciente. Isso sempre me dá uma cabeça fria e pés quentes, enquanto, quando leio, acontece o contrário. Certa vez, ouvi uma voz alta, mas não consegui entender o que dizia. No início, houve ansiedade em várias ocasiões. Certa vez, eu não sabia mais onde estava. O ambiente tinha se transformado em uma sala desconhecida. Regularmente, eu ficava completamente rígido, sem dormir. Mas eu esqueci tudo que aconteceu. A última vez pareceu ser descontente, apenas total dormência./Recentemente, tive um sonho após o qual parecia que minha alma tinha algo a me comunicar./Esta noite: Estou com Bleuler (1.) no sótão (2.). O sótão é como vidro. É possível ver o céu azul noturno, estrelas (3.) Muito lindo. Um avião vermelho-marrom (4.), na forma de uma borboleta (5.) passa por cima da casa em voo rasante./1.) Intelecto ansiosamente limitado. Sempre pensa de forma limitada demais por conta de relações coletivas. Eu, com meu sentimento de inferioridade. Recentemente, senti um forte parentesco de sentimento./2.) Acima na casa, cérebro, aberto ao céu, para receber o espírito./3.) Constelação. Relação com o cosmo./4.) Touro vermelho-marrom = Rudra (a.) Minha forte relação inconsciente com a Índia no Livro Vermelho./5.) Asa = capa do livro. Imagem da alma. Alma indiana, sonho anterior em que uma princesa indiana com um cortejo luxuoso me disse adeus de maneira amigável, enquanto eu estava no quarto andar de uma velha casa. Pássaro de fogo. O 'fogo sobre mim'. Visão no livro negro. O fogo, que está acima. (continuação em Bl. B. 17. V. 17)./a.) Deus ctônico, fogo arcaico" (p. 9). Bleuler é referência a Eugen Bleuler, diretor do Burghölzli. Rudra é um Deus védico, aquele que traz doença e cura. É visto também como uma forma de Shiva. Em *Transformações e símbolos da libido*, Jung o viu como um Deus solar (§ 201ss.).

322 Em "Sonhos", num sonho de 4 de fevereiro de 1917, que se passava em Genebra, Jung recebeu um manuscrito de uma mulher linda e elegante. Um alemão chamado Wahnschaffe também apareceu no sonho. Em suas associações, ele observou que ele sentia um forte desejo por Maria Moltzer. Referente ao manuscrito, ele anotou: "Ideia de M.M., de que ela tinha inspirado meu trabalho sobre a libido. Escrito a máquina, como meu manuscrito. Meu próprio manuscrito apresentado pela alma". Sobre o nome Wahnschaffe, ele comentou: "nome cômico. Como Wahnfried [paz louca]. Wagner – Frau von Bülow. Nietzsche e Cosima. Eu e M.M. Zaratustra sem ela" (p. 3-4). Cosima von Bülow era a filha ilegítima do compositor Franz Liszt e esposa do maestro Hans von Bülow. Ela teve um caso com Wagner e se casou com ele. Wahnfried foi o nome que Wagner deu à sua mansão em Bayreuth. Por volta de 3 de janeiro, Nietzsche enviou uma carta a Cosima, declarando simplesmente: "Ariadne, eu te amo! Dionísio" [edição crítica digital de Nietzsche disponível em www.nietzschesource.org, BVN-1889, 1242a]. Existe uma carta sem data, possivelmente não enviada, de 1916-1917

A.: O livro do fogo – ele vem – ele pende sobre ti – sob as estrelas, pende das estrelas – está próximo – por que te sentas junto ao intelecto – ouve [170/171] para o alto. Eu te darei palavras: azul e verde – nuvens azuis – águas verdes e fogo acima. Como é difícil separá-lo. Ajuda-me, reza –

Eu: Rezei por ti ao Deus interior, ao luminoso,[323] para que ele fosse à frente com uma tocha – vês, tens luz?

A.: Eu vejo: o castelo tem três torres – três torres douradas cheias de brilho matinal – os portões são vermelhos – brancas são as colunas dos portões – pessoas vão e vêm – na torre do meio, no salão alto e branco, está sentado o amante, o santo, em contemplação. Dele flui o fogo, o castelo se ergue sobre nuvens de fogo em céus azuis[324] –

F.: Por que estás parado, maravilhado? Ao trabalho. Abre o que está oculto.

A.: Não consigo – que força me impede? É a terra ou és tu, homem? Solta-me, senão te amaldiçoarei.

Eu: Que tenhas liberdade. Vai atrás daquilo que necessitas. Ninguém deve sofrer coerção. Mas fala, o que reconheces? [171/172]

A.: Reconheço a lei dos 3 portões – poder, esplendor, fama. O esplendor é o mais alto, fogo radiante. Queres passar por este portão?

Eu: Eu não quero, quero o que deve ser. Sou cego e surdo.

A.: Bom, isso te protege do fogo. Devo passar pelo esplendor?

Eu: Se este for o teu caminho, sim.

A.: Então ouve – uma serpente dourada é o caminho, uma ponte cintilante de serpentes sobre uma vala preta – um portão sombrio por trás do esplendor – uma luz vermelha na escuridão do fundo – isso é o mal. Eu o reconheço. Fizeste bem ao não seguir esse caminho. Devo eu segui-lo? Então, que o olho do mal me acolha – para a caverna vermelha – cobras de sangue nas paredes[325] – um portão branco – um longo corredor para cima em salões amplos, inúmeros portões – para cima, para os telhados por escadas estreitas – no alto, [172/173] uma vista mundial – eu floresço como um fogo no cume da montanha – eu brilho através de infinitudes – ainda consegues me ver – uma luz distante – ela mesma uma estrela perdida em infinitudes – mas vê, um fio –

de Jung a Moltzer, que, recentemente, tinha se mudado para Zollikerberg, em que Jung escreveu que pensava nela constantemente (JA).

323 Isto é, Fanes.

324 A imagem 50 no volume caligráfico mostra um castelo dourado com três colunas no topo.

325 Cf. a fantasia de Jung de 12 de dezembro de 1913, Livro 2, p. 169s.

muitos fios tecidos de estrela para estrela – numa ponte vertiginosa – infinitamente longa – ela é alcançada, a primeira estrela – também um mundo.

Eu: O que fazes nessas infinitudes?

A.: Eu pesquiso a origem do fogo. O sábio o recebeu do alto, das estrelas. Por isso fui até as estrelas. Elas estão cheias de fogo.

Eu: Mas como o fogo chegou à terra?

A.: Ele deslizou para baixo e para cima. Como? Ele foi tirado das estrelas. Quem o tirou? A mão de quem o puxou para baixo e para cima, o fogo astral? Fostes tu? Sim – fostes tu – eu não te conhecia. Tu mesmo és o sábio. [173/174] Por que eu procurei atrás e acima de ti? Por que entrei no olho do mal? Por que fui para as estrelas? Tu puxaste o fogo para perto. Tu o puxaste para dentro de ti, e ele floresceu de ti e preenche o ar acima de ti, distante e amplo. Preciso chegar a ti – contigo pretendo ficar, por que o mal me afastou?

Eu: Tu não acreditaste em mim, por isso tu te perdeste. Por que tu te perdeste? Porque eu acreditava mais em ti do que em mim mesmo. Em meu Si-mesmo surgiu então o luminoso.[326] Em mim está a fonte do fogo eterno. Vem até mim e habita em mim e ama o fogo e o esplendor eterno. Meu Si-mesmo possui a mais alta sabedoria, o fogo mais quente, meu Si-mesmo habita no portão do esplendor. Meu Si-mesmo atrai para si o fogo da estrela.

18. IV. 17.[327]

Ainda falta algo? Não estou completamente comigo mesmo.? Fala, o que é? [174/175]

"Estou doente, mentalmente doente. Tu o viste. Não encontrei a conexão contigo. Por isso estou doente. Como te posicionas em relação a mim?"

Eu duvido de ti, assim como tu duvidas de mim. Não sei se posso confiar em ti. Jamais se confia em demônios.

"Ah, por isso! Mas tu poderias confiar em mim plenamente. Em geral, fiz coisas boas por ti".

Sim, mas às vezes tu enganas.

"Mas sempre para a tua vantagem".

Sim, porque, através da minha esperteza, consegui encontrar a concepção correta.

326 Isto é, Fanes.

327 Quarta-feira. Jung atendeu um paciente.

"Mas sempre fui bem-intencionado contigo".

Muitas vezes, porém, não, como me parece. Como pudeste me enganar?

"Tu não consegues te lembrar de um único caso".

Lembro sim. Pois foi por isso que tive que te prender.

"Ah – certo".

Tua memória é curta. Por isso não confio em ti. Mas tu podes conquistar a minha confiança se fizeres um bom trabalho [175/176] e me contares o que experimentas.

"Experimento muito. Coisas incríveis".

Entrega-as, para que possa haver paz.

"Eu vi a água verde e a nuvem azul e preta. Isso me deixou louco, é pior do que o fogo. O fogo se parece mais comigo do que essas terrenalidades – mas deves me dar mais força. Ela não basta".

Então toma, pelo amor de Deus.

"Sim, é difícil para ti, mas para mim também. Então voltemos ao trabalho!

Três vezes cinco torres cercam o castelo. Três vezes seis torres estão nos muros. Três vezes sete palácios altos estão no castelo. Embaixo corre o rio verde, em cima está a nuvem escura, acima dela, o fogo, o eterno, que tu atraíste. Na montanha há cavernas, lá está acumulado o ouro, o fogo estarrecido. Onde estão as pessoas? O castelo está vazio. Talvez tenham partido. Vejo Filêmon na casa dourada do esplendor – sozinho. Onde está [176/177] Baucis?[328] Ela morreu? Não, ela vive. Eu sou Baucis. Ela está atrás do sábio, sua mão toca seu trono. Eles estão sozinhos. Onde estão as pessoas? Quem reside nos palácios? Ninguém. Tudo está pronto. Ninguém vem? Chama, Filêmon! Ah, tua voz é fraca. E ~~xx~~ eu não tenho uma voz que ouvidos humanos possam ouvir. As pessoas não veem o castelo? É a nuvem que o oculta? Sim, é ela, ela encobre o fogo. Que luto, essa nuvem negra! De onde ela veio – uma fumaça embaixo do fogo! Estranho! És tu um pranteador, um eremita, Filêmon? Estás em luto porque teu fogo está velado? Uma água verde flui em torno de teu castelo. Onde está uma ponte? Não existe ponte, Filêmon. Como as pessoas podem atravessar? Tu, pontífice, deverias construir uma ponte, uma ponte larga de pedras raras e preciosas. Por que [177/178] estás em luto? Por que escondes o fogo em nuvens?

328 Cf. 27 de janeiro de 1914, *Livro 4*, p. 228ss.

Lamentas a tua solidão? Não estás sozinho, estou contigo. Constrói a ponte, eu vou contigo – "

Mas por que não vieste mais cedo?

"Porque eu queria vir até ti, mas tive que ir com Filêmon. Ele está mais alto do que tu. Eu não sabia disso. Só posso te alcançar através de Filêmon["].

25. IV I. 17.[329]

O que vês?

A.: Estou ao portão do esplendor e observo quem vem. No alto, à esquerda, está um pequeno pássaro preto. Embaixo, à direita, está uma serpente branca. Um esqueleto ocupa o centro, o esqueleto de um animal, provavelmente de um elefante. Onde está sua carne? As formigas a devoraram. Tu sentiste isso em teu corpo? Creio que não. Aconteceu há muito tempo. Alguma vez já viste a serpente branca? Ah, sim, tu a viste na luta das serpentes no Mistério.[330] Mas o pássaro preto? Ele é novo. O que ele significa? O que dizes, pássaro preto? Ouve, ele fala: [178/179]

"Eu venho de longe, não sou corvo, nenhum pássaro de má sorte, mas um pássaro da noite – um pássaro preto da terra, vindo do Leste, de montanhas vazias, onde há areia e neve e onde tempestades frias correm pela terra nua, uma terra de fome, lá no alto, um lar da magia e do assombro".

Eu: Mas o que trazes, o que queres aqui?

A.: Cala-te, deixa-me falar com ele. Ele não entende a tua língua.

Ao pássaro: Tu viste o "verde"? Viste a "pedra negra"? Ouviste o "riso do fogo"? Falaste com "Atmavictu"?[331]

---

329 Quarta-feira. Jung atendeu um paciente.

330 Cf. acima, 25 de dezembro de 1913, *Livro 2*, p. 192ss.

331 Isso marca a primeira aparição de Atmavictu. Em "From the earliest experiences of my life", Jung escreveu: "Quando estive na Inglaterra em 1920, esculpi duas figuras semelhantes de um galho fino sem a menor lembrança daquela experiência de infância. Uma delas, eu reproduzi em pedra em escala maior, e, agora, essa figura está no meu jardim em Küsnacht. Foi apenas naquele tempo que meu inconsciente me forneceu um nome. Ele chamou a figura de Atmavictu – o 'sopro da vida'. É um desenvolvimento adicional daquele objeto quase sexual da minha infância que se revelou o 'sopro da vida', o impulso criativo. Basicamente, o boneco é um cabiro" (JA, p. 29 30; cf. *A arte de C.G. Jung*, cat. 67, 68, 69 e 70, p. 150-152). Com base na anotação abaixo, parece que Jung estava se referindo ao tempo em que esteve na Inglaterra em 1919. Como vemos aqui, Atmavictu (como o nome passou a ser escrito subsequentemente) já tinha surgido nas fantasias de Jung em 1917. Ele exerce um papel crítico numa série de pinturas no *LN* em 1919 e 1920 (cf. apêndice, p. 142ss.).

P.: Nada disso. Eu estava sentado em rochas cinzentas, eu aninhei-me na areia movediça em local protegido do vento, eu vi os jumentos selvagens e, uma vez e de longe, pessoas. Não sei de que estás falando.

A.: Então não és quem estou esperando. Vai-te, aparição vazia. (À serpente:) De onde vens?

S.: Venho do fundo, da grande caverna, na qual vivi muitos milhares de anos. Tamanha era escuridão que fiquei branca e cega. Meus filhotes criaram pés, e eu roí minha cauda, não de fome, mas em [179/180] autocontemplação.[332] Eu vivia de fogo e bebia terra líquida. Por isso tornei-me sólida como mármore branco e fria como gelo.

A.: Este é o certo, o rei das serpentes, o pai de tudo que é serpentino, que brotou da terra. Dize-me, serpente, viste "o verde"?

S.: Eu o vi, pregado na rocha, como um manto no qual não havia homem. Eu o vi porque eu era cego. Alguém com visão não o vê.

A.: Viste a "pedra negra"?

S.: Eu a conheço bem, eu estava deitada nela, provavelmente por cem anos. Já se passaram dez mil anos desde que o último fogo de sacrifícios ardia nela. Ela ainda está quente dele.

A.: Ouviste o "riso do fogo"?

S.: Dia após dia ele ressoava da boca da fonte do fogo. O riso mais profundo ainda não se esgotou.

A.: Falaste com "Atmavictu"?

[S.:] Ele foi meu companheiro durante muitos ~~xx~~ milênios. Primeiro era um homem velho, então ele morreu e se tornou um urso. Então morreu também este e se transformou em lontra. Esta também morreu e se transformou em um tritão preto, este também morreu, então Atmavictu ~~se tornou~~ entrou em mim e logo me elevou [180/181] ao limiar do esplendor. Eu mesma sou ~~o~~ Atmavictu o Velho. Antes ele errou e se tornou um homem, apesar de ser uma serpente da terra.

332 O uróboro é uma serpente ou um dragão que come seu próprio rabo. Jung comentou sobre esse símbolo em vários lugares, especialmente em seus trabalhos sobre a alquimia. Em 1944: "O Uróboro – o dragão que devora a própria cauda –, a mandala básica da alquimia" (*Psicologia e alquimia*, OC 12, § 165). Em 1955-1956: "O Uróboro, que devora sua própria cauda, é um símbolo drástico para a assimilação e a integração do oposto, isto é, da sua sombra. Simultaneamente esse processo circular é explicado como um símbolo da imortalidade, isto é, da renovação constante de si próprio, pois se diz do Uróboro que ele a si mesmo mata, vivifica, fecunda e pare" (*Mysterium Coniunctionis*, OC 14/2, § 177).

A.: Quem era o pássaro preto?

S.: Era o espírito ~~do~~ e o equívoco de Atmavictu. Ele continua a errar e ainda não voou para dentro da minha boca. Se ele se aproximar de mim, eu o engolirei, para que eu me torne perfeito e perca meu peso e minha imobilidade rochosos. Falta-me a alma de Atmavictu. Quando a possuir, entrarei no portão do esplendor, deitar-me-ei sobre o abismo, eu sou a ponte, o arco vivo, que leva à terra dos seres humanos e, da terra dos seres humanos, ao castelo dourado.

Eu: Minh'alma, o que significa este diálogo?

A.: Cala-te, ele ainda não terminou.

À serpente: Dize-me, quem é Atmavictu, que aqui vejo como serpente diante de mim?

S.: Atmavictu é um duende, um encantador de serpentes, é ele mesmo uma serpente. Como posso saber quem eu sou?

A. Deverias saber, verme cego.

S.: Meu nome é minha essência. Chamo-me Atmavictu desde meu nascimento, se é que ele ocorreu em algum momento. [181/182] Talvez, eu sempre fui e sempre serei. Como posso saber quem eu sou.

A.: Não te escondas. Olha, capturei aqui o teu pássaro. Eu o entregarei se prometeres me dizer quem tu és.

S.: Ah, entrega-o, o espírito errante, que sempre me escapou.

(Ela pega o pássaro com a boca e fecha o queixo com um estrondo, ~~xx~~ como se duas pedras fossem batidas uma contra a outra.)

S.: Finalmente – esse foi o alimento certo. Meus olhos se abrem, meu sangue flui. Eu me ergo, minha carne rochosa se dissolve. Tornei-me viva.

A.: Não te esqueças de tua promessa!

S.: Atmavictu? Eu sou o núcleo do Si-mesmo. O Si-mesmo não é um ser humano.[333] Esse era o equívoco de Atmavictu. Esse era o meu banimento e minha escuridão de muitos milênios.

A.: Isso então é Atmavictu!

Mas o que é o manto verde?

S.: Este é o manto de Atmavictu, que ele tirou como homem quando morreu e se tornou um animal. [182/183]

---

333 Foi durante o ano de 1917 que o conceito do si-mesmo, como forma distinta do "Eu", surgiu, culminando nos desenhos de mandalas que Jung criou durante o serviço militar em Château-d'Oex no outono (cf. introdução, p. 61ss.).

A.: Mas o que é o manto?

S.: Sua humanidade.

A.: Ah ---

~~xx~~Mas dize-me, sábio, o que é a pedra negra na qual estavas deitado?

S.: Ela é a morte.~~?~~

A.: A morte? Como devo entender isso?

S.: A morte de Atmavictu, quando ele se tornou homem. Desde então se passaram dez mil anos, e desde então apagou-se o fogo de Atmavictu na pedra, pois Atmavictu ~~era~~ havia se tornado ~~xx~~ homem, e nenhum fogo de louvor à morte ardia mais.

Consegues ver que o limiar do esplendor é uma pedra? O esplendor acima dela é o fogo de louvor reacendido.

A.: Ah – a morte!

No entanto, dize-me, o que é o riso do fogo?

S.: O fogo primordial ri, pois Atmavictu havia se ~~xx~~ tornado um homem, um urso, uma lontra e, finalmente, até mesmo um tritão e, em todas essas formas, [183/184] esqueceu de seu ~~xx~~ si mesmo.

A.: Ah – o fogo primordial zombou dele?

S.: Ele zombou de seus disfarces.

A.: Dize-me, por que Atmavictu se tornou homem?

S.: Não havia como impedir isso. Ele estava doente de anseio pelo ser humano. Sua cabeça doía porque não conseguia pensar o que fazia. Por isso tornou-se ~~um~~ homem como cura. No entanto, permaneceu nesse estado, e este foi seu erro, pois ninguém pode se transformar em suas próprias vestes. Ele reconheceu isso e morreu, isto é, ele foi para a floresta e se tornou urso. Por causa disso, os seres humanos se tornaram mais humanos e começaram a construir ~~xx~~ castelos e deixaram as florestas aos ursos. Na medida em que se propagavam e multiplicavam o seu poder, eles desmataram as florestas. Então Atmavictu morreu pela terceira vez e se retirou para a água na forma de uma lontra. E novamente os homens se propagaram e construíram navios [184/185] e partiram para novos litorais. Então Atmavictu morreu pela quarta vez e se tornou um tritão preto e se retirou para águas subterrâneas. Os homens, porém, conquistaram toda a terra e inundaram tudo com seu poder. Na escuridão, porém, Atmavictu reencontrou seu próprio Si-mesmo, isto é, eu, a serpente branca de brilho próprio, que se alimenta do fogo e que engoliu também o último equívoco de Atmavictu.

A.: E agora? O que farás, agora que engoliste também o teu último equívoco?

S.: Olha!

A.: A serpente se empina, ela abre o portão de esplendor. Ah – esse esplendor, ele brilha demais – onde está a serpente? Quem sai do esplendor, quem está no limiar em vestes verdes? É o amante – é Filêmon, uma chama acima da morte [185/186], um novo fogo de louvor. Filêmon não é um homem, ele é verdadeiramente o Si-mesmo.

28. IV. 17.[334]

Tu esqueceste uma coisa, minh'alma – e isso pesava muito sobre mim – o esqueleto do elefante pré-histórico. Com isso, restou uma incerteza atormentadora. Pergunta ao sábio o que significa o esqueleto.

A.: Como devo perguntar?

Eu: Bem, isso é fácil. Perguntas diretamente.

A.: Isso funcionará? Ele responderá? Já se passou muito tempo desde então. O portão está fechado. Que seja, eu bato à porta: sábio Filêmon, ou tu, serpente branca, fala! O que significa o esqueleto? A porta abre – a serpente se enrola no limiar preto. Fala, serpente – como interpretas o esqueleto?

S.: Os ossos roídos? Aquilo que resta da pré-história é aquilo que não pôde ser comido pelas formigas. A ossatura restou, o que se decompôs sumiu, o sólido, porém, ficou para trás.

A.: Por que ele está diante da porta, como se quisesse barrar meu acesso a Filêmon?

S.: O passado primordial é um obstáculo entre ti e Filêmon.

A.: O que é o passado primordial?

S.: A ~~xx~~ história dos homens e dos Deuses, equívocos necessários que viveram no passado e agora ainda barram a vista. Uma velha enxada, útil para a cultivação, não um arado que rapidamente revira o solo. Tu entendes, uma ferramenta velha, boa na época, hoje substituída por algo melhor.

A.: Por que precisamos de ferramentas velhas? Qual é a ferramenta velha?

S.: Por que esta pessoa escreve o que tu dizes? [186/187]

A.: Ele ~~dev~~ precisa anotar para que ele o tenha e compreenda.

S.: Este é o único caminho? Ele não pode olhar?

334 Sábado.

A.: Se isso lhe for dado.

S.: Ele deveria tentar.

A. ~~Q~~ (voltada para mim): Queres tentar?

(para a serpente): Este seria o caminho mais novo e melhor?

S.: Sim, seria. Nem tudo pode ser dito. Ele deve exercitar sua visão. É um caminho melhor do que o antigo.

Eu: E se não funcionar?

S.: O que ele está dizendo? Que talvez não funcione? Não importa, ele deve tentar este caminho.

29 IV. 17.[335]

Eu não vi nada.

A.: Tu <u>não viste</u> nada, mas tu olhaste, tu contemplaste, tu mesmo te levaste para o interior.

Eu: Agora pode funcionar? Vai e pergunta!

A.: Eu tentarei – eu mesmo estou cheio de dúvidas. Mas fica comigo – ajuda-me – senão não funcionará.

Eu: Farei o que me for possível.

A.: Então, serpente, abre mais uma vez o portão – ah, ela vem. Cumpre nosso pedido mais uma vez e interpreta o esqueleto.

S.: Ele não viu nada – é claro, por que ele acreditou que olhar e ver são a mesma coisa? Olhamos sem ver. Ele olhou e não viu nada, eu só falei em ver, não em olhar. Ouvi então sobre o esqueleto: é um antigo resquício [187/188] que o tempo não conseguiu destruir. A serpente e o pássaro preto são seus irmãos. A serpente branca é a verdade inferior, compreensão e sabedoria das quais nasceram – ou foram feitas – toda a ciência e filosofia. O pássaro preto é o equívoco superior – a superstição sobre as coisas da realidade, e por dentro e por fora. O esqueleto do elefante está no meio como o resto de algo outrora poderoso, que ainda existia quando o ser humano começou a se tornar humano, quando a cura e o equívoco de Atmavictu começaram. Os ossos sobreviveram a todo esse tempo como um resto daquilo que existia antigamente, pois na época Atmavictu ainda não era homem, o homem ainda não construía castelos, mas vivia selvagemente. Então – tu vês, o elefante é um mamute, que subsistiu como um

335 Domingo.

signo e símbolo do primordial, quando Atmavictu ainda não imaginava ser um homem.

A.: Mas por que ele é obstáculo?

S.: Aquilo que passou sempre é um obstáculo para o vindouro. Aquilo que o tempo não conseguiu destruir precisa primeiro ser afastado, isso deveis destruir artificialmente – e para isso precisais dos recursos que os homens sempre usaram para chegar do passado para o futuro – isto é, dissociação, separação do antigo, destruição dos ossos – lamentamos pelo antigo, mas o novo só pode viver através da absorção completa do antigo. O homem só pode superar o que era natural no passado com recursos não naturais e assim alcançar [188/189] uma nova naturalidade. Isso requer prática, aquilo que chamamos ασκησις [askesis].[336] Caso contrário o homem é completamente indefeso em relação ao antigo, pois o antigo é natural, mas o novo é não natural e sem força, isto é, é assim que ele vos parece, pois o novo acaba se impondo, mas, nesse caso, deveis sofrê-lo em vez de criá-lo pessoalmente para a vossa alegria.

Ontem, este homem aí simplesmente quis iluminação sem antes praticar. Ele deve se exercitar, caso contrário não pode avançar. Ele sempre tropeçará sobre aqueles ossos de elefante. Há mais de 20 anos, ele teve um sonho com esses ossos. Isso o capacitou a seguir determinada carreira, um estudo que lhe impediu o progresso interior.[337] Caso contrário, ele teria se perdido: permanecer com o antigo quando Atmavictu ainda não ~~era~~ tinha se tornado homem é aconselhável e até necessário, senão jamais poderá ser absorvido. Os ossos são os últimos restos, que podem ser afastados não mais pelo tempo, mas só pelo exercício não natural. Ouvistes o bastante?

A.: Nós o contemplaremos.

14. V. 17.[338]

Discórdia está no ar. Por que essa hesitação e indecisão?

["]Por que não reivindicas teu direito? Deves agir como queres.["] [189/190]

Não quero cometer um erro.

"Certo ou errado – não importa. O que deve acontecer, acontecerá".

Mas nem sempre sei o que quero.

336 Isto é, exercícios ascéticos.
337 Cf. 15 de novembro de 1913, *Livro 2*, p. 153ss.
338 Segunda-feira. Jung atendeu seis pacientes.

"Então investiga".

É por isso que estou aqui: quero te ouvir, saber se posso encontrar contigo a explicação que me falta no alto. O que acontece contigo?

"Muito está acontecendo. Coisas difíceis precisam ser reunidas".

O que vês?

"Vejo ~~xx~~ pedras de muros, que ainda precisam ser amontoadas – blocos de construção – talhados. Mas ninguém constrói. Quem largou as pedras? Onde estais, velho Atmavictu e tu, sábio Filêmon? O que fazeis?

Fil.: Nós nos unimos. Atmavictu sou eu. Eu era um velho mago quando Atmavictu me faltava. Agora, me rejuvenesci com a poção da sabedoria. Minha cabeça brilha no fogo dourado.[339] A chama floresce de mim desde que me separei desse homem. Eu estava nele quando Atmavictu ainda era animal, quando se tornou serpente.[340] Eu me ergui e entrei em meu [190/191] castelo, e tive uma refeição com a serpente branca, e eu a comi, e ela me deu juventude eterna, e na forma de fogo a sua luz brilha sobre minha cabeça. Eu cresci e fiquei maior do que esse homem. Ele era portão do esplendor para mim. Ele pertence à terra. Eu sou fogo, nascido do homem, não sou homem, mas chama. Eu atravessei, ultrapassei esse homem. Eu sou o amante. Esse homem era meu recipiente. Eu sou o servo do luminoso – esse homem pertence à terra – que ele encontre salvação! Ele era meu recipiente. Ele é terra. Eu levo sua ação adiante. Eu absorvi o que ele viveu, eu o levo para o luminoso.

A.: "Mas o que será desse homem e de mim, agora que te libertaste dele?"

Fil.: Ele é terra. Ele viverá. Ele cumpriu tudo, ele viu tudo, ele tocou o fogo eterno. Ele está realizado. Paz lhe será concedida. Ele está liberto, ~~em que~~ pois eu me libertei dele. Ele permanece em si mesmo e envolve seu mundo. Não lhe falta nutrição. [191/192] Ele recebeu sua vida do Deus, para lá ela retorna. Eu a levo para lá. Bendito aquele que consegue afundar em si mesmo, ele está realizado. Aquilo que puxa para o alto se soltou dele. O pássaro dourado estendeu suas asas. Nada puxa esse homem para baixo e para cima. Ele é terra – ele flutua no intermediário. Ele vê o sol, eu vejo o Deus. Sua sombra se tornou fogo. Ele se contenta e beija a terra. Sua estrela brilha distante. Sua estrela é meu irmão, um Deus distante ao qual eu não sirvo. Esse homem foi um recipiente para mim, ~~um~~ meu portão de entrada e ascensão.

---

339 Na pintura subsequente de Filêmon no *LN*, sua cabeça é cercada de ouro (imagem 154).

340 Cf. as retratações de Atmavictu no *LN* nas imagens 117, 119 e 123.

Eu não sou sua alma e não sou seu Deus, seu interior é estranho para mim, uma semente astral estranha que caiu neste mundo. Através dele eu cresci. Eu nasci quando eu era velho e alcanço minha juventude na idade avançada,[341] e no fim eu me dissolvo no ventre materno do Deus, quando esse homem morrer. Esse homem é semente astral – de onde veio? Ele caiu do indeterminado. Ele é terra, mas ainda não pertence à terra. Ele é [192/193] estranho. Por isso o homem jamais se submeterá à lei da terra. Ele transforma Abraxas, mas sua estrela jamais se mistura com ele. Ele não é filho do sol, mas seu irmão. Ele vestiu um traje do sol e escondeu sua distante luz azul nas cores do sol. Eu estive escondido em seu manto, e eu me soltei de seu manto.

Uma estrela distante brilha para ele. Eu sou chama para ele.[342]

20. V. 17.[343]

Tu falaste de ~~algo~~ "grande", poderoso. O que significam essas insinuações?

A.: "Deves me ouvir. Pois posso fazer o que necessitas, os homens não. Que eles cuidem de si mesmos. Ainda devo te dar muito do meu corpo grávido. Não deves dar à preta. Ela deve criar. Ela não deve permitir que seja tomada. Indica-lhe o caminho".

Eu farei isso.

A.: <u>Permanece firme nisso</u>. E agora ouve: Quem [193/194] sacrifica recebe.

Eu vi através do portão do esplendor, eu vi aquilo que brilha, eu vi o amante sentado em fogo eterno, no brilho do calor.

Eu contemplei o dourado, multiplamente construído, aquele que foi construído de pedras coloridas e pedras verdes preciosas".

Eu: Eu imaginei que tinhas contemplado algo. Mas tu sabes, eu não o vi. Vida flui de mim para ti, que eu também receba vida de ti.

A.: O que queres saber?

---

341 Uma lenda chinesa afirma também que Lao Tzu nasceu como homem velho de barba.

342 Numa entrevista ao *New York Times* em 1936, Jung disse: "Juntos, o paciente e eu nos dirigimos ao homem de dois milhões de anos que está em todos nós. Em última análise, a maioria das nossas dificuldades provém da perda do contato com nossos instintos, com a sabedoria primordial não esquecida em nós./E como entramos em contato com esse homem velho em nós? Em nossos sonhos [...]. Em nosso sono, consultamos o homem de dois milhões de anos, que cada um de nós representa. Lutamos com ele em diversas manifestações da fantasia" (C.G. *Jung Speaking*, p. 100).

343 Domingo.

Eu: Quero saber de Filêmon, do enigmático. Quem ele é e o que ele é para mim.[344] Quero saber do luminoso, que chamo Fanes. Apresenta isso ao sublime que está sentado no fogo e ouve suas palavras.

A. (para Filêmon): Sublime, tu que estás sentado no fogo de ouro, na brasa do êxtase eterno, ouve esta petição e nos ensina sobre ti e teu Deus. [194/195]

Fil.: Este homem deseja saber quem eu sou. Eu não disse quem eu era e quem eu sou? Eu não disse quem eu serei. Serei Fanes. ~~Eu~~ Em seu esplendor eu me dissolverei quando este homem morrer. Eu não morro, eu já sou Fanes, não sou homem, mas uma chama de Deus. Eu era mais terreno do que terra, eu era subterrâneo, eu cresci para o alto, eu cresci através deste homem, eu o superei. Eu sou sua obra, aquilo que ele viveu. Ele não é eu. Ele pertence à terra.

Fanes é o fogo eterno, o brilho abrangente, que se ~~tornou~~ torna invisível e visível, a aurora eterna. ~~E~~

Eu sou Chadir,[345] que entra na juventude na idade. Quando minha obra estiver completa, terei me tornado a semente do início.

Este homem é minha obra, que eu formei de sementes astrais. Sim, ele caiu do indeterminado e forneceu ocasião para a forma. [195/196]

Ele me formou, eu o formei. Ele beijou a terra, e eu beijei o sol.

---

344 No outono de 1917, no manuscrito de *Aprofundamentos*, Jung escreveu sobre a mudança em sua relação com Filêmon: "Desde que o Deus se elevou para os espaços superiores, também ΦΙΛΗΜΩΝ ficou diferente. Inicialmente foi para mim um mago que vivia num país distante, mas depois senti sua proximidade e, desde que o Deus se elevou, sei que ΦΙΛΗΜΩΝ me embriagou e me inspirou uma linguagem estranha a mim mesmo e um outro sentir. Tudo isto desapareceu quando o Deus se elevou e só ΦΙΛΗΜΩΝ possuía aquela linguagem. Mas eu senti que ele trilhava outros caminhos e não o meu. A grande maioria do que escrevi nas primeiras partes deste livro foi ΦΙΛΗΜΩΝ que me inspirou. Por isso fiquei como que embriagado. Mas agora percebi que ΦΙΛΗΜΩΝ assumiu uma forma separada de mim" (*LN*, p. 426).

345 Chadir, o "verdejante", é uma figura importante na mística islâmica. Em 1940, Jung analisou a sura 18 do Alcorão. Moisés encontra Chadir, do qual busca instrução. Jung comentou: "O Chadir deve representar também o si-mesmo. Suas propriedades qualificam-no como tal: parece que nasceu numa gruta, portanto nas trevas; é o 'longevo' e, como Elias, sempre se renova. Como Osíris, no fim de seus dias, é despedaçado pelo Anticristo, mas pode despertar novamente para a vida. É análogo ao segundo Adão [...] um conselheiro, um paráclito [...]. Chadir não representa apenas a sabedoria superior, mas também um modo de agir correspondente a ela, o qual ultrapassa a razão humana" ("Sobre o renascimento", OC 9/1, § 247). Jung narrou isso enquanto viajava pelo Quênia. Seu guia somali, um sufi, informou Jung que ele poderia encontrar Chadir, visto que Jung era um "homem do livro" (Alcorão): "Dizia-me que eu poderia encontrar Chadir na rua, sob a forma de um homem ou que ele poderia aparecer-me durante a noite como uma pura luz branca, ou então – e neste momento arrancou sorrindo um talo de grama – o reverdejante também poderia ser visto assim. Certa vez recebera, ele mesmo, consolo e ajuda do Chadir: depois da guerra estivera muito tempo desempregado e sofria dificuldades [...]. teve o seguinte sonho: viu na porta uma clara luz branca e sabia que era o Chadir" ("Sobre o renascimento", OC 9/1, § 250). Eu me pergunto se Jung contou ao seu guia que ele mesmo tinha encontrado Chadir.

Como Atmavictu eu cometi o erro e me tornei homem. Meu nome era Izdubar. Como tal eu o confrontei. Ele me paralisou. Sim, o homem me paralisou e me transformou em uma serpente-dragão. Eu me curei, pois reconheci meu equívoco, e o fogo comeu a serpente. E assim Filêmon surgiu: Minha forma é aparência. Antes minha aparência era forma.

Eu sou mestre.[346]

Este homem sirva aos opostos em renúncia própria. Ele sofra humildemente os opostos. Em troca, será dele o domínio, o esplendor, que é o intermediário. Quem suporta esse serviço? Apenas aquele que o sofre servindo. Ele é mestre de si mesmo.

Ouviste bem essas palavras? Então sobe comigo para o telhado da minha casa. [196/197]

Olha em volta. O que vês?

A.: Vejo o céu cercado de fogo e fumaça, como se a terra queimasse.[347] Vejo destruição e exterminação. O centro do céu está livre – uma flor floresce ali de fogo e ouro e uma variedade de pedras preciosas.[348] O que é isso que vejo?

F.: Isso que vês é o ~~xx~~ florescimento para o superior, a elevação. Da fumaça da destruição e das posses perdidas, do fogo do sacrifício, cresce a flor da mediação. Vês a planta preciosa~~?~~ que carrega a flor?

A.: Vejo que ela se eleva acima de nós.

F.: ~~Eu sou a~~ Ela nasce de duas raízes. Vês as raízes?

A.: Não, onde estão?

---

346 Cary Barnes escreveu sobre uma discussão com Jung em 26 de janeiro de 1924, durante a qual ele descreveu o *Livro Vermelho* da seguinte forma: "Havia vários personagens falando: Elias, Padre Filêmon etc., mas todos pareciam ser fases daquilo que você pensava devia ser chamado 'o mestre'. Você tinha certeza de que este último era o mesmo que inspirou Buda, Mani, Cristo, Maomé – todos aqueles que, podemos dizer, tiveram trato íntimo com Deus. Mas os outros haviam-se identificado com ele. Você recusou-se terminantemente. Isso não poderia ser para você, como você disse, você precisava continuar sendo psicólogo – a pessoa que compreendia o processo" (*LN*, p. 61).

347 Em 12 de agosto de 1940, Jung escreveu a Peter Baynes: "Este é o ano fatídico pelo qual tenho esperado mais de 25 anos. Eu não sabia que era tamanho desastre. Mesmo que, desde 1918, eu soubesse que um fogo terrível se espalharia pela Europa a começar pelo Nordeste" (*Letters 1*, p. 285). É possível que ele estivesse se referindo a essa visão.

348 Em 1929, em seu "Comentário sobre O *segredo da flor de ouro*", Jung comentou: "Nosso texto promete 'revelar o segredo da flor de ouro do grande *Uno*'. A flor de ouro é a luz, e a luz do céu é o Tao. A flor de ouro é um símbolo mandálico que já tenho encontrado muitas vezes nos desenhos de meus pacientes. Ela é desenhada ao modo de um ornamento geometricamente ordenado, ou então como uma flor crescendo da planta. Esta última, na maioria dos casos, é uma formação que irrompe do fundo da obscuridade, em cores luminosas e incandescentes, desabrochando no alto sua flor de luz" (OC 13, § 33).

F.: Eu sou uma das raízes, e tu és a outra. Certamente não imaginavas isso, [197/198] por isso não as vias. Quem és então? Abre os olhos pela segunda vez, cega.

Eu era Elias, tu eras Salomé. Tu também estavas equivocada. Tu és o equívoco, eu sou a verdade. Tu és eternamente a minha filha.

O ser humano era o meu equívoco. Tu eras o equívoco dos seres humanos. O ser humano me paralisou para a minha salvação. Tu o paralisaste para a salvação dele.

Quando este homem se libertou de ti, eu me libertei dele. Eu me tornei fogo, que eu era desde o início. Ele se tornou terra, que ele era desde o início.

No coração, ele carrega a preta serpente do mundo, a semente astral, que é sólida como ferro forjado, sete vezes temperada em calor extremo e esfriada em frio indescritível.

A.: Mas o que sou eu? O que será de mim?

F.: Este homem se tornou terra. Ele era meu [198/199] equívoco. Eu me tornei fogo, pois eu era a sua verdade. Tu eras seu equívoco, enquanto ele era o meu fogo. E visto que ele se tornou terra, tu te tornarás fogo. Tu és minha filha desde o início. Nós somos unidos ~~na plenitude~~ no pleroma, na eterna mãe não existente, que é tua mãe e minha.

Tu és minha mãe, minha irmã, minha esposa. A partir de ti gerei este homem, e eu me tornei o meu filho e filho de meu filho. E este foi o equívoco de Atmavictu.

No entanto, eu não o gerei a partir mim mesmo, mas a partir de uma estranheza que me sobreveio. Uma semente astral caiu na procriação.

De onde ele veio? Ele não veio de mim. Essa gota de ferro líquido caiu da nossa mãe entre nosso abraço. Nossa mãe chorava fogo líquido, quando eu a ~~xx~~ encontrei em ti. [199/200]

21. V. 17.[349]

Ah, minh'alma, ouvi falar de equívoco. Tu eras meu equívoco. Sim, tu eras minha participação nos opostos, no bem e no mal. Eu fazia o bem como bem e o mal como mal. Eu deveria ter feito o que precisava ser feito, mas eu fiz o bem como bem e o mal como mal.

349 Segunda-feira. Jung atendeu sete pacientes.

A.: Assim fizeste. Eu não sabia que era equívoco até me despir do pássaro e da serpente e adotar a forma da mulher. Assim vejo o que antes era equívoco. Não sou um ser humano. O que sou então? Ó Filêmon, o que sou?

Fil.: Tu és minha matéria, meu espaço, tu és minha direita e esquerda, meu sim e não. Meu caminho passa eternamente por ti. O homem é teu filho, e eu sou filho do meu filho.

A.: Meu sublime, onde fico quando tu seguires a trilha do luminoso?

F.: Tu és o manto dos homens. Tu és mãe e descaminho para ele, conselho e enganação.